MW01708490

METTEZ FIN
À LA QUERELLE
DES BROCOLIS

Infographie : Geneviève Nadeau
Révision : Jocelyne Dorion
Correction : Odile Dallaserra et Anne-Marie Théorêt

Catalogage avant publication de Bibliothèque et Archives nationales du Québec et Bibliothèque et Archives Canada

Rose, Dina

[It's not about the broccoli. Français]

Mettez fin à la querelle des brocolis : trois habitudes à inculquer à vos enfants pour qu'ils mangent sainement toute leur vie

Traduction de : It's not about the broccoli.
Comprend des références bibliographiques.

ISBN 978-2-7619-4187-7

1. Enfants - Alimentation. 2. Aliments naturels. 3. Promotion de la santé. I. Titre. II. Titre : It's not about the broccoli. Français.

RJ206.R6714 2015 613.2083 C2015-940142-9

04-15

© 2014 Dina Rose

Traduction française :
© 2015, Les Éditions de l'Homme,
division du Groupe Sogides inc.,
filiale de Québecor Média inc.
(Montréal, Québec)

L'ouvrage original a été publié par Perigee Book, une division de Penguin Group (USA) LLC sous le titre *It's Not About the Broccoli*.

Tous droits réservés

Dépôt légal : 2015
Bibliothèque et Archives nationales du Québec

ISBN 978-2-7619-4187-7

DISTRIBUTEURS EXCLUSIFS :

Pour le Canada et les États-Unis :
MESSAGERIES ADP inc.*
2315, rue de la Province
Longueuil, Québec J4G 1G4
Téléphone : 450-640-1237
Télécopieur : 450-674-6237
Internet : www.messageries-adp.com
* filiale du Groupe Sogides inc.,
filiale de Québecor Média inc.

Pour la France et les autres pays :
INTERFORUM editis
Immeuble Paryseine, 3, allée de la Seine
94854 Ivry CEDEX
Téléphone : 33 (0) 1 49 59 11 56/91
Télécopieur : 33 (0) 1 49 59 11 33
Service commandes France Métropolitaine
Téléphone : 33 (0) 2 38 32 71 00
Télécopieur : 33 (0) 2 38 32 71 28
Internet : www.interforum.fr
Service commandes Export – DOM-TOM
Télécopieur : 33 (0) 2 38 32 78 86
Internet : www.interforum.fr
Courriel : cdes-export@interforum.fr

Pour la Suisse :
INTERFORUM editis SUISSE
Route André Piller 33A, 1762 Givisiez – Suisse
Téléphone : 41 (0) 26 460 80 60
Télécopieur : 41 (0) 26 460 80 68
Internet : www.interforumsuisse.ch
Courriel : office@interforumsuisse.ch
Distributeur : OLF S.A.
ZI. 3, Corminboeuf
Case postale 1061 – CH 1701 Fribourg – Suisse
Commandes :
Téléphone : 41 (0) 26 467 53 33
Télécopieur : 41 (0) 26 467 54 66
Internet : www.olf.ch
Courriel : information@olf.ch

Pour la Belgique et le Luxembourg :
INTERFORUM BENELUX S.A.
Fond Jean-Pâques, 6
B-1348 Louvain-La-Neuve
Téléphone : 32 (0) 10 42 03 20
Télécopieur : 32 (0) 10 41 20 24
Internet : www.interforum.be
Courriel : info@interforum.be

Gouvernement du Québec – Programme de crédit d'impôt pour l'édition de livres – Gestion SODEC – www.sodec.gouv.qc.ca

L'Éditeur bénéficie du soutien de la Société de développement des entreprises culturelles du Québec pour son programme d'édition.

Conseil des Arts du Canada — Canada Council for the Arts

Nous remercions le Conseil des Arts du Canada de l'aide accordée à notre programme de publication.

Nous remercions le gouvernement du Canada de son soutien financier pour nos activités de traduction dans le cadre du Programme national de traduction pour l'édition du livre.

Nous reconnaissons l'aide financière du gouvernement du Canada par l'entremise du Fonds du livre du Canada pour nos activités d'édition.

Dina Rose, Ph.D.

METTEZ FIN À LA QUERELLE DES BROCOLIS

Trois habitudes à inculquer à vos enfants pour qu'ils mangent bien toute leur vie

Traduit de l'anglais (États-Unis) par Louise Sasseville

LES ÉDITIONS DE L'HOMME
Une société de Québecor Média

À la douce mémoire de ma mère,
qui a fait de son mieux pour me fournir les outils
nécessaires à une « saine alimentation », et à ma fille,
mon inspiration et ma joie.

PREMIÈRE PARTIE

Bagels, pizzas, pâtes et pépites

Comment en sommes-nous arrivés là ?

CHAPITRE 1
Pourquoi oublier le brocoli

J'étais enceinte de cinq mois quand ma mère est décédée. Elle avait 65 ans et pesait un peu plus de 135 kilos (300 lb). Même si elle n'avait pas toujours été obèse, d'aussi loin que je me souvienne, elle avait toujours eu des difficultés avec son poids. Elle était obsédée par la nourriture, avec laquelle elle entretenait une relation d'amour-haine et qui la distrayait de la douleur. C'était à la fois son filet de sécurité et le nœud autour de son cou. Même si je ne saurai jamais à quel point les excès alimentaires de ma mère ont précipité sa mort, je sais que cela lui a causé des années de détresse.

Bien que ma mère ait tenté de me protéger de ses démons, elle m'en a tout de même légué quelques-uns : une piètre image corporelle, un grignotage incontrôlable et, plus souvent que je ne veux l'admettre, un appétit vorace pour le sucre. Quand ma fille est née, j'ai péniblement admis que je voulais que mon enfant ait une meilleure qualité de vie par rapport à la nourriture. Je voulais qu'elle puisse se nourrir *et* avoir une relation saine avec la nourriture.

Plusieurs de mes amis avaient les mêmes objectifs. Comme moi, il ne leur était pas toujours facile de bien manger. Certains avaient été entourés de trop de malbouffe pendant leur enfance. D'autres avaient été forcés de finir leur assiette. Et d'autres avaient appris à se consoler avec des biscuits. Devenus adultes, nous nous sommes tous efforcés d'adopter une approche différente à l'égard de la nourriture. Nous avons lu des livres sur la nutrition et la santé ; nous avons cherché des recettes santé ; nous avons même mangé nos légumes ! De plus, nous avons tenté de ne pas nous jeter sur la crème glacée dès le premier signe de stress.

Lorsque nous avons fondé nos propres familles, nous nous sommes dit que nous voulions que nos enfants mangent bien, dès le départ. Même si les experts ne s'entendent pas toujours sur la meilleure façon de nourrir les enfants, nous pouvions facilement en discerner les bases : les enfants ont besoin d'aliments frais et complets, notamment des fruits et des légumes, des protéines de qualité, des grains entiers, du lait ou une autre source de calcium. Mais nous voulions davantage pour nos enfants. Nous voulions qu'ils connaissent la différence entre la faim physique et la faim émotionnelle, et qu'ils soient capables d'arrêter *avant* d'avoir dévoré tout le sac de croustilles. Nous voulions aussi qu'ils essaient toutes sortes de cuisines : mexicaine, indienne, japonaise, thaïlandaise, pour qu'ils puissent se joindre à nous dans *nos* aventures gastronomiques.

Mais, lorsque mes amis ont eu des enfants, j'ai constaté que quelque chose changeait. Les parents ont d'abord été stupéfaits, puis abattus, devant la difficulté de bien nourrir leur famille. Certains décrivaient même les situations relatives à l'alimentation dans leur famille en termes de combat : « Le dîner est une zone de guerre. » « Nous avons hissé le drapeau blanc en ce qui concerne les grains entiers. » « Nous allons faire ingurgiter du calcium à Jonathan, même si nous devons y laisser notre peau. »

L'heure des repas était stressante : les parents suppliaient leurs enfants de manger, et les enfants se lamentaient, sourds aux supplications de leurs parents. Au fil des ans, il était facile de prédire ce que la plupart de ces enfants finiraient par manger : de la pizza, des pâtes, des pépites de poulet ou des bagels, accompagnés d'un jus de fruits ou d'une boisson sucrée. Si l'alimentation était une bataille, il était clair que les parents allaient la perdre.

Malgré leurs nobles intentions, la plupart des parents que je connaissais élevaient leurs enfants de façon que ceux-ci soient capricieux, friands de doigts de poulet, qu'ils deviennent des mangeurs émotifs qui considéraient la nourriture comme une source de conflits et de résistance. C'était précisément la situation que nous voulions tous éviter. Qu'était-il arrivé et comment empêcher cette misère autour de ma propre table ?

Comment enseigner aux enfants à bien manger ? Cette question me tourmentait. Comme je suis sociologue, je pensais davantage à la manière dont les parents façonnent le comportement de leurs enfants qu'à la nutrition. Mais lorsque j'ai commencé à étudier la question, j'ai découvert une chose à laquelle je n'étais pas préparée, quelque chose d'étonnant. En fait, c'était totalement contre-intuitif : plus les parents se concentrent sur la nutrition, plus leurs enfants risquent de mal s'alimenter.

J'ai aussi découvert qu'il existe une solution de rechange à la focalisation sur la nutrition, solution qui, ironiquement, est plus efficace pour enseigner aux enfants à manger sainement. Et les parents décrivent cette solution comme réalisable et révolutionnaire. Mais je m'aventure un peu trop loin. Pour vous l'expliquer, j'ai besoin de vous en dire un peu plus sur moi-même et sur mon point de vue inhabituel sur la nourriture et les habitudes alimentaires.

LES HABITUDES ET LA SAINE ALIMENTATION

Lorsque ma fille a commencé à manger de la nourriture solide, j'ai utilisé les outils de ma profession, la sociologie, pour lui enseigner à bien s'alimenter. À l'époque, je travaillais en criminologie : mes recherches étaient axées sur des familles vivant dans des quartiers où le taux de criminalité était élevé. Plus particulièrement, j'étudiais la façon dont les parents élevaient leurs enfants pour en faire des citoyens respectueux des lois, même lorsque tout, dans leur environnement immédiat, se liguait contre eux. D'autres sociologues que je connais se penchaient sur des questions comme les répercussions du choix d'un conjoint sur les enfants ou ce que les enfants apprennent sur les rôles liés au sexe. Mais le concept clé qui relie tous ces sujets est la socialisation : la façon dont tous ces groupes de personnes (familles comprises) transmettent leurs valeurs et leurs comportements à la génération suivante et la façon dont les enfants répètent ces comportements jusqu'à ce qu'ils deviennent des habitudes. (D'un point de vue sociologique, les habitudes sont des comportements tellement enracinés qu'elles nous portent à agir machinalement.)

Lorsque j'ai fini par quitter mon travail de criminologue pour me consacrer entièrement à la manière dont les parents enseignent à leurs enfants à bien manger, plusieurs de mes amis m'ont dit à la blague que je reprenais le vieux sujet de ma période universitaire : comment inciter les déviants à faire la bonne chose ! C'était amusant, mais il y avait aussi là un brin de vérité. C'est qu'un bon nombre de nos actes sont façonnés par les leçons tirées d'expériences passées, consciemment ou non, au sein de nos familles. Ces leçons se traduisent en comportements (bons et mauvais) et, au fil du temps, ces comportements deviennent des habitudes. C'est le processus qui se déroule, qu'il s'agisse de criminels ou d'enfants ! Nous sommes libres de faire les choix que nous voulons, bien sûr, mais nous savons tous qu'il est difficile de perdre une habitude une fois qu'elle est enracinée.

En raison de mes antécédents, je ne songeais pas à la nutrition de ma fille en termes d'aliments, aussi étrange que cela puisse paraître, mais en termes de leçons que je lui donnerais et d'habitudes dont elle ferait l'acquisition. Mon attention étant fermement fixée sur les habitudes, je me suis mise à voir des leçons et des habitudes partout autour de moi. Par exemple, si j'étais chez des amis et qu'ils servaient du brocoli, je prêtais attention à ce que les parents disaient à leurs enfants à propos du brocoli. Les parents se sentaient-ils forcés de faire manger du brocoli à leurs enfants par tous les moyens et, si c'était le cas, qu'arrivait-il ? Si un enfant utilisait sa cuiller comme une catapulte pour lancer son brocoli dans la cuisine, comment les parents réagissaient-ils ? J'étudiais l'environnement que les parents avaient créé pour manger. Était-ce une atmosphère heureuse et décontractée ou une atmosphère tendue ? Et surtout, je me demandais ce que les enfants apprenaient de ces interactions. Apprenaient-ils à se disputer à propos de la nourriture ou acquéraient-ils le genre d'habitudes qui les aideraient à devenir des adolescents et des adultes soucieux de manger des légumes ? Apprenaient-ils à goûter à de nouveaux aliments avec enthousiasme ? À passer au travers des buffets, des fêtes et autres extravagances culinaires sans trop manger ?

Les *habitudes* peuvent ressembler aux règles de bienséance : étaler sa serviette sur ses genoux, mastiquer la bouche fermée, savoir quelle fourchette utiliser. Certaines personnes emploient le terme « habitudes » pour désigner d'autres manières, comme manger à la table ou devant la télé. Mais les habitudes auxquelles je pensais sont celles qui reflètent ce que nous sommes accoutumés de manger et qui influent sur ce que nous mangerons dans l'avenir.

Les enfants acquièrent un tas d'habitudes alimentaires, et ce, dès le plus jeune âge. Certaines habitudes sont évidentes. Si votre enfant boit toujours un verre de lait en se levant ou s'il insiste toujours pour que sa collation soit servie dans le même bol, il s'agit clairement d'une habitude. D'autres habitudes sont plus subtiles : lorsque les enfants insistent pour avoir une alimentation composée de sandwichs au beurre d'arachides et à la confiture, de hot-dogs et de pépites de poulet (mais uniquement la marque qu'ils préfèrent), il s'agit là d'une habitude. Lorsque les enfants chipotent dans leur assiette aux repas et demandent des collations, il s'agit d'une habitude. Lorsque les enfants disent : « Je n'aime pas ça », avant même d'y avoir goûté, il s'agit aussi d'une habitude.

Pour le meilleur ou pour le pire, les enfants traînent leurs habitudes alimentaires tout au long de leur vie. En fait, si la plupart des enfants réussissent à passer le cap du beurre d'arachides-confiture et des hot-dogs, l'habitude fondamentale d'avoir une alimentation restreinte et répétitive, comportant peu de fruits et de légumes, persiste souvent. Mais qu'arrive-t-il si les enfants modifient leurs habitudes en grandissant ? Ces changements exigeront beaucoup de travail, tant de votre part que de la leur. Quant à votre propre alimentation, vous savez qu'il serait plus facile de manger comme vous le voulez aujourd'hui si vous aviez acquis des habitudes différentes dès le départ. Des habitudes telles que manger des fruits en collation ou ne pas manger à l'excès. Ne pas vous consoler avec de la nourriture lorsque vous avez eu une dure journée. Quant à moi, j'aimerais bien pouvoir grignoter un seul (d'accord, peut-être *deux*) biscuit lorsque je sors de mes gonds.

Je me suis rendu compte que, si je voulais mettre fin à mon cycle familial de « mère qui transmet de mauvaises habitudes alimentaires à ses enfants », je devrais être bien consciente de ce que j'enseignais à ma fille. Avez-vous déjà vu des parents racler le fond du bol de céréales et dire à leur enfant : « Encore une petite bouchée ! Tu es capable ! » Eh bien, la première chose que j'ai décidée est que ma fille serait responsable de son propre estomac. Je n'allais pas lui dire quand elle devait cesser de manger : c'est *elle* qui *me* le dirait. J'espérais que cela l'aiderait à éviter de trop manger, habitude qui avait causé tellement de souffrances à ma mère – sa grand-mère.

Beaucoup de gens évitent de donner du sucre à leur bébé au cours de sa première année. Ils veulent ainsi empêcher leur enfant de devenir amateur de sucreries. Comme je savais d'expérience que l'abondance de collations mène à trop manger, j'ai adopté la même habitude à l'égard des collations préemballées. Au lieu de servir régulièrement des craquelins et des biscuits à ma fille, à l'heure de la collation, je lui donnais des fruits et des légumes. Je voulais empêcher ma fille d'acquérir une préférence pour les aliments très salés ou très sucrés, qui sont la bête noire de tant de régimes alimentaires.

Pour bien des gens, mon approche axée sur les habitudes semblait étrange. « C'est encore un bébé ! » disaient-ils, ou : « Quel mal un ou deux biscuits peuvent-ils lui faire ? » Mais pour moi, cette approche était tout à fait logique. Je ne pensais pas à la nourriture ; je songeais à la plus grande leçon que ces aliments nous donnaient. Si je ne transmettais pas maintenant ces leçons à ma fille, quand les recevrait-elle ? Si je ne faisais pas preuve d'une certaine constance, comment mes leçons seraient-elles claires ?

Un jour, alors que ma fille, âgée d'environ huit mois, et moi étions au parc, une autre mère a commencé à distribuer des biscuits à tous les enfants. Quand je lui ai expliqué que je ne voulais pas que ma fille en mange et que je lui avais plutôt apporté des fruits, la femme m'a rétorqué : « Mais ce n'est pas mauvais, ce sont des Gerber. » J'ai alors constaté l'immense fossé entre sa vision de l'alimentation et la mienne. Elle voyait un biscuit qui ne contenait aucun mauvais ingrédient, comme du sucre. Je ne voyais pas vraiment le biscuit. Je voyais la leçon que ma fille en tirerait : les biscuits croustillants sont plus amusants que les fruits. Bien des parents semblaient croire que c'était insensé d'essayer d'inculquer ces notions à de jeunes enfants.

Mais, comme tout débute dans l'enfance, et même dans la petite enfance, c'est le moment d'acquérir de bonnes habitudes. Bien sûr, quand ma fille a grandi, j'ai commencé à lui donner des biscuits, et même du gâteau, de la crème glacée et des bonbons. Et à l'âge qu'elle avait alors, elle a compris qu'il s'agissait d'exceptions et non d'éléments de l'alimentation quotidienne.

LE SOUCI DE LA NUTRITION : COMMENT LES PARENTS INCULQUENT DE MAUVAISES HABITUDES ALIMENTAIRES

Mon approche axée sur les habitudes semblait fonctionner à la maison. Je l'ai adaptée et élargie, à mesure que ma fille grandissait, mais j'ai toujours gardé en tête l'objectif à long terme. Et maintenant, douze ans plus tard, ma fille ne se suralimente pas. Ses collations se composent surtout d'aliments sains et lorsqu'elle se permet une friandise comme des brownies, elle en mange quelques bouchées, mais, si elle n'a plus faim, elle *ne se force pas*. C'est une exploratrice qui adore goûter à de nouveaux aliments. Elle a même décidé de devenir végétarienne, et pas de ceux qui se nourrissent de pâtes et de fromage : elle mange vraiment des légumes !

Mais d'un point de vue professionnel, j'étais accrochée : la criminologie a disparu de mon radar. J'étais dorénavant plus intéressée à connaître la façon dont les parents et leurs enfants interagissent à propos de la nourriture et la façon dont les habitudes alimentaires se créent. Il ne m'a pas fallu longtemps pour m'engager dans une enquête en bonne et due forme. En plus d'observer les parents, j'ai fouillé la documentation scientifique sur la nutrition, la psychologie « alimentaire », la sociologie et le parentage ; je songeais davantage au processus de socialisation ; je formulais des théories. Puis, j'ai commencé à interroger des parents, parfois individuellement, parfois en petits groupes. Je voulais savoir ce que pensaient ces parents de la tâche de nourrir leurs enfants. Je leur ai demandé s'ils étaient satisfaits de l'alimentation de leurs enfants, s'ils auraient aimé que certains aspects en soient différents et pourquoi, selon eux, ils éprouvaient les problèmes auxquels ils faisaient face. Puis, je leur ai demandé ce qu'ils donnaient à manger à leurs enfants et, surtout, *pourquoi*. Je voulais savoir s'ils songeaient aux habitudes. Et c'est ainsi que j'ai découvert le comble de l'ironie : plus les parents se concentraient sur la nutrition, plus leurs enfants avaient tendance à mal manger.

Je suis certaine que vous reconnaîtrez la plupart des problèmes éprouvés par les parents que j'ai interrogés. Leurs enfants ne mangeaient pas beaucoup de repas rapides ou de bonbons, mais, tout comme les enfants que j'avais observés des années plus tôt, leur alimentation se limitait, de manière prévisible, à quelques fruits et légumes, beaucoup de sucreries, d'aliments médiocres comme des hamburgers, des hot-dogs, des bagels et des pépites de poulet. Dans certaines familles, l'alimentation provoquait beaucoup de conflits (certains parents redoutaient même l'heure des repas avec leurs enfants). D'autres familles qualifiaient l'alimentation de leurs enfants d'acceptable. Les parents auraient aimé que leurs enfants mangent mieux, mais, ignorant comment changer les choses, ils en étaient arrivés à une impasse que tout le monde, dans la famille, semblait trouver acceptable.

Je n'étais pas étonnée de constater qu'autant de parents que j'avais interrogés avaient de la difficulté à bien nourrir leurs enfants. La plupart des enfants américains mangent mal :

- Chaque jour, 30 % de tous les enfants âgés de 2 à 3 ans ne mangent aucun légume. Mais presque tous les enfants d'âge préscolaire aux États-Unis consomment quotidiennement une boisson sucrée, un dessert ou une collation sucrée ou salée.

- Lorsque les enfants mangent des légumes, ce sera probablement des frites.
- Près de 40 % du total des calories consommées par les enfants de 2 à 18 ans sont des calories vides, ce qui dépasse largement ce qui est recommandé. En moyenne, les enfants mangent des biscuits, des croustilles ou d'autres collations trois fois par jour.
- Certains chercheurs sont préoccupés par le fait que les enfants ont tendance à manger presque constamment, en prenant des collations ou des repas près de 10 fois par jour.
- D'après les Centers for Disease Control and Prevention (CDC), environ 17 % (soit 12,5 millions) des enfants et des adolescents âgés de 2 à 19 ans sont obèses. Depuis 1980, les cas d'obésité chez les enfants et les adolescents ont pratiquement triplé.
- Environ 25 % des enfants de 5 à 17 ans qui ont un excès de poids présentent au moins deux facteurs de risque de maladie cardiovasculaire, soit un taux élevé de cholestérol, de l'hypertension et une tolérance au glucose abaissée.
- De nos jours, les enfants présentent un risque de 30 % de souffrir du diabète au cours de leur vie.

Les scientifiques prédisent que les enfants d'aujourd'hui pourraient être les premiers dans l'histoire des États-Unis à avoir une espérance de vie plus courte que celle de leurs parents. Pourquoi ? Parce que les mauvaises habitudes alimentaires ne disparaissent pas à mesure que ces enfants grandissent ; elles ont plutôt tendance à empirer. Par comparaison avec les enfants d'âge préscolaire, les élèves du primaire étaient *trois fois* plus susceptibles de ne pas consommer assez de fruits et *une fois et demie* plus susceptibles de ne pas manger assez de légumes. Les élèves du secondaire sont *quatre fois* plus susceptibles que les enfants d'âge préscolaire de ne pas manger assez de fruits et près de *deux fois et demie* plus susceptibles de ne pas manger assez de légumes.

Lorsque les nutritionnistes se penchent sur les données relatives aux piètres habitudes alimentaires des enfants, ils blâment les fabricants de produits alimentaires, la publicité télévisée, les programmes de restauration scolaire et les restaurants-minute, et il est clair, à mes yeux, que tous ces facteurs jouent un rôle dans les habitudes alimentaires des enfants. Il est difficile d'enseigner aux enfants à bien manger quand il existe tellement d'aliments douteux et tellement de messages destinés à convaincre les parents et les enfants d'y goûter.

Mais lorsque les mêmes experts observent les familles, ils en viennent à la conclusion que les parents ne font pas *suffisamment* attention à la nutrition. Et pourtant, la plupart des parents que j'ai interrogés connaissaient bien le domaine de la nutrition et des nutriments. Ils ont beaucoup parlé de calcium, de gras et de sucre. Ils connaissaient les antioxydants et les acides gras oméga-3. Bref, ils savaient ce que leurs enfants *devaient* manger. Par contre, même si les parents réfléchissaient beaucoup à propos de la nutrition, lorsque je leur ai demandé les leçons à long terme (ou les habitudes) qu'ils voulaient transmettre à leurs enfants, ils ont un peu hésité avant de répondre. « Manger des fruits et des légumes ? » ont-ils risqué. Il était clair que la plupart des parents n'avaient pas vraiment réfléchi à la question. Tant de parents correspondaient à ce modèle que je lui ai donné un nom : le *souci de la nutrition.*

Comprenez-moi bien : les enfants ont besoin d'aliments sains ; sauf que, lorsqu'il s'agit d'enseigner aux enfants à bien manger, le souci de la nutrition (selon lequel les parents surveillent étroitement les nutriments que leurs enfants absorbent) n'est pas très efficace. C'est parce que la plupart des parents qui ont le souci de la nutrition vivent dans un état de quasi-panique par rapport aux nutriments que leurs enfants absorbent ou n'absorbent pas. Ils semblent croire qu'une nutrition inadéquate aura d'énormes conséquences. Cette seule croyance fait que nourrir les enfants devient un exercice stressant. Mais le souci de la nutrition s'accompagne de quelques autres croyances qui ne font qu'empirer la situation et, ultimement, cela incite les enfants à acquérir des habitudes qui vont à l'encontre de ce que leurs parents souhaiteraient.

Par exemple, les parents qui ont le souci de la nutrition souscrivent habituellement à la croyance répandue que les enfants sont naturellement bons mangeurs ou non, et qu'il n'y a pas grand-chose à faire à ce sujet. En lien avec cette croyance existe l'idée qu'il n'est pas raisonnable de s'attendre à ce que les enfants aiment les aliments sains. Peu importe qu'il soit assez facile de déboulonner le mythe selon lequel les enfants doivent manger des mets attrayants pour eux. Après tout, les enfants indiens mangent des plats indiens et les enfants mexicains mangent des plats mexicains ; ils ne mangent pas de hot-dogs ni de pépites de poulet. Mais aux États-Unis, on croit que les enfants aiment la nourriture fade. Et qu'ils détestent les légumes.

Les parents que je connais seraient d'accord avec l'idée générale que la plupart des enfants finiront par aimer un vaste éventail d'aliments… un jour. C'est une pensée à long terme. Le souci de la nutrition privilégie la pensée à court terme ; il fait porter l'attention des parents sur le repas immédiat, et parfois même sur la bouchée immédiate. Les parents se trouvent ainsi coincés : comment convaincre les enfants de consommer des nutriments *aujourd'hui,* quand on sait qu'ils n'aiment pas les aliments nutritifs ?

Pour les parents qui ont le souci de la nutrition, la solution est évidente. Comme le chapitre qui suit décrira cette solution en détail, je ne vous en ferai qu'un bref exposé ici. Vous recherchez des aliments qui répondent à deux critères : ils passent le test de reconnaissance en matière de nutrition (c'est-à-dire qu'ils contiennent au moins deux nutriments que vous estimez bons) et vos enfants acceptent d'en manger. Ces critères mènent les parents bien intentionnés à servir des aliments qui plaisent aux enfants, comme des hamburgers au fromage (contenant du calcium), des hot-dogs (protéines) et des bagels (sans gras). Puis, ils offrent ces aliments jour après jour, parce que cela limite les batailles et répond aux critères. Voyez-vous les habitudes qui se créent ici ?

Le problème avec ce genre de régime alimentaire, en plus de l'inconvénient évident de ne pas être très bon pour la santé, est qu'il déclenche une réaction en chaîne ; les papilles gustatives des enfants s'accoutument à ces aliments extrêmement gras, salés et sucrés (ces préférences sont une habitude), et *cela* les pousse à refuser les aliments frais qui ne comportent pas les mêmes éclats de saveur (une autre habitude). Pour inciter leurs enfants à boire du lait tel quel ou à manger du brocoli, les parents usent de tactiques de pression : ils poussent des hourras, ils font des cajoleries, ils commandent, ils menacent et ils soudoient (« Il y a des brownies pour le dessert. »). Aucun parent que je connais ne veut utiliser ces stratégies, mais lorsque faire ingurgiter les nutriments nécessaires aux enfants prend l'allure d'une tâche que vous *devez* remplir, il faut ce qu'il faut…

Malheureusement, si vous faites pression sur les enfants pour qu'ils mangent des aliments qui ne leur plaisent pas, ils en mangeront encore moins. Combien des aliments qu'on vous a forcé à manger, dans l'enfance, aimez-vous manger aujourd'hui ? Mais la dynamique de la pression fait quelque chose de plus, quelque chose d'encore pire : elle fait de vous et de vos enfants des adversaires. *Cela* prépare le terrain pour une lutte de pouvoir.

Les parents qui ont le souci de la nutrition ont aussi certaines méthodes de parentage (on peut parler d'habitudes de parentage) qui leur rendent difficile de fixer des limites et de faire preuve de constance auprès de leurs enfants en ce qui concerne l'alimentation. Certains évitent habituellement les conflits ; d'autres ont l'habitude d'offrir de la nourriture à leurs enfants pour réprimer des émotions désagréables. Là encore, le mélange de ces blocages avec la nécessité de fournir *suffisamment* de *bons* nutriments aux enfants *aujourd'hui* entraîne des problèmes. (Pour en savoir davantage sur ces blocages - nous en avons tous -, voir le chapitre 3.)

Étant donné que tellement d'entre nous ont le souci de la nutrition, les parents regardent autour d'eux et découvrent des familles qui éprouvent les mêmes problèmes qu'eux. Ces problèmes semblent inévitables, même normaux. Et pourtant, personne que je connais n'abandonne. Les parents continuent de chercher des façons de mieux faire manger leurs enfants.

Certains essaient la tolérance zéro, comme une femme que je connais. Lorsque ses enfants ont refusé de manger la lasagne qu'elle avait préparée, elle en a servi à tous les repas pendant une semaine. « Cela leur apprendra », a-t-elle dit. Le contrôle et les tactiques de pression comme celle-ci peuvent (parfois) faire taire les lamentations et résorber les batailles. Mais au bout du compte, les enfants sont amers face à l'alimentation et plus tard, au cours de leur vie, ils ignorent comment faire de bons choix.

D'autres font différentes tentatives, comme emmener les enfants faire le marché, cuisiner avec eux ou entretenir un potager. Toutes ces activités sont excellentes et sont parfois efficaces. Mais si elles n'ont pas fonctionné pour vous, c'est probablement parce qu'elles ne peuvent pas contrebalancer les effets indésirables du souci de la nutrition. Par exemple, le moindre changement positif découlant du fait de cuisiner ensemble, un dimanche soir, est facilement anéanti par la profusion de conséquences négatives qu'entraîne le fait de servir les aliments de prédilection des enfants le reste du temps.

Certains experts disent aux parents de donner l'exemple et de se laisser voir par les enfants en train de manger sainement. Bien sûr, vous ne pouvez pas vous attendre à ce que vos enfants mangent du poisson si vous mangez des frites, mais donner l'exemple est trop passif pour créer le changement majeur que les parents recherchent. Imaginez que vous et votre enfant vous affrontiez constamment sur ce qu'il doit porter pour aller à l'école et que quelqu'un vous dise que la meilleure façon d'enseigner à vos enfants comment s'habiller le matin consiste à leur montrer à coudre ou à leur faire voir ce que vous portez, le matin. Donner l'exemple n'est tout simplement pas assez puissant pour provoquer un changement durable si la dynamique de l'alimentation sous-jacente agit constamment contre vous.

Et si le fait de donner l'exemple entraîne l'augmentation de la consommation de légumes ? Si un groupe d'enfants mangent leurs petits pois avec goût et entrain, direz-vous qu'ils s'alimentent sainement si, par ailleurs, ils consomment beaucoup trop de biscuits et de beignes ? S'ils se tournent vers la nourriture lorsqu'ils s'ennuient ? S'ils font une crise lorsqu'ils trouvent de nouveaux aliments dans leur assiette ? Les enfants ont besoin de plus que d'un modèle ; ils ont aussi besoin d'enseignement sur ces habitudes.

Le souci de la nutrition constitue un piège. Il encourage les parents à évaluer les mérites de chacun des aliments, à chaque jour et à chaque repas, et à ne pas tenir compte des modèles plus vastes et des leçons sous-jacentes que leurs enfants en tirent. De plus, le souci de la nutrition inculque aux enfants une attitude typiquement américaine par rapport à la nourriture : les aliments sains n'ont pas bon goût ; on les mange pour la santé et non pour le plaisir ; manger des aliments sains nous donne le droit de manger de la malbouffe ; et plus un aliment est de mauvaise qualité nutritionnelle, meilleur est son goût. La recherche démontre que les enfants conservent cette attitude à jamais.

Jamais auparavant une nation n'en a connu autant sur la nutrition et n'a pourtant si mal mangé

Étonnamment, il n'est pas nécessaire d'en connaître beaucoup sur la nutrition pour bien manger. Récemment, une équipe composée de chercheurs français, canadiens et américains a demandé à des gens de leurs pays respectifs d'estimer le pourcentage de gras dans une liste d'aliments comme le beurre, le lait, la margarine et l'huile d'olive. Parmi les gens qui croyaient qu'ils pouvaient estimer le pourcentage de gras de différents aliments, les participants américains étaient les plus susceptibles de répondre correctement, et les Français, les plus susceptibles d'avoir tort. En fait, les Français sont 10 fois plus ignorants que les Américains sur la question des graisses alimentaires.

Vous connaissez le mot de la fin : les Français forment une nation de consommateurs de légumes qui sont minces et généralement en santé et... ce n'est pas le cas des Américains. Le taux d'obésité aux États-Unis est près de *trois* fois plus élevé qu'en France.

Qu'est-ce qui peut expliquer ces résultats ? Les chercheurs ont conclu qu'aux États-Unis il est facile de perdre de vue la perspective générale, parce que les gens ont été des consommateurs de nutriments au lieu de nourriture, et que l'« approche nutriments » donne souvent lieu à des choix alimentaires douteux.

CE QUE FONT LES PARENTS QUI RÉUSSISSENT

Heureusement, il y a aussi des nouvelles encourageantes. Ce n'est pas tout le monde qui a à se battre. Un petit groupe de parents que j'ai interrogés a adopté une approche différente de l'alimentation. Ces parents se concentraient sur l'objectif à long terme d'éduquer leurs enfants de façon qu'ils mangent sainement, et ils ont réussi haut la main. Leurs enfants consommaient un plus large éventail d'aliments sains, ils ne se lamentaient pas pour avoir des friandises et ils étaient disposés à essayer de nouvelles textures et de nouvelles saveurs.

Comment ces parents ont-ils réussi à inculquer de meilleures habitudes à leurs enfants ? En faisant quelque chose d'inattendu. Ils ne se sont pas concentrés principalement sur la nutrition ; du moins, ce n'était pas leur orientation première. Ils étaient assurément moins craintifs que les autres parents de ce qui pourrait arriver si leurs enfants ne consommaient pas assez de bons nutriments, un jour donné. Cela les a libérés de la préoccupation de faire manger un haricot vert de plus à leurs enfants *sur-le-champ* et leur a permis de se concentrer davantage sur leur objectif à long terme d'élever leurs enfants de façon qu'ils fassent les bons choix alimentaires. Ils ont reconnu que l'alimentation, tout comme le sommeil, l'hygiène ou les bonnes manières, nécessitait une bonne dose d'enseignement parental. Ils ont fixé des limites claires, mais ils ont eu assez de souplesse pour les adapter au tempérament et aux besoins individuels de leurs enfants. Ils ont parlé de leurs objectifs à leurs enfants. Ils ont été patients ; ils savaient qu'ils semaient des graines qui pouvaient prendre des semaines, des mois ou même plus à germer. J'en suis venue à appeler ce style l'*approche pédagogique.*

Quand leurs enfants refusaient certains aliments, les parents qui utilisaient l'approche pédagogique n'en faisaient pas une montagne. Ils ne s'en souciaient pas outre mesure parce qu'ils n'adhéraient pas au mythe selon lequel les enfants ne peuvent pas aimer les aliments sains et ils ne craignaient pas les conséquences nutritionnelles. Cela les a empêchés de baisser les bras et de servir à profusion les aliments de prédilection des enfants. Quand j'ai demandé à une femme qui avait recours à l'approche pédagogique ce qu'elle faisait lorsque ses enfants n'aimaient pas ce qu'elle leur avait servi, elle a haussé les épaules en disant : « J'attends un peu, puis je leur en sers de nouveau. » Elle savait d'instinct que les enfants peuvent dire une journée qu'ils détestent un aliment, et l'adorer le lendemain. Elle ne prenait pas trop au sérieux leur refus de certains aliments, mais elle n'exerçait pas de pression sur ses enfants non plus. Elle laissait ses enfants choisir parmi les aliments qu'elle servait, mais elle s'en tenait à son plan de servir de *vrais* aliments. Elle restait détendue et, avec le temps, ses enfants ont acquis le goût des bons aliments.

Avant de commencer

À peu près tous les enfants se montrent difficiles à l'heure des repas, à un moment ou à un autre. Chez certains enfants, ces caprices alimentaires sont bénins, mais d'autres ont des goûts très limités en matière de nourriture ; cependant, lorsque leurs parents modifient les comportements de la famille, l'alimentation des enfants s'améliore.

Dans quelques rares cas, cependant, le fait que l'enfant se montre difficile a une cause physique. Le mécanisme de l'alimentation semble simple, alors qu'en réalité il est assez compliqué, et certains enfants éprouvent des difficultés avec l'une des étapes suivantes : mastiquer, avaler, digérer ou gérer les sensations produites par le fait de manger. Cela peut être causé par des problèmes oraux, moteurs, sensoriels, posturaux ou de développement.

Comment dépister un problème ? Les nausées ou les vomissements fréquents (pour des raisons non liées à une maladie), les écoulements de bave abondants, la difficulté à mastiquer, la constipation ou la diarrhée fréquente, une préférence rigide à l'égard d'une texture particulière d'aliments et de fortes réactions émotionnelles persistantes face aux aliments sont des signes que les caprices alimentaires de votre enfant peuvent avoir des causes sous-jacentes. Les enfants qui accusent un retard dans leur développement général peuvent aussi éprouver des troubles alimentaires. Si votre enfant présente ces symptômes, ou si votre instinct de parent vous dit que quelque chose cloche, faites subir une évaluation à votre enfant.

Commencez par vous renseigner auprès du pédiatre de votre enfant, mais sachez que certains parents ont trouvé utile de consulter un ergothérapeute ou un orthophoniste. Le livre intitulé *Just Take a Bite: Easy, Effective Answers to Food Aversion and Eating Challenges!*, des coauteures Lori Ernsperger et Tania Stegen-Hanson, constitue également une bonne source d'information sur les troubles de l'alimentation et sur la façon de les gérer.

Même s'ils n'utilisaient pas de termes sociologiques pour décrire ce qu'ils faisaient, les parents qui recouraient à l'approche pédagogique voulaient créer de bonnes habitudes : l'habitude de manger sainement et l'habitude d'une bonne interaction parents-enfants à l'heure des repas et des collations. Ils reconnaissaient que savoir quoi manger ne suffisait pas pour acquérir de saines habitudes alimentaires. Il fallait aussi savoir quand, pourquoi et quelle quantité en manger. Ils consacraient donc beaucoup d'efforts à structurer les repas et les collations. Ils offraient des repas frais et sains, et ne préparaient pas de solutions de rechange composées des aliments de prédilection des enfants. Ils voulaient que leurs enfants acquièrent l'habitude d'être disposés à essayer de nouveaux aliments ; ils n'insistaient pas pour que leurs enfants mangent une bouchée de plus. Et lorsqu'un problème survenait, ces parents réagissaient avec calme. Ils ne punissaient pas et ne suppliaient pas. Ils se demandaient, comme le font les bons éducateurs : « Que doit apprendre mon enfant pour passer à travers cette étape difficile? » Parfois, cela signifiait d'enseigner à leurs enfants à accepter de nouvelles textures. Parfois, cela signifiait de désamorcer une lutte de pouvoir.

Ça vous semble bien? Ça me semblait bien, à moi aussi. Soudainement, mon enquête avait une orientation plus précise. En combinant ma formation de sociologue, mon expérience de mère (et de fille) et ce que j'avais appris au cours d'entrevues et de lectures de publications scientifiques, ce qui avait débuté comme un ensemble de vagues théories se développait en une riche et profonde compréhension de la manière dont les enfants apprennent à manger. De plus, alors que je cernais les bases des problèmes que les parents éprouvaient, les solutions me sont apparues clairement: il fallait se concentrer moins sur la façon dont on fait manger du brocoli et davantage sur l'approche pédagogique, c'est-à-dire façonner les interactions qui mènent à de saines habitudes alimentaires.

LES TROIS HABITUDES: (PRESQUE) TOUT CE QUE VOUS AVEZ BESOIN DE SAVOIR

L'un des plus beaux aspects de l'approche pédagogique est que *vous savez déjà comment vous y prendre.* Vous n'avez qu'à commencer à songer à l'alimentation comme vous songez aux bonnes manières, à la bonne hygiène ou à la façon de s'habiller: une série d'habitudes qu'il faut acquérir et mettre en pratique. Bien sûr, il peut être plus difficile d'inculquer de saines habitudes alimentaires que d'enseigner à prendre un bain, par exemple. Manger a une signification plus personnelle et plus émotionnelle; c'est un sujet plus délicat. Et c'est une action plus fréquente, aussi: chez les enfants, cela revient cinq ou six fois par jour. Et, même si vous devez vous efforcer de rejeter les messages culturels selon lesquels il est impossible d'inculquer de saines habitudes alimentaires aux enfants, le problème ne se pose pratiquement jamais à l'heure du bain. Est-ce qu'un autre parent vous a déjà dit : « Ne lui donne pas le savon tout de suite ! Il n'est pas assez vieux pour aimer être propre. Attends et il y viendra peut-être de lui-même. »

Mais, pour la plupart d'entre nous, le plus difficile lorsqu'il s'agit d'inculquer des habitudes alimentaires est de trouver comment diviser ce sujet complexe en directives claires que nos enfants comprendront. À vrai dire, les parents enseignent beaucoup de choses à leurs enfants à propos de l'alimentation. C'est seulement qu'ils se concentrent davantage sur les éléments fondamentaux de l'alimentation : « Voici une orange. C'est un fruit. Les fruits sont bons pour la santé », et sur la façon de maîtriser des compétences techniques, comme la manière d'utiliser une fourchette et une cuiller. Nous oublions cependant d'aider nos enfants à apprendre à décider de ce qu'il faut manger, quand, pourquoi et en quelle quantité.

Là encore, il est plus facile d'acquérir de bonnes habitudes dans d'autres domaines. Nous expliquons à nos enfants pourquoi, par exemple, ils doivent porter un imperméable lorsqu'il pleut, ou pourquoi ils ne peuvent pas porter un maillot de bain à un mariage. Nous agissons ainsi non seulement pour que nos enfants sachent quoi faire, mais aussi parce que nous croyons que, lorsque nos enfants comprennent *pourquoi* il faut le faire, ils s'y prêteront plus volontiers. Et nous espérons qu'avec le temps nos enfants se mettront d'eux-mêmes à prendre des décisions plus appropriées. Nous ne laisserions pas tomber une paire de bottes de pluie sur le sol en espérant qu'un jeune enfant comprendra quand et comment les utiliser. Alors, pourquoi croyons-nous approprié de flanquer une assiette de choux de Bruxelles devant notre enfant en espérant que tout se passera pour le mieux ? Je soupçonne que c'est parce que, lorsque nous songeons à l'alimentation en termes de nutrition, les explications semblent beaucoup trop compliquées.

Ce dont les parents ont besoin est une explication du type « bottes de pluie » qu'ils pourront appliquer à l'alimentation. Les parents qui adoptent l'approche pédagogique ont une manière de procéder. Ils enseignent à leurs enfants trois habitudes alimentaires de base :

- les proportions,
- la variété,
- la modération.

Les *proportions* signifient de consommer des aliments en proportion de leurs effets bénéfiques pour la santé : c'est l'habitude de manger des aliments frais et entiers plus souvent que de la malbouffe. La *variété* signifie de manger différentes catégories d'aliments. Et la *modération* est l'habitude de manger la bonne quantité d'aliments (pas trop, mais pas trop peu non plus). Ensemble, ces trois habitudes transforment une bonne nutrition en un comportement ; il est pratiquement impossible de les suivre et de ne pas bien manger. Lorsque vous enseignez les proportions, la variété et la modération, il y a beaucoup moins de tension autour de la table. Vous avez moins à vous en faire à propos de ce que vos enfants mangent un jour donné et vous n'êtes pas obsédé par un ou deux nutriments, parce que, dans l'ensemble, ils ont de saines habitudes alimentaires.

Vous n'avez peut-être jamais entendu parler de ces trois habitudes, mais les parents qui réussissent l'« éducation alimentaire » de leurs enfants leur inculquent ces trois habitudes, même s'ils n'en sont pas conscients. De plus, ce sont là les comportements qui forment la base de l'ancienne pyramide alimentaire du ministère de l'Agriculture des États-Unis (United States Department of Agriculture, USDA) et du programme alimentaire qui l'a remplacée, *MyPlate*. (Pourquoi l'USDA n'avait-il pas parlé de ces trois habitudes ? Ses conseils, comme « une portion pour un enfant de 2 à 3 ans consiste en une demi-pomme ou 32 raisins sans pépins », font grimper les parents aux rideaux. Et pourtant, l'USDA déclare, dans son document intitulé *MyPyramid Food Guidance System Education Framework,* que les proportions, la variété et la modération « ne sont pas des messages directs aux consommateurs, mais plutôt un cadre de travail à partir duquel les professionnels peuvent élaborer des messages et du matériel ».)

On peut penser que les enfants sont trop jeunes pour apprendre les notions de proportions, de variété et de modération, mais c'est là la beauté de ces habitudes : elles sont faciles à simplifier en énoncés que même de jeunes enfants peuvent comprendre et suivre.

- **Les proportions.** Nous mangeons des aliments comme des fruits et des légumes plus souvent que nous ne mangeons des aliments comme des hot-dogs et des craquelins.
- **La variété.** Nous mangeons des aliments différents d'un jour à l'autre.
- **La modération.** Nous ne mangeons que lorsque nous avons faim et nous arrêtons lorsque nous sommes rassasiés.

Les enfants ne peuvent apprendre ces leçons du jour au lendemain, mais ils n'apprennent pas, non plus, à marcher, à s'habiller ou à être polis du jour au lendemain. Et c'est bien ainsi. Dans tous ces domaines de la vie, l'objectif est d'aider les enfants à devenir adultes. Dans le cas de la nourriture, il s'agit d'enseigner aux enfants à faire des choix sains.

Lorsque les enfants adoptent les trois habitudes alimentaires, ils mangent naturellement des aliments nutritifs. Mais, sans ces habitudes, les enfants mangent souvent mal, même quand on leur présente des aliments sains.

Je ne vous blâme pas d'être un peu sceptique. Il est difficile de croire que trois petites habitudes pourraient mettre fin aux batailles liées à la nourriture et changer la façon dont mangent les enfants. Mais, croyez-moi, elles le peuvent. La raison pour laquelle ces trois petites habitudes peuvent faire des merveilles est qu'elles sont centrées sur l'enseignement à vos enfants des comportements à acquérir en matière d'alimentation. De plus, contrairement au souci de la nutrition, qui écrase les parents sous une tonne de détails, les proportions, la variété et la modération vous simplifient la vie. En reliant les collations et les repas en un seul paradigme, ces trois habitudes vous ouvrent une plus vaste perspective : cela met en lumière les modèles, la manière de s'alimenter de vos enfants devient logique et les améliorations sont de plus en plus apparentes.

Ce que les enfants entendent lorsque vous parlez de nourriture

Les enfants ont besoin d'une base claire et simple pour comprendre la saine alimentation. Sans cela, ils ne sauront jamais comment prendre de bonnes décisions en matière d'alimentation, parce qu'ils croiront que ces décisions sont surtout arbitraires. Si vous observez l'environnement qui entoure l'alimentation avec les yeux d'un enfant, vous verrez ce que je veux dire : un jour, les parents disent à leur fille de manger ses légumes parce que c'est bon pour la santé ; un autre jour, les parents disent à leur fille qu'elle doit manger ses légumes parce que c'est ce qu'ils ont préparé ; et un autre jour, ils disent à leur fille qu'elle doit manger ses légumes si elle veut avoir du dessert. Parfois, elle est censée en manger trois bouchées ;

d'autres fois, elle doit en manger six. Et même si ses parents insistent pour qu'elle mange ses légumes et qu'elle goûte à de nouveaux aliments au souper, ils la laissent manger ses aliments favoris le matin et le midi.

Si les règles relatives à la nourriture sont arbitraires, l'enfant pensera qu'elles peuvent être modifiées. « Si des décisions sont prises en fonction de ce que veulent mes parents, pourquoi ne pourraient-elles pas être prises en fonction de ce que *je* veux ? » La plupart des enfants n'ont pas ces pensées consciemment, ou ils n'utilisent pas des mots comme « arbitraire », bien sûr, mais c'est là leur sentiment général. Ces pensées tacites sont également la source de luttes de pouvoir. Dans un environnement arbitraire face à l'alimentation, c'est à qui prendra la décision. Combien de bouchées de dinde dois-je manger avant d'avoir droit à un brownie ? Faites vos jeux !

C'est pourquoi les trois habitudes (les proportions, la variété et la modération) sont tellement utiles. Elles offrent un cadre clair pour vous aider à prendre vos décisions et à les expliquer à vos enfants.

Dans la première partie de ce livre, je décris la façon dont les parents bien intentionnés (ceux qui s'efforcent vraiment de bien nourrir leurs enfants) se heurtent à des problèmes et à des obstacles associés au souci de la nutrition. La deuxième partie du livre s'ouvre par une méthode pour « réinitialiser » votre état d'esprit et changer la manière dont vous interagissez avec vos enfants en ce qui a trait à l'alimentation. Puis, vous en apprendrez davantage sur les trois habitudes des proportions, de la variété et de la modération, et sur la façon de les mettre en pratique dans votre foyer. Tout au long des chapitres, je fournis des preuves à l'appui de l'approche pédagogique et je décris les compétences concrètes qui aident les enfants à adopter des habitudes. Ces compétences consistent à :

- rassembler son courage pour goûter à quelque chose de nouveau ;
- prendre une collation sans gâter son souper ;
- naviguer dans un monde rempli de choix tentants (lire : *mauvais*) ;
- manger suffisamment aux repas, sans manger trop ;
- manger quelque chose d'autre que ses aliments favoris *tous les soirs.*

Les parents se présentent à mes ateliers ou à mes séances de counseling avec hésitation, ou désespérés. Ils ne sont pas encore conscients du fait qu'il existe un vaste écart entre ce qu'ils *croient* enseigner à leurs enfants sur l'alimentation et ce qu'ils leur *enseignent* vraiment. Mais une fois qu'ils commencent à combler cet écart, les améliorations se font vite sentir. Même si l'approche pédagogique exige un engagement et du travail, les parents sont stupéfaits de constater combien il est facile de cerner les sources des problèmes de leurs enfants en matière d'alimentation et avec quelle rapidité ils peuvent obtenir des résultats. Les parents disent souvent que l'information est « révélatrice » et leur permet de faire des découvertes. À la maison, ils sont mieux organisés et plus détendus, à l'heure des repas. Leurs enfants capricieux en viennent lentement à goûter à de nouveaux aliments, et toute la famille s'assoit devant le même repas au lieu de « plats à la carte ». La famille mange plus d'aliments véritables et entiers, et les parents sentent qu'ils ont trouvé un terrain d'entente confortable entre les extrêmes de « paillasson » et de « dictateur ». Ces changements nécessitent du temps, mais la patience est la clé de l'approche pédagogique. Avec ce livre, j'espère vous aider à résoudre les dilemmes auxquels vous faites face en matière d'alimentation.

CHAPITRE 2
Se concentrer sur la nutrition mène à de piètres habitudes alimentaires

L'un des problèmes associés au souci de la nutrition est qu'il ne met pas l'accent sur les bonnes habitudes des proportions, de la variété et de la modération. L'autre problème est qu'il mène directement à l'adoption de *mauvaises* habitudes alimentaires.

Comment cela se peut-il ? Comment, en se préoccupant tellement de la teneur en calcium, en mauvais gras, en protéines et en fibres (en consacrant une si large part de leur mémoire à se rappeler l'épicerie qui vend la plus délicieuse pâte à pizza faite de blé entier), les parents inculquent-ils de mauvaises habitudes à leurs enfants ?

Aucun parent n'inculque volontairement de mauvaises habitudes à ses enfants. Mais il existe cinq pièges dans lesquels les parents peuvent facilement tomber s'ils se concentrent aussi intensément sur les nutriments. Ces pièges enferment les parents dans un cycle qui produit, puis reproduit, de mauvaises habitudes alimentaires. Dans ce chapitre, je vais vous aider à voir comment tous ces tourments à propos de la nutrition mènent à trop manger, à être capricieux, à consommer de la malbouffe et à être stressé constamment.

Si vous repérez vos propres tendances dans ces pièges, rappelez-vous ceci : éduquer des enfants est difficile. Les nourrir aussi. De plus, il est presque impossible de *ne pas* tomber dans ces pièges. Ménagez-vous une pause.

Mais rendez-vous compte que, quoi que vous ayez fait jusqu'à maintenant, c'est plus difficile que d'enseigner de bonnes habitudes alimentaires. Inculquer à vos enfants de saines habitudes alimentaires s'apparente largement à apprendre à vos enfants à se brosser les dents, à dire « s'il vous plaît » ou à aller aux toilettes. Cela exige beaucoup de répétitions et, au début, tout le monde doit y mettre du sien. Mais, une fois que l'habitude est en place, tout devient plus facile. Vous devez vous préparer à donner des « cours de recyclage », mais vous trouverez surtout que vos enfants mangent mieux et que vous vous en faites moins à propos de la nourriture. Et comme pour toute autre leçon que vous donnez à vos enfants, les avantages de saines habitudes alimentaires ne se limitent pas à la table. Grâce au succès remporté dans ce seul domaine du parentage, tous les aspects de la vie de famille vont plus rondement. Il y a moins de stress, d'anxiété et de conflits ; tout le monde passe des moments plus agréables.

Voyons maintenant comment de bons parents inculquent de mauvaises habitudes.

L'ATTENTION SÉLECTIVE

Les nutritionnistes font un travail fascinant et important. Mais la science de la nutrition est un domaine complexe, composé de milliers d'éléments mobiles. Par exemple, l'étiquette des aliments comporte habituellement 18 données sur les valeurs nutritives, bien que certaines étiquettes en contiennent encore plus. Supposons que vous serviez quatre aliments à chaque repas, trois fois par jour. Cela fait 12 aliments comportant 18 données nutritionnelles, ce qui équivaut à 216 données pour une seule journée. Si l'on y ajoute quelques collations, le total pourrait tourner autour de 250 données. Et cela, pour un seul enfant. Si vous voulez que vos calculs soient justes, vous devez évaluer les nutriments que votre enfant absorbe vraiment, parce que ces données changent en fonction de la combinaison d'aliments que vous servez et de votre méthode de cuisson. Cela, sans lancer une discussion pour savoir si les aliments biologiques renferment, ou non, plus de nutriments que les aliments cultivés de façon traditionnelle. Sans compter que les nutritionnistes ajoutent sans cesse à nos connaissances sur les aliments qui sont sains et ceux qui ne le sont pas, et que de nouvelles preuves les forcent parfois à revenir sur leurs positions. (La recherche sur les œufs a mené à tellement de conclusions différentes, au fil des ans, que la plupart des gens ne savent plus *quoi* en penser. Sont-ils bons pour la santé ou nocifs ? Quelqu'un a-t-il une réponse ?)

Étant donné l'excès d'informations en science de la nutrition, la plupart des parents que je connais prennent inconsciemment la décision de ne se concentrer que sur une poignée de nutriments cruciaux à inclure dans l'alimentation de leurs enfants ou à éviter. Leur liste ressemble habituellement à ceci, bien que la vôtre puisse différer :

- des protéines,
- du calcium,
- des lipides,
- des fibres,
- du sucre,
- de la vitamine C,
- des fruits et légumes.

(Peu importe que les fruits et légumes ne soient pas des nutriments eux-mêmes. Il s'agit d'aliments qui *contiennent* des nutriments. Ils figurent toutefois dans cette liste parce que les parents les considèrent comme le Saint-Graal de la saine alimentation.)

Comprenez-moi bien : je ne dis pas que les parents croient vraiment que cette liste englobe tout ce qu'ils doivent savoir sur la nutrition. La plupart d'entre eux se sont constitué une banque assez poussée d'informations sur l'alimentation et se sont familiarisés avec des notions telles qu'antioxydants, acides gras oméga-3 et indice glycémique, mais en ce qui concerne la majorité de leurs décisions au jour le jour, ils s'en tiennent à la courte liste de nutriments.

La courte liste de nutriments est une manière inconsciente de gérer l'impossible problème de l'analyse des millions d'éléments relatifs à la nutrition et de les appliquer aux genres d'aliments que vous achetez et servez. Mais cette solution est un piège qui engendre des problèmes en elle-même. Premièrement, se concentrer sur les nutriments crée un grand sentiment d'urgence. Cela peut porter les parents à croire que, si leurs enfants ne consomment pas quotidiennement la quantité recommandée d'un élément qui figure dans la liste, il suffira de quelques jours pour que leurs os s'effritent ou que leurs cellules meurent.

Puis, alors que vous cherchez une manière facile de faire absorber assez de calcium ou de protéines à vos enfants, un autre raccourci mental vient à la rescousse : l'*attention sélective.* L'attention sélective vous permet de vous concentrer sur seulement quelques ingrédients d'un aliment (les ingrédients importants pour vous) et de ne pas tenir compte des aspects d'un aliment qui vous déplaisent. Il ne faut pas longtemps pour que vous commenciez à faire de mauvais choix, au nom de la nutrition. Est-ce que les énoncés suivants vous semblent familiers ?

- « Il mange beaucoup de hamburgers au fromage, mais au moins il absorbe sa dose de calcium. »
- « Des pépites de poulet pour souper ? Au moins, ils obtiennent un tas de protéines. »
- « Je leur donne des tubes de yogourt comme collation, parce qu'au moins ils absorbent du calcium et des fruits. »

Bien sûr, les parents savent que ces aliments ne sont pas vraiment bons pour leurs enfants. (C'est pourquoi ils emploient beaucoup l'expression « au moins ».) Nous savons que la présence d'un ou deux nutriments dans ces aliments ne neutralise pas leur forte teneur en lipides, en sucre et en sel. Mais c'est ce que fait l'attention sélective : elle vous embrouille les idées. Elle vous fait croire que les prétendus aliments sains que vos enfants préfèrent ne sont vraiment pas mauvais pour eux. Elle vous empêche de regarder la vérité en face en vous persuadant que, si la nourriture de votre enfant contient un nutriment important, tous ses côtés négatifs ne comptent plus. (D'accord, les aspects négatifs peuvent compter pour vous, mais l'attention sélective vous fait vous sentir mieux, de toute façon.)

Il n'est pas étonnant que les parents utilisent l'approche de l'attention sélective. Notre culture se spécialise dans ce domaine. C'est ce langage que parlent les pédiatres et les décideurs en matière de santé et c'est ainsi que l'information sur la santé est communiquée. Les fabricants de produits alimentaires le savent et ils fondent entièrement leurs campagnes de marketing sur votre sensibilité à l'attention sélective. Ils prennent des aliments transformés à teneur élevée en sucre, en sel et en lipides et, passant sous silence les ingrédients nocifs, ils clament la présence d'un ou deux nutriments : « Les Froot Loops constituent une bonne source de fibres et sont faits de grains entiers », dit l'emballage. Qu'importe si les Froot Loops sont aussi bourrés de sucre.

L'attention sélective donne également lieu à un autre problème, plus insidieux. Jouant un rôle central dans le souci de la nutrition, l'attention sélective distrait les parents de la véritable tâche à accomplir. Elle leur laisse croire que la grande question est de faire absorber certains nutriments à leurs enfants. Ce n'est pas le cas. La grande question est d'enseigner à nos enfants à manger en tenant compte des trois habitudes : les proportions, la variété et la modération. (Voici l'approche pédagogique.) Nous devons façonner le comportement de nos enfants de manière qu'il leur soit naturel de manger un éventail d'aliments en proportion de leurs avantages pour la santé.

C'est pourquoi l'attention sélective est si pernicieuse. *Lorsque les parents se concentrent sur certains nutriments, ils finissent souvent par servir des aliments qui donnent de mauvaises habitudes.* Comment ? En procurant aux parents un sentiment de sécurité, sur le plan de la nutrition, l'attention sélective les amène à servir un choix limité d'aliments de qualité inférieure. Un tel régime entraîne les enfants vers la malbouffe et les éloigne des aliments sains que vous voulez qu'ils mangent. Ce serait en fait le régime antiproportions et antivariété.

Le calcium en serait l'exemple typique. Il n'est vraiment pas difficile d'absorber suffisamment de calcium : un verre ou deux de lait et un peu de cheddar, c'est tout ce dont les enfants ont besoin. (Il existe aussi d'autres options ; tous les végétaux contiennent au moins un peu de calcium. Songez au chou vert, au tofu, au pain...) Mais pour faciliter la consommation de calcium par les enfants, bien des écoles et des parents servent du lait au chocolat. (« Au moins, ça contient du calcium ! ») Cette stratégie fonctionne ; lorsque les enfants se voient offrir le choix de boire du lait au chocolat, ils ingèrent davantage de calcium.

Mais ils absorbent aussi autre chose : du sucre, à peu près la même quantité (24 g) que dans une tablette de chocolat Hershey. Certaines marques de lait au chocolat contiennent moins de sucre, mais d'autres en contiennent encore plus. Si vous laissez vos enfants boire une bouteille de lait au chocolat Nesquik, ils absorberont 56 g de sucre.

De plus, lorsque l'attention sélective vous incite à servir du lait au chocolat pour que les enfants aient leur dose de calcium, vous n'enseignez pas à vos enfants les éléments d'une saine alimentation. Vous leur transmettez le point de vue de l'attention sélective et vous leur enseignez qu'en mélangeant le lait avec du chocolat on neutralise en quelque sorte le sucre, ce qui rend la boisson saine (ou *assez* saine). Vous leur inculquez également l'*habitude* de boire quelque chose de très sucré.

Si vous goûtez très souvent à une saveur, cela deviendra votre point de référence quant à ce qu'un aliment devrait goûter. C'est ainsi que fonctionnent les habitudes. Bien sûr, nous naissons tous avec une préférence pour les aliments sucrés et gras, mais si vous donnez constamment du sucre à vos enfants (que ce soit du sucre de canne biologique, du sirop de maïs à haute teneur en fructose, du miel ou une autre forme d'édulcorant), vous ne faites qu'accentuer cette préférence naturelle et cette envie de sucre. D'après certaines recherches, le sucre créerait une dépendance ; mais même si ce n'est pas le cas, le goût sucré crée certainement une habitude. Toutes les saveurs le font, et il en va de même pour les textures. Si vous donnez régulièrement à vos enfants des aliments sucrés, ils s'attendront à en recevoir davantage ; donnez-leur des aliments salés et ils voudront davantage de sel ; donnez-leur des aliments frits et ils voudront davantage de friture ; donnez-leur quelque chose de croustillant et ils en voudront plus ; donnez-leur un goût de fromage et ils en voudront encore.

Pire, les habitudes alimentaires acquises dans l'enfance ne disparaissent pas avec la fin de l'enfance. Les mauvaises habitudes alimentaires persistent donc chez les jeunes adultes. Étant donné que les adolescents ont plus de liberté pour choisir parmi un plus vaste éventail d'aliments, ils passeront non pas à des aliments plus sains, mais à d'autres aliments présentant le profil de saveurs qu'ils aiment. Ces aliments peuvent contenir peu de nutriments ou pas du tout. Alors, quand les enfants élevés au lait au chocolat atteignent l'adolescence et la vingtaine, ils recherchent naturellement quelque chose de sucré lorsqu'ils ont soif, et le lait au chocolat sera peut-être leur premier choix.

Imaginez un adolescent habitué au sucre qui se trouve dans un restaurant et doit décider de ce qu'il boira avec son repas. Il voudra boire quelque chose de sucré et, compte tenu de nos tendances culturelles, cette boisson sera probablement une boisson gazeuse ou une boisson énergétique, soit le genre de boisson qui est la principale cause d'obésité. (Saviez-vous que le seul fait de boire quotidiennement 355 ml [12 oz] d'une boisson sucrée augmente de 60 % le risque qu'un enfant soit atteint d'obésité ?)

Si le lait au chocolat était le seul compromis consenti par les parents au nom de la nutrition, ce ne serait pas trop mal. Mais que se produit-il lorsque les parents donnent à leurs enfants du lait au chocolat pour le calcium, des pépites de poulet pour les protéines, et des tubes de yogourt pour les fruits ? Ils atteindront peut-être leur objectif de leur fournir quelques nutriments. Cependant, au cours de ce processus, ils auront encouragé leurs enfants à aimer les aliments qui se trouvent au fond du baril de la nutrition : les aliments sucrés, salés, gras ou transformés. Précisément ce que la plupart des parents veulent éviter avant tout !

Beaucoup de parents me demandent comment faire aimer les légumes ou le lait nature à leurs enfants. Croyez-moi, c'est possible, et j'ai un tas d'idées à vous proposer. Mais commencez par constater que le lait au chocolat, les hamburgers au fromage et les pépites de poulet (tous les aliments que les parents justifient par l'attention sélective) font qu'il est plus difficile pour votre enfant d'aimer les aliments sains. Les enfants qui mangent régulièrement du poulet rôti, par exemple, développent ce goût. Mais chaque pépite de poulet rend plus difficile l'acceptation du poulet rôti. C'est que les pépites de poulet, salées et croustillantes, entraînent les papilles gustatives des enfants à vouloir davantage de pépites de poulet salées et croustillantes, mais elles rendent aussi le poulet rôti fade et difficile à mâcher, en comparaison. Il en va de même pour les autres aliments et saveurs. Il ne sera jamais aussi satisfaisant de croquer dans une carotte que dans un craquelin. Le melon le plus mûr peut paraître acidulé par comparaison avec les produits auxquels on a ajouté du sucre. À côté des aliments sucrés, gras, salés ou transformés, les aliments sains sembleront toujours moins appétissants et moins intéressants. Les aliments naturellement sains ne goûtent, ne paraissent, ne se croquent ou ne giclent tout simplement pas comme les aliments qui plaisent aux enfants. Alors, si votre enfant refuse le lait nature et d'autres produits frais, c'est peut-être l'alimentation remplie de produits destinés à plaire aux papilles de votre enfant qui est à blâmer.

Comment les parents façonnent involontairement les habitudes alimentaires

Lorsque vous servez des aliments à vos enfants, vous faites plus que leur fournir des calories et des nutriments. Vous façonnez également leurs habitudes. Si vous éprouvez des difficultés à faire aimer les vrais aliments à vos enfants, songez à l'orientation que le type d'aliments que vous servez leur donne :

- Le yogourt sucré aux fruits mène vos enfants vers le pouding et la crème glacée ;
- Les barres pour petit-déjeuner mènent aux pâtisseries ;
- Les craquelins amènent les enfants à aimer les croustilles ;
- Les barres de céréales conduisent les enfants vers les biscuits ;
- Les jus amènent les enfants à boire des boissons gazeuses.

La prochaine fois que vous choisirez des aliments pour votre famille, ne vous demandez pas : « Contiennent-ils du calcium ? » ou « Contiennent-ils des protéines ? », mais plutôt : « Quelles *habitudes* est-ce que j'inculque ? »

LES ALIMENTS BONIFIÉS

Les pièges de la nutrition peuvent être difficiles à détecter, même pour les parents les plus avertis. Je reçois constamment des parents ayant besoin d'aide avec leurs enfants capricieux, qui refusent de manger ou présentent d'autres problèmes. Ces parents disent : « Je n'arrive pas à mettre le doigt sur le problème. Je ne sers que des aliments sains ! » Et ils ont raison ; la plupart des aliments que servent ces parents semblent plutôt sains. Mais les parents sont tout de même pris au piège, et ce piège est la raison pour laquelle leurs enfants ne mangent pas comme ils le voudraient. Je parle ici de la tendance à prendre des aliments médiocres ou vides et à les bonifier.

Exemples d'aliments À VALEUR NUTRITIVE BONIFIÉE

- Les croustilles aux légumes ;
- La pizza dont la croûte est faite de blé entier ;
- Les muffins auxquels on ajoute des ingrédients sains ;
- Un hamburger au fromage auquel on ajoute du chou-fleur ;
- Des brownies préparés avec une purée de haricots noirs.

Si vous songez à la nourriture uniquement sous l'angle des nutriments (si vous avez le souci de la nutrition), la stratégie de bonification peut vous sembler très logique. Cela résout l'un de vos problèmes. Si votre enfant veut manger des muffins tous les matins au petit-déjeuner, mais que l'ajout de farine raffinée et de sucre dans la plupart des muffins vous préoccupe, vous pouvez vous coucher plus tard et faire vos propres muffins de grains entiers. Vous pouvez omettre le sucre et édulcorer la pâte avec du jus de pomme. Vous pouvez y incorporer une poignée de graines de lin pour les fibres et y ajouter des bleuets. Il est minuit et vous êtes épuisé, mais au moins vous avez un muffin qui est beaucoup plus sain, n'est-ce pas ?

Eh bien, oui. Mais quelles habitudes inculquez-vous à vos enfants ?

Si vous offrez à vos enfants des muffins enrichis tous les matins, vous leur enseignez à :

- croire que c'est bien de manger les mêmes aliments tous les jours, ou presque ;
- voir le petit-déjeuner comme le moment où l'on mange des aliments moelleux et sucrés ;
- préférer le goût et la texture des produits de boulangerie-pâtisserie à ceux des produits frais.

Ces enseignements n'inculquent pas de saines habitudes alimentaires à vos enfants. Ils ne leur montrent pas à gérer l'essai de nouveaux aliments, à acquérir le goût d'autres aliments pour le petit-déjeuner, comme les œufs ou les céréales, ou à incorporer de la variété dans leur alimentation. Ces leçons conduisent plutôt vos enfants à être rigides dans leur alimentation, à être des mangeurs de muffins ! Et songez à ceci : ce ne sont pas tous les muffins que vos enfants mangeront qui seront sains, particulièrement lorsqu'ils vieilliront et qu'ils considéreront toutes les options offertes (les strudels aux bleuets, les biscuits aux pépites de chocolat, le gâteau à la cannelle…) sur un chariot présentant des mets pour le petit-déjeuner.

Le désir de transformer les « mauvais » aliments en « bons » aliments est naturel. Une fois, une mère qui participait à l'un de mes séminaires m'a dit qu'elle croyait que la solution au problème du fromage à la crème (il contient trop de gras saturés et ne contient pas assez de calcium pour faire partie du groupe des produits laitiers recommandés) consistait à l'enrichir, et non à modifier les habitudes alimentaires des enfants. Je comprends son raisonnement, mais il n'est pas logique. Transformer les aliments nocifs en aliments sains est une fausse réussite qui finira par vous rendre la vie plus difficile, car les aliments bonifiés enseignent aux papilles de vos enfants à refuser les aliments naturellement frais et bons pour eux.

Voyez ce qui est arrivé à Lana. Lorsque je l'ai rencontrée, Lana servait de la pizza à ses enfants presque tous les soirs. Elle se sentait coupable d'agir ainsi, mais de savoir que la croûte de la pizza était faite de blé entier la rassurait. Ses fils aimaient cela, et Lana ne savait pas quoi leur offrir d'autre. Elle avait de la difficulté à faire avaler autre chose à ses fils et elle était fatiguée de ces batailles incessantes concernant la nourriture.

Et voici le piège. Lana a commencé à servir de la pizza parce que ses fils se plaignaient des autres mets qu'elle leur donnait à manger. En enrichissant la pâte, Lana s'est convaincue qu'il n'y avait rien de mal à servir de la pizza à ses fils tous les soirs. Cette stratégie maintenait la paix, et c'est un argument de taille lorsqu'il s'agit de l'atmosphère des repas. Mais maintenant que ses enfants s'étaient habitués à manger de la pizza presque constamment, leur esprit et leurs papilles s'attendaient à en avoir tous les soirs. En regardant leur pizza, les enfants se disaient : « C'est ça, un souper. C'est ce que ça doit goûter. »

Lorsque Lana réfléchissait à l'aspect nutritif du repas, elle songeait immédiatement aux grains entiers de la pâte. La croûte qu'elle faisait comportait donc une grande amélioration par rapport à celles qui se vendent à la pizzeria. Mais lorsque Lana réfléchissait aux repas du point de vue des habitudes, elle constatait que les goûts, les textures et l'ensemble de l'expérience de consommation d'une pizza bonifiée étaient loin de ce qu'elle aurait espéré voir ses fils manger (des mets tels que du poulet teriyaki, des haricots et du riz, du brocoli, et parfois même une salade), et que chaque pizza qu'elle servait poussait ses enfants à en manger davantage.

Bien sûr, le changement n'a pas été facile. Il n'existe pas de truc miracle. Mais en modifiant un peu plus souvent le menu, Lana a été en mesure de commencer à transformer les habitudes alimentaires de ses enfants. Et surtout, la famille de Lana a pu avoir une perspective plus globale. Lana a appris que les aliments bonifiés ne constituent qu'un tour de passe-passe qui encourage les parents à fixer leur attention sur un seul aliment et à ne pas tenir compte des habitudes globales de leurs enfants en matière d'alimentation.

LA ZONE DE NUTRITION

Certains parents définissent le déjeuner, le dîner et le souper comme des « zones de nutrition », c'est-à-dire les moments où des aliments sains sont servis.

Consommer des repas sains est bien. Mais qu'en est-il du reste de la journée ? Qu'en est-il des collations ?

Je ne dis pas que toutes les collations doivent être composées d'aliments santé ; la vie serait ainsi bien ennuyeuse.

Mais il est facile de déraper vers l'idée que les collations sortent carrément de la zone de nutrition et qu'elles donnent un laissez-passer pour la malbouffe.

Les parents n'envisagent pas les collations ainsi, de prime abord. En fait, lorsque les enfants ne sont encore que des nourrissons, leur servir des mini-repas, à longueur de journée, ne nous gêne pas. Nous servons à nos bambins des aliments nutritifs, comme du gruau ou des purées de fruits ou de légumes, tout au long de la journée.

Mais à mesure que les enfants grandissent, nous avons tendance à établir une distinction plus nette entre les repas et les collations. L'heure de la collation devient le moment de manger des aliments préemballés, comme des bretzels ou des craquelins, qui servent avant tout à remplir l'estomac et présentent peu ou pas de valeur nutritive. Ou bien les collations deviennent l'occasion de manger des bonbons, des croustilles, des biscuits ou de la crème glacée. C'est comme si nous réservions, chaque jour, une période pour les calories supplémentaires, pour le gras ou pour les caries.

Ce qui est intéressant, c'est que les parents dont les enfants mangent sainement aux repas ont tendance à les laisser grignoter de petites gâteries. Il semble que les aliments vides soient moins nocifs lorsqu'ils viennent « compléter » une saine alimentation, mais, en fait, la malbouffe reste de la malbouffe. Les bonbons et les croustilles ne sont pas plus sains pour les enfants qui ont mangé leurs légumes. (C'est triste, mais le brocoli ne vaccine pas les enfants contre le sucre !)

Outre la piètre qualité des aliments, les enfants absorbent un *tas* de calories dans leurs collations. Les enfants consomment maintenant plus de 27 % de leurs calories quotidiennes dans leurs collations. En moyenne, les enfants consomment un peu moins de 600 calories par jour, soit légèrement plus que le nombre de calories dans un Big Mac de McDonald, entre les repas. Le grignotage à forte teneur en calories est l'une des raisons pour lesquelles tant d'adultes ont de l'embonpoint. Voulez-vous vraiment faire prendre cette habitude à vos enfants ?

Toutes les calories que contiennent les collations peuvent avoir deux effets :

- Elles remplissent l'estomac des enfants, de sorte qu'ils n'ont pas faim à l'heure des repas. Et si les repas constituent le moment où vous servez des aliments sains, cela pose problème. Cela vous force à faire un choix : allez-vous exiger que votre enfant mange alors qu'il n'a pas faim ou lui laisser sauter un repas et absorber davantage de calories vides à la prochaine collation ?
- Elles émoussent la sensation de satiété de votre enfant et le mènent vers l'envie de grignoter encore plus. Les fabricants ont découvert le « point d'extase », c'est-à-dire le moment où les collations sont le plus désirables. Les collations hypercaloriques, particulièrement celles qui contiennent une grande quantité de sucre, de sel et de gras, stimulent notre appétit pour les collations. Elles mettent en branle un cycle de désir et de consommation, alors les enfants (et les adultes) continuent de manger.

La zone de nutrition est l'une des façons dont les parents réagissent à un excès d'information en matière de nutrition et elle peut apparaître comme une bouée de sauvetage. En limitant le nombre de fois par jour où les parents doivent songer à la nutrition, on limite aussi le nombre de fois où les parents risquent de se disputer avec leurs enfants à propos de la nourriture. Mais c'est là le piège. Les collations de piètre qualité ne font qu'empirer les choses. Non seulement elles font glisser les goûts de vos enfants vers le bas, de sorte qu'ils ont besoin de plus en plus d'aliments vides, mais elles font également prendre aux repas plus d'importance qu'il ne faudrait. Les repas deviennent les *seules* occasions où vous pouvez servir des aliments sains.

Le repas du soir, le plus important de la journée, est aussi celui qui est le plus visé par nos objectifs en matière de nutrition. C'est pourquoi presque toutes les familles que je connais sont obsédées par le souper. « Comment puis-je amener mon fils à mieux manger au souper ? » « Comment faire manger des légumes à mon fils, au souper ? »

Ironiquement, la réponse est de songer aux collations. C'est ce que j'ai dit à Anita. Elle s'assurait toujours de servir à ses trois enfants un légume, une fois par jour, au souper. Le repas était toujours un vrai cauchemar. Les enfants voyaient le légume dans leur assiette et se lamentaient. Anita les grondait, les cajolait et leur disait de manger la moitié de ce qui restait dans leur assiette. Habituellement, ils ingurgitaient un peu plus de légumes, mais pas beaucoup.

Je comprenais la logique d'Anita : « C'est une bataille de tous les soirs, de simplement faire avaler une portion de légumes à mes enfants. Si je sers des légumes plus d'une fois par jour, j'en suis quitte pour d'incessantes disputes. »

Mais cela ne fonctionne pas ainsi. Les enfants refusent les légumes lorsqu'ils n'y sont pas habitués. Si les enfants d'Anita se voyaient présenter plus de légumes à l'heure de la collation (et aux autres repas), ils seraient plus enclins à en manger à l'heure des repas. Cela peut sembler un raisonnement circulaire, mais c'est vrai. Si vous voulez que vos enfants mangent plus de légumes, ils doivent se familiariser davantage avec les légumes.

Je ne veux pas insinuer qu'Anita devrait commencer à servir des salades au petit-déjeuner, bien qu'elle le puisse, et des familles d'autres cultures le font, mais il existe un tas de façons d'incorporer davantage de légumes au menu quotidien. Pourquoi ne pas garnir des rôties de fromage à la crème et de tomates cerises (ou de concombres, ou d'avocats, ou des trois) ? Tremper des bâtonnets de carotte dans le guacamole, pour la collation ? Et servir des rouleaux de printemps aux légumes ou une soupe aux légumes, le midi ? Chaque bouchée compte. Et surtout, chaque bouchée permet aux enfants de s'habituer à l'apparence, au goût et à l'odeur des légumes. Puis, lorsque l'heure du souper arrive, les légumes semblent un aliment désirable et non un plat d'accompagnement à propos duquel on se dispute.

Servir des légumes tout au long de la journée aiderait les enfants d'Anita d'une autre façon à en consommer davantage, le soir. Si Anita savait que ses enfants ont mangé *ne serait-ce que quelques* carottes ou tomates raisins au cours de la journée, elle se soucierait moins de la quantité de légumes qu'ils consomment au souper. Cela lui enlèverait de la pression à propos de la consommation quotidienne de légumes, et elle en mettrait moins sur ses enfants, qui seraient peut-être plus enclins à en manger.

Cependant, étant donné qu'Anita voyait les repas comme une zone de nutrition, elle était coincée dans un cercle vicieux difficile à briser : le souper est un combat ; les parents craignent que leurs enfants n'aient faim, alors ils leur servent des collations qu'ils aiment ; comme les collations que les enfants aiment ont une valeur nutritive inférieure, les parents sont davantage préoccupés par le souper ; cette préoccupation pousse les parents à soudoyer, à supplier, à câliner leurs enfants et à négocier avec eux, afin qu'ils mangent quelques bouchées de plus ; les enfants réagissent par la négative à la pression ; et le cycle recommence.

Mais je ne dis *pas* que toutes les bouchées doivent être nutritives. Il doit y avoir de la place pour les sucreries et les friandises dans l'alimentation de chacun.

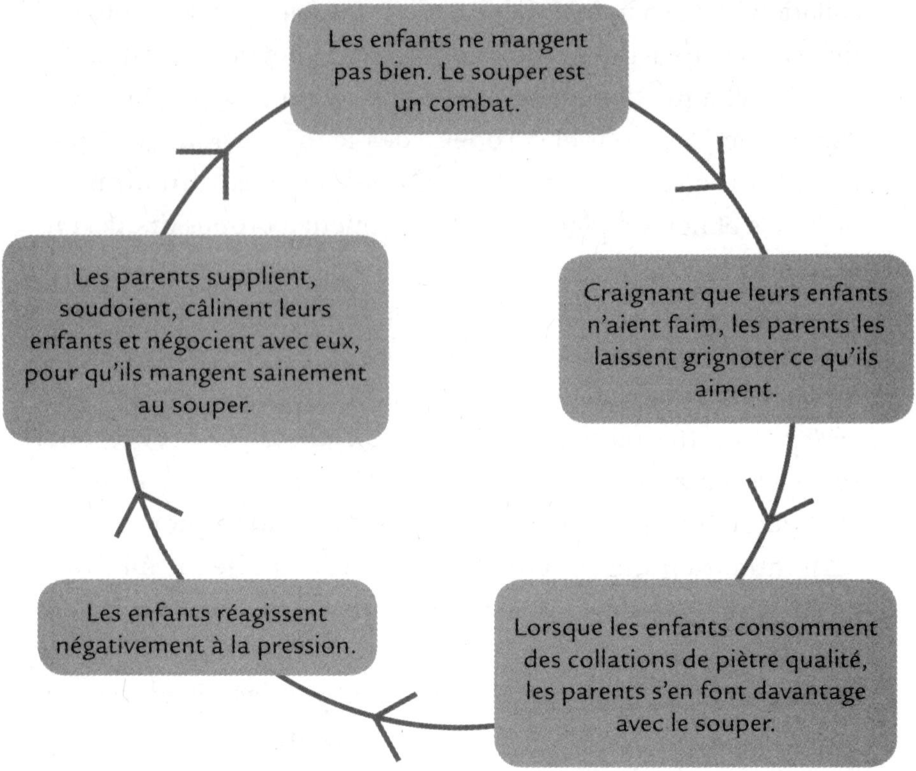

(Vous ne me verrez pas de sitôt renoncer aux biscuits aux pépites de chocolat.) Mais la mentalité « zone de nutrition » doit disparaître, parce qu'elle engendre un cycle de pression et de désespoir. Finalement, supprimez la zone de nutrition, et vous allez probablement étaler la consommation d'aliments sains tout au long de la journée, en y insérant quelques friandises, le moment voulu ; autrement dit, vous favoriserez une alimentation bien proportionnée et vous enseignerez à vos enfants à être plus ouverts aux aliments sains. Si vous restez dans la zone de nutrition, vous signez votre condamnation.

LES FAUX CHOIX

Il existe une industrie qui n'a de cesse de convaincre les parents que certains aliments doivent être servis dans certaines circonstances. Voici quelques groupes d'aliments auxquels on nous a habitués :

- Le petit-déjeuner est le moment du pain, des œufs et des céréales ;
- Le dîner est l'occasion de manger quelque chose entre deux tranches de pain ou dans une tortilla ;
- La collation est l'heure de déguster quelque chose de croustillant, dans une boîte ou dans un sac ;
- Le souper est le moment de consommer des protéines savoureuses ou des pâtes et des légumes ;
- Les enfants sont censés manger des aliments fades, mais destinés à leur plaire.

Cette façon de penser limite les choix des parents. Étant donné qu'un supermarché moyen contient quelque 40 000 articles, les parents accueillent parfois avec plaisir quelques restrictions. Cela facilite l'achat des aliments. Mais si vous vous restreignez en vous disant que le dîner doit comporter du pain ou des tortillas, en plus de la contrainte d'avoir à servir des aliments qui plaisent aux enfants, vous avez écarté la plupart de ces 40 000 articles avant même d'entrer au supermarché. Ils sont littéralement éliminés de la table ! Même si certains sont délicieux. Même si vous les serviez le soir plutôt qu'en après-midi. Même s'ils sont de la couleur préférée de votre enfant. Et même s'il s'agit d'un plat comme de la soupe miso, qui, croient les Américains, ne plaît pas aux enfants, mais qui est mangée le matin par un bon nombre des 17 millions de petits Japonais.

Ce qui cause un autre problème, c'est que, lorsque vous servez des types d'aliments prévisibles à des moments prévisibles, vous créez une expérience sensorielle limitée. Même si vous servez des craquelins Goldfish pour la collation un jour, des bretzels le lendemain et des craquelins Graham le surlendemain, vos enfants s'habituent à des textures semblables : croustillantes. Il en va de même pour les sandwichs. Les enfants qui mangent le même genre d'aliments, à la même heure, jour après jour, deviendront rigides dans leur rapport à la nourriture ; et être rigide est le contraire d'être disposé à essayer de nouvelles choses.

Je dis aux parents que la façon la plus facile et la plus rapide d'ajouter de la variété dans l'alimentation de leurs enfants est d'étendre les notions de *quand* vos enfants mangent *quoi*. Tout le monde aime manger son petit-déjeuner au souper, mais vous n'avez pas à vous arrêter là. Vous pouvez servir des falafels au petit-déjeuner ou de la soupe au poulet en guise de collation. Si les pâtes, les hot-dogs et les pépites de poulet constituent des options acceptables pour le souper dans votre maison, ils peuvent également être consommés à d'autres moments. (Vous ne serviriez pas des craquelins Goldfish au petit-déjeuner ? Alors peut-être vous demanderez-vous pourquoi ils sont acceptables en collation.)

Je sais que vous ne croyez pas que le fait d'intervertir ainsi les repas vous rapprochera beaucoup de votre objectif d'augmenter la variété dans l'alimentation de votre enfant, mais c'est le cas. Pas seulement parce que cela ajoutera automatiquement des douzaines de plats au menu. Sortir du piège des faux choix changera également le genre d'aliments que vos enfants *s'attendent* à manger, à quelque repas que ce soit. Ce n'est que lorsque leurs attentes changent que leurs choix alimentaires peuvent aussi changer.

Cependant, le plus grand problème, avec les faux choix, n'est pas qu'ils ne favorisent pas la variété, ce qui est déjà mauvais. Mais, pire encore, c'est qu'ils ne favorisent pas la variété *et* qu'ils incitent les parents à servir des aliments de qualité inférieure à leurs enfants. Quand vous vous sentez limité à une poignée d'aliments « autorisés » pouvant être servis dans des circonstances particulières, vous commencez à fonder vos décisions sur les mérites relatifs des aliments de cette catégorie, du point de vue de la santé. Cela signifie souvent d'opposer un mauvais choix à un autre.

C'est pourquoi les parents finissent par dire des choses comme :

- « J'ai donné à Sally des bagels pour déjeuner parce que ce n'est pas aussi sucré que des muffins. »
- « Justin mange des craquelins après l'école parce que c'est plus sain que des croustilles. »
- « J'ai préparé des nouilles au beurre pour le souper parce que c'est mieux que du McDonald. »

Vous voyez les faux choix ? La question n'est pas de savoir si les nouilles au beurre valent mieux que du McDonald ou si les craquelins sont meilleurs que les croustilles. La vraie question est de savoir si ces aliments sont sains. Et, dans bien des cas, la réponse est : « Non. »

Il peut être troublant de se tirer du piège des faux choix et d'examiner des choix d'aliments populaires à travers une autre lentille. Par exemple, plusieurs d'entre nous servent des bagels parce que cela semble mieux, pour les enfants, que d'autres aliments pour le petit-déjeuner, comme les beignes et les muffins sucrés. En fait, ce qui constituerait un choix encore meilleur qu'un bagel serait… une tranche de gâteau. Un bagel nature garni de fromage à la crème, provenant de la boulangerie Panera Bread, compte 480 calories et 20 g de matières grasses. Une tranche de gâteau au fudge d'Entenmann renferme 200 calories de moins et la moitié des matières grasses. Et le gâteau apporte la même quantité de fibres ! On y ajoute un verre de lait, et le tour est joué ! La plupart d'entre nous trouveraient un peu étrange de servir du gâteau au petit-déjeuner, même si, à l'occasion, ce serait amusant. Mais la magie des faux choix nous fait croire que le gâteau est terrible pour la santé, alors que le bagel est plutôt bon pour nous.

Là encore, je ne dis pas qu'il n'y a pas de place, dans l'alimentation de votre enfant, pour des craquelins ou que vous devez bannir à tout jamais les bagels ou même McDonald. Je dis quelque chose de plus radical : vous devez vous sortir du piège des faux choix, parce qu'il abaisse vos attentes quant à ce qui constitue une alimentation acceptable. Lorsque vous choisissez ce qu'il y a de mieux dans un assortiment médiocre de milieu de gamme, vous vous trouvez coincé dans le milieu de gamme médiocre. Et lorsque vous limitez l'éventail de choix que vous présentez à vos enfants, vous limitez leurs goûts, plutôt que de les étendre.

MANGES-EN ENCORE

Jusqu'à maintenant, tous les pièges de la nutrition dont j'ai parlé entraînent les enfants soit à être capricieux, soit à trop manger d'aliments qui ne sont pas très bons pour eux. La dernière habitude alimentaire, « manges-en encore », fait prendre un mauvais pli : trop manger.

Ironiquement, les parents tombent dans le piège du « manges-en encore » lorsqu'ils servent des aliments qu'ils croient bons pour la santé. Lorsque de bons aliments sont sur la table, les parents, dirions-nous, *encouragent* leurs enfants à en manger plus qu'ils ne le feraient normalement :

- « Manges-en deux bouchées de plus. »
- « Si tu veux un brownie, tu dois manger ton brocoli. »
- « Pas de télé ce soir avant que tu n'aies fini ton assiette. »

« Manges-en encore » est comme une assurance nutrition. En quête d'objectifs nutritionnels qu'ils arrivent difficilement à cerner, les parents que je connais ne sont jamais certains que leurs enfants ont consommé suffisamment de calcium, de protéines ou même de calories. La plupart des parents règlent la question par une solution simple : donner davantage à manger. « Manges-en encore » est donc une autre stratégie de simplification que les parents utilisent face à l'excès d'informations sur la nutrition, en pensant : « Je ne sais pas vraiment de combien de protéines tu as besoin, ou combien tu en as absorbé. Mais, dans le doute, manges-en encore. » Cette approche résout également le problème pratique de faire manger suffisamment les enfants à l'heure des repas de façon qu'ils ne piquent pas une crise déclenchée par la faim, un peu plus tard, ou qu'ils ne demandent une collation juste avant d'aller au lit. Il est facile de voir pourquoi une équipe de chercheurs a récemment conclu que de faire manger davantage les enfants à l'heure des repas était l'objectif principal de la plupart des parents de jeunes enfants.

Comme tous les pièges, l'approche « manges-en encore » est inefficace par rapport à votre objectif de bien faire manger vos enfants. Mettre de la pression sur les enfants pour qu'ils mangent davantage aux repas peut parfois les faire manger moins (il s'agit d'une affaire de contrôle). Même si vous parvenez à faire avaler quelques bouchées de plus à vos enfants à l'heure du repas, qu'avez-vous vraiment accompli ? La plupart du temps, ces « deux bouchées de plus » ne sont pas suffisantes pour calmer une faim de loup, pas suffisantes pour prévenir le besoin futur d'une collation, et certainement pas une grande amélioration, en termes de nutrition. La seule chose que vous remportez est une victoire temporaire, suivie de plus de disputes. Et, en cours de route, vous avez également inculqué à vos enfants un tas de mauvaises habitudes alimentaires.

Voici comment cela se produit. Disons que vos enfants ne sont vraiment pas enthousiastes à l'idée de manger des légumes. Vous décidez de rendre la consommation de légumes indispensable à l'obtention d'un dessert. (J'appelle cela le marché du dessert.) Il y a de fortes chances pour que votre stratégie fonctionne. La plupart des enfants feront à peu près n'importe quoi pour obtenir du dessert, même si cela signifie qu'ils doivent avaler un peu plus des petits pois (qui, à leur avis, sont abominables) que vous vous entêtez à leur servir. Ils mangent les petits pois ; vous leur donnez une part de tarte. Tout le monde y gagne. Mais regardez au-delà du repas immédiat, et le tableau ne semble plus aussi rose.

D'abord, le marché du dessert ne montre pas à vos enfants à aimer les petits pois. Si c'était le cas, après quelques fois, vos enfants se mettraient à manger des légumes d'eux-mêmes. Vous n'auriez pas à négocier *tous les soirs*. Le marché du dessert enseigne plutôt à vos enfants que le dessert est vraiment désirable (après tout, si le dessert est la récompense, ce doit être bon) et que les légumes sont une corvée désagréable. Autrement, vous n'auriez pas besoin d'offrir une récompense pour que les enfants en mangent. Dans une étude effectuée au Texas auprès d'élèves du niveau collégial, 72 % des élèves qui avaient été forcés de manger certains aliments lorsqu'ils étaient enfants ont dit qu'ils ne mangeraient pas ces aliments avec plus d'enthousiasme aujourd'hui.

La stratégie du « manges-en encore » présente un problème plus important. Exercer une pression sur les enfants pour qu'ils mangent plus… les fait manger plus, peu importe l'appétit qu'ils ont. Voici donc les pensées qui passent alors par la tête des enfants : « Je n'avais plus très faim. Maman m'en a fait manger quelques bouchées de plus pour que j'aie droit à un dessert. Je n'avais plus faim du tout, mais je voulais avoir mon dessert. J'ai vraiment trop mangé. » Je suis certaine que manger avec excès n'est pas une habitude que vous voulez inculquer à vos enfants.

Avec le temps, les perspectives s'assombrissent encore davantage. Lorsqu'on les force à manger plus qu'ils ne le feraient normalement, les enfants, même en bas âge, apprennent à ne pas tenir compte de leur instinct naturel en ce qui concerne l'alimentation. Au lieu de s'interroger pour savoir s'ils ont encore faim ou non, les enfants se mettent à chercher des signaux externes leur indiquant quand et quelle quantité manger. Cela risque de les entraîner à manger à l'excès (hyperphagie), et pas seulement à court terme. Si nous passons les premières années de la vie de nos enfants à les pousser à manger davantage, nous ne devons pas nous étonner qu'ils passent le reste de leur vie à tenter de manger moins. Les habitudes acquises tôt dans la vie sont difficiles à déraciner.

« Juste quelques bouchées de plus » n'est que l'une des façons dont les enfants apprennent à trop manger. En voici une autre : de nombreux parents servent d'énormes portions de nourriture dans l'assiette de leurs enfants, en sachant très bien que ceux-ci ne pourront jamais tout manger. Les parents agissent ainsi parce qu'ils savent que les gens mangent habituellement davantage lorsqu'on leur sert de larges portions. Voici le raisonnement des parents : « Mon enfant mange habituellement le quart de ce que je lui sers. Si je lui sers une plus grosse portion et qu'il en mange le quart, il aura mangé plus. »

Malheureusement, augmenter la portion constitue une autre de ces solutions à court terme qui entraînent des problèmes à long terme. Les enfants habitués à manger beaucoup se mettent à trouver que *beaucoup* est normal. Cela devient leur *norme de consommation,* la quantité qu'ils s'efforcent d'atteindre chaque fois qu'ils mangent. Même lorsque ce qu'ils mangent est sain, ils apprennent à manger trop.

Je sais que vous croyez que vos enfants ne toucheraient jamais à un légume si vous cessiez de faire pression sur eux. Cependant, si j'avais à choisir entre enseigner à ma fille à manger des légumes et lui enseigner à ne pas trop manger, je choisirais la dernière option. (Heureusement, je vais vous montrer à réaliser les deux.) On ne peut pas ignorer les statistiques. Plus du tiers de tous les enfants américains ont de l'embonpoint ou sont atteints d'obésité. Pas seulement à cause de ce qu'ils mangent, mais aussi à cause de la *quantité* que nous leur enseignons à manger.

NE LAISSEZ PAS TOMBER LA NUTRITION ; SEULEMENT LE SOUCI DE LA NUTRITION

C'est l'un des paradoxes frustrants d'être parent de nos jours : si l'on se concentre sur la nutrition, il est probable que les enfants acquerront de mauvaises habitudes alimentaires. Mais si l'on se concentre sur l'enseignement des habitudes que l'on veut que nos enfants acquièrent, la nutrition prendra naturellement sa place. C'est que les habitudes reflètent le comportement ; la nutrition reflète l'alimentation.

Vous pouvez faire beaucoup pour aider vos enfants à acquérir de saines habitudes alimentaires en laissant tomber le souci de la nutrition, mais ne laissez pas tomber entièrement la nutrition. Atténuez simplement un peu le bruit. Dans son livre intitulé *What to Eat,* la réputée nutritionniste Marion Nestle écrit : « Les principes fondamentaux d'une saine alimentation sont tellement simples que je peux les résumer en dix mots : mangez moins, bougez davantage, consommez beaucoup de fruits et légumes. Et, pour plus de clarté, disons-le franchement : allez-y mollo avec la malbouffe. » J'ajouterais à cela : songez aux habitudes à long terme.

Pour éviter les pièges de la nutrition, vous devez adopter une tout autre façon de penser. L'approche pédagogique déborde le fait d'offrir de la nourriture ; il s'agit également de parentage. Comme nous le verrons au chapitre suivant, si vous voulez modifier la façon dont vos enfants mangent, vous devez modifier la façon dont vous interagissez avec vos enfants à propos de la nourriture.

CHAPITRE 3
Si vous étiez le parent de *mon* enfant, vous comprendriez
Vos problèmes vous tiennent en otage

Nous avons abordé les pensées et les comportements qui vous font tomber dans les pièges de la nutrition ; le moment est maintenant venu d'approfondir la question. Si votre enfant a pris quelques mauvaises habitudes, il est probable que vous en avez quelques-unes, vous aussi. Mais je ne parle pas de vos habitudes alimentaires. Je parle de vos habitudes en matière de parentage. Ces combats que vous devez mener pour bien faire manger vos enfants. Je déteste être celle qui a à vous le dire, mais vous êtes parfois votre propre ennemi. Tout parent qui éprouve des difficultés décrit quelque chose (le refus de laisser son enfant avoir faim, un tant soit peu, la croyance que les enfants ont un laissez-passer pour les aliments amusants qui ne sont pas bons pour la santé des adultes, le désir d'éviter les conflits) qui vient concurrencer ses efforts pour enseigner à ses enfants à bien manger.

En fait, il nous arrive *tous* de faire face à un obstacle qui nous empêche d'enseigner à nos enfants à bien manger. Il y a des années, je me rendais en Australie avec ma fille, alors âgée de 16 mois. Depuis sa naissance, j'avais toujours voulu bien l'alimenter, mais ce jour-là en particulier, je savais *aussi* que je ne voulais pas qu'elle passe le vol à pleurer ou à souffrir des changements de pression pendant le décollage.

J'ai donc fourni un flux continu de craquelins Goldfish (collation qu'elle considérait comme un plaisir rare) à ma fille pour la tenir occupée et tranquille pendant que les autres voyageurs montaient à bord de l'avion. Puis, je lui ai donné un plein biberon de lait à téter pour empêcher ses oreilles de se boucher pendant le décollage. La scène suivante n'a pas été très jolie. Disons simplement qu'au cours des 30 premières minutes d'un voyage de 30 heures ma petite chérie a rendu tout ce qu'elle avait ingurgité. Sur mes genoux. Et j'ai appris ma leçon: faire attention aux raisons pour lesquelles on nourrit son enfant (et à la quantité qu'on lui donne). J'aurais dû distraire ma fille pendant l'embarquement, sans nourriture. Ainsi, je ne lui aurais pas donné trop à manger. Et je n'aurais pas risqué d'enseigner à ma fille à utiliser la nourriture pour les mauvaises raisons.

Nourrir des enfants, c'est faire de la jonglerie. Une minute, on lance une balle en l'air (*enseigner aux enfants à bien manger*), et la minute d'après, on lance une autre balle (*faire tenir les enfants tranquilles*). Bien sûr, si vous connaissez la jonglerie, vous savez combien il est facile d'échapper une balle. Et c'est ce que j'avais fait dans l'avion: j'avais échappé comment *enseigner aux enfants à bien manger* et j'avais plutôt orienté mes efforts vers l'idée de *gagner du temps*, d'*offrir une gâterie à ma fille* et d'*éviter le traumatisme du décollage.*

En sociologie, nous appelons ce genre de situation un conflit entre les objectifs manifestes et les objectifs latents. Votre objectif manifeste - dans le cas présent, enseigner aux enfants à bien manger - est votre motivation consciente. Quant aux objectifs latents, ils sont souvent tacites. Un père qui sert de la pizza à son fils, alors que le reste de la famille mange du poisson, peut avoir pour objectif latent d'éviter un conflit à propos de l'alimentation.

Une mère qui laisse son enfant manger un paquet de biscuits avant le souper a peut-être pour objectif latent d'avoir un peu de paix et de tranquillité après une dure journée.

Ces objectifs tacites sont vraiment puissants parce qu'ils sont suscités par les émotions et les peurs, les espoirs et la façon dont on exprime son amour. Si vous trouvez extrêmement difficile de nourrir votre enfant comme vous le voudriez, c'est peut-être que vos émotions ont, insidieusement, pris le dessus.

C'est ce qui est arrivé à Audrey. Audrey voulait que sa fille, Nia, mange bien, mais elle craignait aussi que Nia ne mange pas *assez*. Beaucoup de parents sont préoccupés par le poids de leur enfant, et souvent avec raison. Dans le cas d'Audrey, sa fille était petite à la naissance et ne s'était pas bien nourrie dans les premiers mois de sa vie. Avoir un enfant d'un poids insuffisant peut être angoissant, particulièrement pour le parent d'un premier enfant, et l'expérience avait fait craindre à Audrey que sa fille ne soit sous-alimentée ou qu'elle ne grandisse pas correctement. Mais Nia avait maintenant trois ans et elle se situait dans le 75e centile quant à son poids ; son pédiatre était satisfait de sa croissance. Cependant, Audrey était toujours déterminée à faire manger Nia davantage.

Comme la plupart des bambins, Nia manifestait clairement ses préférences alimentaires. À l'heure des repas, elle repoussait son assiette et demandait plutôt l'un de ses aliments préférés. Audrey, craignant toujours que sa fille ne mange pas assez, finissait par plier. Cette solution consistant à donner à Nia tout ce qu'elle voulait fonctionnait bien, au début. Nia mangeait juste ce qu'il fallait de fraises et de pommes pour qu'Audrey se sente bien. Mais cette solution créait ses propres problèmes. Avec le temps, la liste des aliments que Nia acceptait de manger se raccourcissait de plus en plus. C'est ce que font les enfants lorsqu'ils utilisent la nourriture comme outil pour contrôler : ils deviennent de plus en plus contrôlants.

Lorsque Audrey s'est décidée à m'appeler, sa fille ne mangeait plus que quatre sortes d'aliments : de la pizza, du fromage à la crème étalé sur du pain, des fèves au lard et du yogourt.

Le pédiatre de Nia avait recommandé à Audrey d'adopter la ligne dure avec sa fille. « Dites-lui de manger ce qu'il y a dans son assiette ou de se coucher le ventre vide », avait-il dit. Cette stratégie est efficace pour certains parents, mais ce ne serait jamais le cas d'Audrey, car cela augmenterait beaucoup trop ses angoisses. C'est pourquoi Audrey n'avait jamais même essayé. J'ai donc plutôt encouragé Audrey à parler de ses craintes et des raisons pour lesquelles la croissance de Nia la préoccupait autant. Je l'ai ensuite aidée à constater que son objectif de servir des repas sains à Nia entrait en conflit avec son objectif de faire manger Nia à tout prix. Jusqu'à ce que cette situation change, l'alimentation de Nia resterait la même.

Chacun d'entre nous utilise parfois la nourriture d'une façon qui entre en conflit avec l'objectif plus vaste d'enseigner aux enfants à bien manger. Il existe sept catégories courantes dans lesquelles se classent généralement les parents lorsqu'ils se trouvent coincés par leurs problèmes intérieurs. À mesure que vous lirez la description des types de parents dans ce chapitre, ne soyez pas étonné si vous vous reconnaissez dans diverses catégories. Ne vous en faites pas. Nous plongeons tous dans un problème et en sortons, selon qu'il devient plus ou moins pertinent dans notre vie. Il est bon de reconnaître les craintes temporaires ou de faible intensité, mais elles ne définissent pas la façon dont nous alimentons nos enfants. Ce sont comme des vents d'intensité moyenne : on sent leurs effets, mais ils ne réussissent pas à nous faire dévier de notre parcours.

Par ailleurs, vous lirez probablement des explications sur un ou deux problèmes qui vous interpelleront. Prêtez-y attention. Ce sont les obstacles susceptibles de saper vos efforts pour bien nourrir vos enfants.

De plus, il n'est pas nécessaire de régler tous vos problèmes pour enseigner à vos enfants à bien manger, du moins pas pour l'instant. En ce moment, vous devez simplement comprendre l'incidence de vos craintes sur la façon dont vous alimentez vos enfants. Ainsi, vos objectifs latents auront beaucoup moins d'emprise sur vous. Rien que cela peut changer votre vie.

LES « FUYARDS DE LA FAIM »

Les fuyards de la faim craignent que leurs enfants éprouvent la moindre sensation de faim. Vous savez que vous en faites partie si vous avez déjà fait l'une des choses suivantes lorsque votre enfant refusait l'aliment que vous lui aviez servi :

- Vous offrez immédiatement à votre enfant un aliment de remplacement que vous savez qu'il mangera.
- Vous suppliez, implorez, cajolez et menacez votre enfant, puis vous lui offrez un substitut que vous savez qu'il acceptera.
- Vous ne faites jamais face à cette situation parce que vous offrez toujours à votre enfant un repas que vous savez qu'il aime.

Les parents deviennent des fuyards de la faim pour différentes raisons. Certaines personnes, comme Audrey, en arrivent là parce qu'elles craignent que leur enfant ne soit de poids insuffisant. D'autres, parce qu'elles sont préoccupées par la consommation d'aliments à certaines heures du jour. Par exemple, le petit-déjeuner peut être un déclencheur important. C'est le problème de Dana : elle craint que son fils n'ait pas assez mangé avant d'aller à l'école. Par conséquent, elle accepte constamment les demandes de Hayden : crêpes, gaufres et muffins, alors qu'elle préférerait qu'il mange des œufs, du yogourt et des céréales. Par contre, Dana n'est pas une fuyarde de la faim en soirée: que Hayden aille se coucher même s'il n'a rien avalé au souper ne la dérange pas.

Toutefois, beaucoup de parents sont des fuyards de la faim à plein temps, habituellement parce que leurs petits les ont convaincus qu'ils préfèrent mourir de faim plutôt que de manger quelque chose qui les répugne ou qui n'est pas exactement ce qu'ils désirent manger à ce moment. Je sympathise avec eux. Il est vraiment difficile de fixer des limites en matière d'alimentation lorsqu'on craint que son enfant ne meure d'inanition. En fait, je dirais que c'est pratiquement impossible. C'est ainsi que les fuyards de la faim finissent par servir uniquement ce que leurs enfants préfèrent. Ils craignent que leurs enfants ne refusent de manger (et qu'ils se laissent mourir de faim), à moins de se voir offrir leurs mets préférés. Cette crainte pousse les parents à servir des repas monotones, sans variété, comportant les trois ou quatre mêmes aliments apprêtés de quelques façons différentes.

Les fuyards de la faim ont tendance à avoir des enfants avides de collations. Ils vont se dire: «Il mourait de faim. Comment pouvais-je lui refuser quelques craquelins?» Quelques craquelins, cela pourrait sembler peu. Mais observez le modèle que vous êtes en train de créer, et le tableau vous paraîtra différent. Les enfants qui peuvent collationner quand ils le veulent n'ont aucune raison de manger aux repas. C'est ainsi que les collations omniprésentes alimentent la bataille.

Si vous êtes un fuyard de la faim, vous avez des enfants qui savent que *leur* faim est *votre* problème, et ils utilisent ce pouvoir pour obtenir ce qu'ils veulent. Linda et Kurt l'ont découvert à la dure lorsque leur fils, Sam, un enfant têtu âgé de quatre ans, de faible poids et de petit appétit, s'est mis à faire la pluie et le beau temps avec ses exigences en matière d'alimentation. Sam obtenait du lait toutes les fois où il en voulait. Des biscuits toutes les fois où il en voulait. Et l'attention de ses parents chaque fois qu'il disait: « J'ai faim. » Le fait que l'un des aliments préférés de Sam, le lait, soit sain n'avait pas d'importance. Ce qui comptait, c'est que Sam répétait ses demandes de lait pour contrôler ses parents.

Les demandes de Sam ne dérangeaient pas tellement Linda et Kurt pendant la journée. Ça voulait dire que Sam pourrait manger sans qu'il y ait de dispute. Le problème était que Sam avait pris l'habitude de réveiller ses parents tôt, vers cinq ou six heures du matin, en criant qu'il avait faim. Linda et Kurt se levaient à contrecœur pour préparer le petit-déjeuner, et Sam se contentait de manger du bout des dents.

Bien sûr, Sam n'avait pas vraiment faim. En fait, il n'avait pas faim du tout. Voici comment nous avons découvert la vérité. J'ai conseillé à Linda et Kurt de placer un bol de céréales sur la table à café avant de se coucher, de sorte que Sam puisse l'y trouver à son réveil. Ils ont également dit à Sam que, lorsqu'il aurait fini de manger, il devrait jouer avec ses jouets jusqu'à ce qu'ils se lèvent. Le premier matin, Sam a mangé ses céréales et commencé à jouer. Mais, par la suite, Sam omettait systématiquement de manger ses céréales et s'amusait tranquillement jusqu'au lever de ses parents.

Ce serait bien de penser que la solution des céréales a fonctionné parce qu'elle a permis de battre Sam à son propre jeu, mais ce n'est pas vraiment le secret de la réussite de Linda et Kurt. C'est de dissiper *leurs* craintes qui leur a permis de réussir. Le fait de savoir que Sam avait accès à de la nourriture les a rassurés, car Sam pouvait ainsi manger s'il avait véritablement faim, et ils ont alors pu fixer des limites plus fermes et dormir un peu plus tard, parfois jusqu'à sept heures.

Linda et Kurt avaient involontairement enseigné à Sam que, s'il faisait mine d'avoir faim, il ferait bondir ses parents. Mais ce n'est pas la seule leçon qu'ils ont involontairement transmise à leur fils : en faisant tout ce qu'ils pouvaient pour empêcher Sam d'avoir faim, ils lui montraient aussi que la faim est une sensation à éviter. C'est là un problème, parce que l'incapacité à supporter la faim même la plus légère est un précurseur bien connu des excès alimentaires. (Vous ne vous préoccupez peut-être pas aujourd'hui du fait que vos enfants mangent trop, mais cela finira par vous arriver, lorsqu'ils atteindront un âge où ils auront davantage accès à la nourriture et où ils seront plus vulnérables aux gains de poids. Éviter la faim est une habitude difficile à déraciner.)

Voici une vérité qu'il est important que les fuyards de la faim entendent : il est impossible, pour les parents, de connaître la quantité de nourriture que leurs enfants doivent ingérer. Bien sûr, il existe des lignes directrices, mais, comme vous ne savez jamais vraiment combien d'énergie vos enfants brûlent ou à quelle vitesse ils grandissent, vous ne pouvez jamais être certain de la quantité exacte de nourriture qu'ils ont besoin d'absorber, à un moment donné. Au bout du compte, la seule façon de vous assurer que votre enfant mange la bonne quantité de nourriture, c'est de lui enseigner à être son propre expert en la matière. Je décrirai cela plus en détail au chapitre 8.

LES ARTISANS DE LA PAIX

Vous êtes probablement un artisan de la paix si vous pensez ceci : « Je vais faire cuire un poulet pour le souper, mais Jane fera des histoires pour en manger, et ça ne vaut pas la peine de se lancer dans une dispute, ce soir. Je vais plutôt lui donner un hamburger au fromage passé au micro-ondes. »

Vous êtes presque certainement un artisan de la paix si, une fois que Jane a repoussé le macaroni au fromage, vous lui servez plutôt un bol de ses céréales préférées.

Et vous êtes assurément un artisan de la paix si vous jetez les céréales à la poubelle lorsque Jane se met à se plaindre: «J'ai changé d'idée. Je ne veux pas de ce genre de céréales, finalement.»

En surface, les artisans de la paix ressemblent aux fuyards de la faim. De nombreux fuyards de la faim auraient aussi permis à Jane de refuser le poulet, le macaroni et les céréales. Voici la différence: les fuyards de la faim cèdent aux exigences de leurs enfants pour s'assurer qu'ils mangent. Les artisans de la paix cèdent aux exigences de leurs enfants pour éviter les conflits.

- Vous êtes un fuyard de la faim si vous préférez laisser votre enfant manger des Pop-Tarts plutôt que de le laisser avoir faim, même si l'idée des Pop-Tarts vous hérisse.
- Vous êtes un artisan de la paix si vous préférez laisser votre enfant manger des Pop-Tarts plutôt que de le voir malheureux, même si l'idée des Pop-Tarts vous hérisse.

Je ne dis pas que tous les parents qui concluent un marché avec leurs enfants sont des artisans de la paix chroniques. Il existe assurément des moments où l'approche de l'artisan de la paix est nécessaire. Pendant des années, j'ai cédé aux caprices de ma petite fille qui insistait pour porter son manteau d'hiver sens devant derrière (oui, la fermeture éclair montée dans le dos, comme un genre de camisole de force), mais cela ne fait pas de moi un artisan de la paix. (Je lui ai même permis de rabattre le capuchon sur son visage. Elle riait pendant que je la guidais dans la rue.) Dans ce cas, céder au caprice de ma fille était une façon facile d'arriver à mes fins: lui faire mettre son manteau. Ma fille était au chaud. Que pouvais-je demander de plus?

La plupart des parents négocient à l'occasion pour éviter un conflit. Mais les artisans de la paix vont plus loin. Les artisans de la paix font des efforts supplémentaires pour éviter toute forme de détresse à leur enfant. Ils ont de la difficulté à fixer des limites ; ils donnent à leurs enfants des aliments qui ne sont pas sains en disant : « Mais il aime ça ! » Les artisans de la paix se sentent au seuil de l'abus s'ils servent à leurs enfants des aliments qu'ils n'aiment pas, même s'ils savent que les enfants doivent goûter à différents aliments pour développer leurs papilles. Les artisans de la paix laissent aussi leurs enfants manger à peu près quand ils le veulent et la quantité qu'ils veulent, même s'ils pensent en leur for intérieur : « Cette collation va vraiment gâter ton repas, ma chérie. »

Meredith est l'artisan de la paix classique. Son fils, Alex, refuse systématiquement de manger autre chose qu'une poignée de ses aliments préférés. Meredith aimerait que son fils de cinq ans consomme un plus large éventail d'aliments, mais elle ne veut pas le contrarier. C'est en partie parce qu'elle veut qu'Alex soit heureux et en partie parce qu'elle n'aime pas créer de tensions, avec qui que ce soit. Lorsque j'ai rencontré Meredith, je l'ai encouragée à adopter ce que j'appelle la « règle de la rotation ». C'est une technique simple qui allait amener Alex à s'habituer à l'*idée* de manger différents aliments, différents jours, soit une première étape importante dans l'élargissement de ses goûts, sans lui demander de goûter vraiment à quoi que ce soit de nouveau. Avec la règle de la rotation, Alex pouvait manger n'importe lequel de ses aliments préférés au souper, soit des pépites de poulet, des hot-dogs ou de la pizza, à une exception près : il ne pouvait pas manger la même chose deux soirs d'affilée. (Nous aborderons la règle de la rotation plus en détail au chapitre suivant.)

Meredith avait accepté la règle de la rotation en principe, mais elle a eu de la difficulté à la mettre en pratique. Le premier soir, Alex a choisi de la pizza pour souper, et Meredith lui en a préparé une avec plaisir. Le deuxième soir, Alex a encore choisi de la pizza. Au lieu d'insister pour qu'il choisisse autre chose, Meredith a cédé à sa demande.

Les artisans de la paix craignent souvent que de fixer des limites ne soit un manque de respect. Ils préfèrent proposer et négocier : « Ne crois-tu pas que ce serait bien de manger des hot-dogs, ce soir ? Rappelle-toi que nous avions parlé de manger quelque chose de différent, ce soir, parce que tu as mangé de la pizza, hier soir. Non ? Tu veux de la pizza ? D'accord. »

Cette stratégie ne fait qu'empirer les choses. En demandant aux enfants d'effectuer un changement, puis en cédant devant leur refus, vous leur enseignez par inadvertance à s'entêter encore plus. Même si vous croyez qu'il est plus gentil de ne pas imposer votre volonté à vos enfants et qu'il vaut mieux faire appel à leur logique, ce n'est pas le cas. En matière d'alimentation, les enfants comme Alex n'agissent pas de façon réfléchie et raisonnable. Ils réagissent avec leurs tripes (littéralement), d'une façon émotive et irrationnelle. Les chercheurs qui se penchent sur le développement du cerveau nous disent que, lorsque les enfants se laissent guider par l'émotion, l'approche logique est toujours vouée à l'échec. Il est beaucoup plus efficace d'aider les enfants à changer en établissant un plan comportant des limites et des choix, en petites étapes réalisables. Dans le prochain chapitre, nous allons aborder les façons d'y parvenir.

LES TENANTS DE LA PASSADE

En ce qui a trait au développement de l'enfant, les tenants de la passade connaissent leur matière. Ils savent que les enfants naissent avec une préférence pour les aliments sucrés, que les tout-petits passent par une phase où ils lancent leur nourriture depuis leur chaise haute, et que les bambins de deux ans traversent une période où ils refusent les nouveaux aliments.

(Si vous savez qu'il s'agit là de la phase néophobique, je suis impressionnée. Vous connaissez vraiment votre matière.)

Les tenants de la passade, appelons-les les « TP », ont beaucoup d'empathie à l'égard de leurs jeunes enfants qui éprouvent des difficultés de développement et de croissance. Le problème, avec les TP, c'est qu'ils croient qu'il n'y a pas d'autre solution que d'attendre que passe la phase que traversent leurs enfants, quelle qu'elle soit. Les enfants lancent leur nourriture ? Ils demandent constamment des pâtes ? Ils disent qu'ils mangeront des œufs *seulement* si c'est papa qui les fait cuire ? « Eh bien, dit le TP, ce comportement correspond à son stade de développement. Il n'y a rien que nous puissions faire d'autre que de céder. Un jour, ça lui passera. »

Il est facile de voir comment les gens deviennent des TP. Les parents sont submergés d'informations sur les stades de développement de leur enfant. Je ne remets pas cela en question. Quand votre enfant agit comme un petit monstre, cela vous aide à vous sentir moins coupable si vous savez qu'il est *normal* qu'il agisse, disons, comme un petit monstre, à ce stade de son développement. Le problème est que, si vous avez lu la recommandation habituelle en ce qui concerne l'alimentation (« continuez d'essayer, mais ne vous attendez pas à trop, de la part de votre enfant, s'il traverse une phase »), il est tentant de croire qu'il n'y a rien à faire pour inciter votre enfant à manger. En fait, de ce point de vue, votre seul choix est de passer au travers. Ou, si votre enfant lance sa nourriture, de vous procurer un chien.

Mais attendre que cela passe ne fonctionne pas vraiment, car ce que vous attendez n'est pas clair : la phase du développement au cours de laquelle les enfants aiment naturellement le chou sauté ? Une phase au cours de laquelle ils n'aimeraient plus le sucre ? Pendant que vous attendez que ces phases arrivent, les mauvaises habitudes alimentaires de vos enfants s'ancrent plus profondément, ce qui augmente les possibilités que ces phases n'arrivent *jamais*.

Si vous êtes un TP, voici le remède : au lieu de considérer le stade de développement de votre enfant comme un obstacle, voyez-le comme un moment d'apprentissage. Je demande souvent aux parents d'imaginer que leur enfant vit une période d'angoisse de séparation, phase normale du développement qui survient à peu près au moment où les bambins deviennent moins aventureux en matière de choix alimentaires. Dans le cas de l'angoisse de séparation, diriez-vous : « Eh bien, je pense que je dois rester aux côtés de ma fille jusqu'à la fin de ce stade » ? J'imagine que non. Vous diriez plutôt : « Cette phase sera difficile pour elle ; comment puis-je l'aider à tenir le coup quand je ne suis pas là ? » Vous pouvez faire la même chose avec la nourriture, en vous disant : « C'est la phase où mon enfant lance sa tasse. Je sais que c'est normal, mais je peux aussi lui enseigner que l'heure du repas n'est pas le moment où on lance des objets. »

Je pense ici à ma cliente Sandy, dont le fils, Luke, était extrêmement timide lorsqu'il était d'âge préscolaire. Il avait peur de tout ce qui était nouveau, que ce soit de nouvelles personnes ou de nouveaux aliments. En ce qui concerne les interactions sociales, Sandy a réagi en mettant Luke en contact avec de nouveaux amis pour jouer, en l'inscrivant à des cours d'enrichissement et à des activités de groupe, plutôt que de le garder à la maison, comme il aurait préféré. Sandy comprenait la résistance de Luke, mais elle demeurait ferme : « Je savais que je devais continuer à faire rencontrer différentes personnes à Luke afin qu'il se sente plus à l'aise. Si je ne l'avais pas fait, les nouvelles situations en société auraient été de plus en plus difficiles pour lui. J'ai fait de mon mieux afin de faciliter les choses pour Luke et je n'ai jamais abandonné. » Il s'agit de l'approche pédagogique, dans ce qu'elle a de plus aimant.

Si vous aviez mon *conjoint, vous comprendriez*

Une femme m'a dit : « Mon mari adore les croustilles et il en donne constamment aux enfants. Quand je leur dis de ne pas en manger, j'ai l'impression de m'interposer entre mon mari et mes enfants. »

Elle avait raison sur ce point. Il ne faut pas tourner les choix alimentaires de vos enfants en un jugement contre l'autre parent. Et un environnement stressant, en matière d'alimentation, dans lequel les parents se disputent sans cesse sur ce que les enfants devraient manger est encore pire pour les enfants que la malbouffe.

Si vous vivez une situation de ce genre à la maison, vous et votre conjoint devez en venir à une entente sur la façon de nourrir vos enfants. Peut-être devrez-vous assouplir un peu vos normes pour trouver un terrain d'entente. Dans une famille, le père avait un important excédent de poids et ne voulait pas imposer de limites quant à ce que pouvait manger son fils ni à la quantité de nourriture qui lui était permise. La mère, quant à elle, craignait que son fils ne prenne de l'embonpoint et voulait établir des limites bien définies. Ils ont trouvé un terrain d'entente ; ils se sont mis d'accord sur le fait qu'il y aurait des fois (comme les pique-niques familiaux) où le père pourrait décider du menu et où tout aliment serait acceptable. En retour, il appuierait la mère quant aux menus qu'elle planifierait pour les repas de tous les jours. Les deux parents ont convenu de ne pas se disputer à propos de la nourriture devant leur fils.

Cette situation pourrait aussi être gérée en fixant des règles pour les enfants, mais en leur laissant savoir que les adultes ont le pouvoir de prendre leurs propres décisions. Vous pouvez dire : « Papa collationne quand il le veut. Quand tu seras plus vieux, tu pourras en faire autant. Mais, pour le moment, tu ne peux avoir qu'une collation au cours de l'après-midi. »

Sandy n'a jamais pensé qu'elle pouvait faire la même chose concernant la crainte que Luke éprouvait à l'égard des nouveaux aliments. Elle lui fournissait plutôt des mets répétitifs faits d'aliments sûrs et simples, qui ne déroutaient pas Luke. En conséquence, les relations de Luke avec les gens ont évolué, alors que ses habitudes alimentaires sont devenues de plus en plus rigides. Lorsque Sandy s'est rendu compte qu'elle pouvait enseigner à Luke à goûter de nouveaux aliments (de la manière qu'elle avait utilisée pour lui montrer à approcher de nouvelles personnes), la situation s'est améliorée. Plus loin, dans ces pages, je vous indiquerai des façons efficaces de présenter de nouveaux aliments à vos enfants.

Je n'essaie pas de dire que la personnalité (parfois difficile) et le stade de développement des enfants n'interviennent pas dans la dynamique de l'alimentation. Car ils interviennent, et les parents ont la responsabilité de comprendre le tempérament de leur enfant et son degré de maturité. Mais lorsque les parents satisfont *entièrement* les exigences alimentaires de leurs enfants, ils finissent par renforcer leurs caprices plutôt que de prendre des mesures pour y mettre fin. Plus vous attendez pour inculquer de bonnes habitudes à vos enfants, plus ceux-ci auront de la difficulté à en acquérir.

LES MILITANTS DE LA NUTRITION

Les militants de la nutrition mènent une vie stressante. Ils sont tellement soucieux de faire absorber des nutriments à leurs enfants qu'ils passent leurs journées à calculer la quantité de protéines, de calcium et de fibres qu'ils absorbent.

Si vous êtes un militant de la nutrition, voici à quoi pourrait ressembler une partie de votre journée :

- **8 h 30 : Votre fille refuse de manger plus de quelques bouchées de son gruau et de ses petits fruits.** Vous craignez qu'elle ne rate une occasion d'absorber les grains entiers et les fruits dont elle a besoin.
- **9 h 30 : Votre fille vous demande de faire cuire une fournée de muffins au chocolat (que certaines personnes appellent des *cupcakes*).** Vous vous dites : « Si je fais des muffins au chocolat, elle pourrait en manger en buvant du lait, et le lait contient des protéines et du calcium. Je vais déposer quelques fruits sur l'assiette, aussi. » Vous sortez donc le mélange à muffins.
- **10 h 15 : Les muffins sont prêts. Vous lui en servez avec un verre de lait et des tranches d'ananas, accompagnés d'une pépite de poulet pour qu'elle absorbe un peu de protéines. Votre fille mange le muffin et la pépite, mais ne touche pas au lait ni à l'ananas.** Vous vous dites : « Hourra ! Des protéines ! »
- **11 h 30 : Vous sortez de la douche et trouvez deux moules à muffin en papier vides, sur la table de cuisine**. Vous soupirez.
- **Midi : Votre fille dit qu'elle n'a pas faim pour dîner.** Vous savez pourquoi !
- **14 h : Votre mari rentre tôt du travail et offre d'emmener votre fille manger une crème glacée.** Vous dites : « J'aurais aimé qu'elle mange quelque chose de plus nutritif que de la crème glacée… mais elle n'a absorbé aucun calcium et elle peut toujours ingérer plus de protéines. La crème glacée présente ces deux éléments. Assure-toi qu'elle mange tout ! »

Les militants de la nutrition ont d'excellentes intentions : ils veulent simplement que leurs enfants absorbent les nutriments nécessaires. Cette préoccupation est raisonnable. Tous les enfants ont besoin d'aliments sains pour grandir, et certains enfants, particulièrement ceux dont le poids est insuffisant, doivent être surveillés de près.

Mais les militants de la nutrition sont *tellement* préoccupés par les nutriments qu'ils deviennent impatients, et c'est ce qui les fait trébucher. Ils offrent des aliments sains, comme du gruau et des petits fruits, mais, si leurs enfants ne les mangent pas, les militants de la nutrition paniquent. Ils pensent : « Mon enfant a besoin de plus de protéines. De plus de calcium. De plus de nutriments. » Et ils feront n'importe quoi, même servir à leurs enfants des muffins au chocolat, des pépites de poulet et de la crème glacée, s'ils croient que cela peut leur faire ingérer quelques nutriments.

Un militant de la nutrition voit son enfant comme particulièrement capricieux et difficile : « Si vous aviez mon enfant, vous comprendriez pourquoi je dois faire des muffins au chocolat pour déjeuner. » Mais la plupart des militants de la nutrition que je connais ont des enfants qui ne diffèrent pas des autres. C'est seulement que les militants de la nutrition ont montré à leurs enfants que, s'ils boudent assez longtemps devant des aliments sains ou nouveaux, maman viendra à la rescousse en leur servant leurs plats favoris. Parfois, les militants de la nutrition ont vraiment des enfants très sensibles aux variations de goût ou de texture des aliments. Cela complique la vie, mais ces enfants ont besoin d'aide pour apprendre à surmonter leur sensibilité. Leur offrir un menu de petits gâteaux et de crème glacée ne vient que renforcer le problème que pose l'apprentissage d'une saine alimentation.

Comment les militants de la nutrition peuvent-ils changer leur façon de faire ? Je vous recommande de vous trouver une mesure de protection qui vous aidera à vous détendre à propos de la nutrition. Pour de nombreux parents, il s'agit de multivitamines. Pour d'autres, ce sera d'incorporer des fruits à un lait frappé qu'ils serviront une fois par jour ou de trouver une autre façon d'intégrer des nutriments à l'aliment préféré de l'enfant. Habituellement, j'essaie de dissuader les parents d'être sournois, mais c'est parfois la seule chose qui donne assez confiance aux militants de la nutrition pour qu'ils surmontent leurs blocages et effectuent des changements.

Cela a fonctionné pour Ellen, une cliente militante de la nutrition. Son fils refusait tout, à part les hot-dogs (les protéines !) et la pizza (le calcium !), et encore, il n'acceptait de manger ces aliments que s'il pouvait regarder *Elmo* en même temps. Chaque fois qu'elle songeait à éteindre la télé, Ellen paniquait à l'idée que Jeremy cesse de manger et n'ingère plus aucun nutriment. Puis, elle a décidé de donner à Jeremy des vitamines en comprimés, le matin. Le soir, elle a retenu son souffle, éteint la télé et servi un repas légèrement différent. Jeremy a hurlé, mais le fait qu'il ait avalé une vitamine, le matin, a donné à Ellen la force d'endurer quelques soirées de protestation. Quelques jours plus tard, il a commencé à accepter une alimentation plus variée, *Elmo* non compris.

LA POLICE DE LA NUTRITION

Vous reconnaissez-vous dans l'un des énoncés qui suivent ?

- Mes enfants ne sont pas autorisés à manger des bonbons.
- Mes enfants ne sont pas autorisés à manger des aliments contenant un taux élevé de fructose, de sirop de maïs, d'additifs et de colorants artificiels.
- Je laisse mes enfants manger des gâteaux, des biscuits et des muffins, mais uniquement ceux que *je* confectionne, parce que je sais qu'ils sont faits de grains entiers, de compote de pommes et de graines de lin.

Si vous hochez la tête, c'est peut-être que vous êtes membre de la police de la nutrition.

La police de la nutrition se préoccupe autant de l'alimentation que les militants de la nutrition, mais elle résout le problème différemment. Alors que les militants de la nutrition acceptent de fermer les yeux sur les « mauvais » éléments comme le sucre, pourvu que leurs enfants ingèrent de « bons » nutriments comme le calcium, la police de la nutrition n'accepte pas ces justifications. Ses membres s'attendent à ce que leurs enfants tirent leurs nutriments d'aliments sains, entiers et non transformés.

C'est une excellente philosophie en matière d'alimentation, sauf que les « policiers » de la nutrition vont trop loin. Ils ne prennent *jamais* de congé. Ils sont aux aguets 24 heures sur 24, 7 jours sur 7, patrouillant la cuisine pour s'assurer que leurs enfants mangent bien. Dans leur maison, les repas sont des exercices bien intentionnés d'obéissance et de contrôle.

« Attendez, direz-vous peut-être. Vous ne connaissez pas toute l'histoire. Mon enfant devient complètement surexcitée lorsqu'elle absorbe du sucre. Les colorants alimentaires font faire des scènes à mon enfant. Les enfants sont particulièrement sensibles aux pesticides. »

Permettez-moi de dire que : (1) Je vous crois. (2) Je suis certaine que c'est le cas. (3) Vous avez raison.

Il existe un tas de raisons légitimes pour se préoccuper de la nourriture que nos enfants ingèrent, et il peut y avoir de bonnes raisons de vous préoccuper de ce que *votre* enfant en particulier ingère. En majeure partie, je suis de votre côté. Je vous dis seulement… d'être prudent. Si vous avez recours à de nombreuses tactiques de pression ou que vous devenez très étouffant, tous vos efforts pourraient se retourner contre vous. Si vous les poussez à manger des quantités de nourriture prédéterminées, vos enfants pourraient cesser de faire confiance à leur corps pour leur indiquer quand ils ont faim et quand ils sont rassasiés. Si vous leur interdisez complètement d'autres aliments, comme les sucreries, vos enfants n'apprendront jamais à manger des friandises avec modération. Et si votre table de cuisine est un champ de bataille, ils associeront la nourriture au stress.

Ma cliente Jennifer se dirigeait vers tous ces problèmes. Jennifer voulait que sa famille mange des aliments entiers, biologiques, et toute malbouffe était exclue. Elle avait eu une dispute avec ses fils, qui voulaient de la compote de pommes et des fruits en coupe comme collation, alors qu'elle insistait pour qu'ils mangent des pommes.

À la défense de Jennifer, il est vrai que manger une vraie pomme est meilleur pour les enfants que de manger de la compote. Et les fruits en coupe qui sont transformés et sucrés s'apparentent beaucoup à la malbouffe. Mais en parlant avec Jennifer, il est devenu clair à mes yeux qu'un modèle troublant était en train de se mettre en place. La famille n'avait pas simplement engagé une bataille « pommes contre compote » ; tous les repas étaient la scène d'une bataille. « Mange tes légumes. Non, tu ne peux pas sortir de table ; tu as à peine mangé. Mange tes légumes ! »

J'ai proposé à Jennifer de laisser ses enfants avoir un peu plus de contrôle. Elle a commencé par remplir un tiroir de collations de barres de céréales et de fruits séchés (aliments qui avaient l'aval de Jennifer), ainsi que de compote de pommes et de fruits en coupe dont ses enfants raffolaient. Finalement, j'ai recommandé que Jennifer dise à ses fils de choisir un élément dans le tiroir à collations à chaque jour. Elle ne devait pas remettre en question leurs décisions.

Les garçons ont été remarquablement et instantanément contents, pas seulement parce qu'ils pouvaient manger leurs aliments préférés en collation, mais aussi parce qu'ils obtenaient plus de contrôle sur ce qu'ils mangeaient. En fin de compte, les garçons n'ont pas mangé autant de malbouffe que Jennifer l'avait craint, et cela l'a aidée à relâcher un peu la pression qu'elle exerçait à l'heure des repas. Il n'a pas fallu longtemps pour que les garçons commencent à manger de la façon que Jennifer désirait (beaucoup de légumes, pas trop de desserts, une rotation entre les collations saines et moins saines), et la bataille pour le contrôle s'est atténuée.

LES NOURRICIERS

Les nourriciers pourvoient à l'alimentation pour exprimer leur amour. Nous (oui, je suis une nourricière) sommes motivés par les sentiments que le fait de nourrir les autres *nous* procure. Et quels sentiments agréables cela nous procure ! J'ai une bouffée de plaisir lorsque je donne des biscuits à ma fille. J'éprouve un sentiment formidable lorsque je lui donne du gâteau. Et, tant qu'à être dans les confidences, rien ne bat ce que j'éprouve quand je lui donne de la crème glacée.

Lorsque je lui sers un repas complet, avec une salade et des légumes, je me sens une bonne mère. Mais quand je donne à ma fille les friandises qu'elle adore, je me sens encore mieux. J'ai l'impression de transfuser directement l'amour de mon cœur au sien. C'est comme une perfusion intraveineuse de bonheur. Le visage de ma fille s'illumine lorsqu'elle obtient ces friandises, et la rendre heureuse me rend heureuse. En fait, cela me rend extatique !

Mais mon équation « biscuits = amour » comporte toutefois un inconvénient. Cela me rend difficile la tâche d'enseigner à ma fille l'une des choses les plus importantes qu'elle doit savoir pour bien manger : la fréquence à laquelle elle doit manger différents aliments. Les friandises devraient être offertes (et mangées) à l'occasion. Mais j'aime ma fille plus qu'à l'occasion.

Je l'aime tous les jours! Cela me cause un conflit. Je veux vraiment que ma fille apprenne que la nourriture, c'est la nourriture, les friandises sont les friandises, et que l'amour est un sentiment. Mélanger sa nourriture et mes sentiments mène à toutes sortes de batailles que je voudrais lui éviter à propos de l'alimentation. Mais il m'est difficile de ne pas trop donner de friandises à ma fille.

Je sais que je ne suis pas la seule à avoir des tendances « nourricières ». Songez à toutes les grands-mamans qui vivent pour donner. Habituellement excellentes cuisinières, ces nourricières sont animées de bonnes intentions, mais elles n'obtiennent peut-être pas les meilleurs résultats. C'est le cas de Beatrice : sa belle-mère italienne déposait constamment des pâtes, des boulettes de viande et un assortiment de friandises dans l'assiette de son fils George, âgé de 17 mois. Certains enfants réagiraient en mangeant trop et en assimilant la nourriture à l'amour de leur mère. Dans le cas de George, c'est le contraire qui s'est produit : il a senti tellement de pression visant à le faire manger que sa réaction a été de manger moins. Beaucoup moins. Et chaque jour où sa grand-mère réagissait à la résistance de George en lui témoignant plus d'amour et en lui offrant plus de nourriture, George sentait davantage de pression. La solution consistait à lui servir des portions beaucoup plus petites. Lorsque la grand-mère de George a commencé à réduire les portions, George a commencé à avoir plus d'appétit.

Certaines personnes deviennent nourricières parce qu'elles croient en ce que j'appelle la *culture des enfants et des biscuits*. C'est une croyance selon laquelle l'enfance est une période spéciale au cours de laquelle les enfants devraient avoir un laissez-passer pour manger tous les biscuits et les bonbons qu'ils veulent. Cette façon de penser comporte deux idées implicites. L'une est que les friandises constituent l'essence d'une enfance heureuse, cristallisée sous forme de bonbons. L'autre est que les enfants traversent une période protégée au cours de laquelle ce qu'ils mangent n'a pas d'importance. Et en observant de nombreux enfants, on se rend compte que c'est vrai : ils n'ont pas d'excès de poids, et certains d'entre eux mangent même des légumes ! Mon ami Jonathan, qui est le genre de nourricier « enfants et biscuits », a déjà résumé son attitude à l'égard de la consommation de bonbons par ses enfants : « Il vaut mieux qu'ils mangent ces bonbons aujourd'hui, tandis qu'ils le peuvent, parce qu'ils ne pourront pas le faire plus tard. »

Malheureusement, remplir les assiettes de friandises n'inculque pas de bonnes habitudes aux enfants. Vous ne voudriez pas que vos enfants confondent l'amour et les friandises, parce que ce sont des habitudes qui seront très difficiles à changer plus tard.

LES CONSOLATEURS

Lorsque votre enfant s'écorche un genou, sortez-vous un biscuit ? Si c'est le cas, vous êtes probablement un consolateur. À la différence des nourriciers qui utilisent la nourriture pour exprimer leur amour, les consolateurs utilisent la nourriture pour essuyer les larmes et pour supprimer toutes les émotions négatives que leurs enfants peuvent éprouver.

Il est facile de confondre les consolateurs et les nourriciers parce que les deux groupes utilisent la nourriture comme remède aux émotions.

- Vous êtes un nourricier si vous utilisez la nourriture pour *montrer vos* sentiments.
- Vous êtes un consolateur si vous utilisez la nourriture pour *faire cesser leurs* sentiments.

Ainsi, je suis nourricière, mais nullement du type consolatrice. C'est pourquoi je me rappelle avec autant de vivacité la fois où quelqu'un a voulu consoler mon enfant en pleurs en lui offrant une sucrerie. Nous étions dans le cabinet du médecin. Ma fille pleurait parce qu'elle s'était fait vacciner, et l'infirmière lui a offert un bonbon.

Ayant vu la lutte constante de ma mère par rapport à la nourriture, et son décès prématuré à la suite de problèmes liés à l'obésité, je suis très attentive aux questions associées à l'utilisation de la nourriture pour réconforter. Alors, ce jour-là, dans le cabinet du médecin, j'ai retiré le bonbon des mains de l'infirmière avant que ma fille ne le voie. J'ai consolé ma fille par des câlins et des bisous, et ce n'est qu'après qu'elle fut remise de son traumatisme que je lui ai offert le bonbon.

Vous voyez, je n'avais rien contre le bonbon. Mais je refusais d'enseigner à ma fille à manger pour des raisons émotionnelles. Peut-être pensez-vous que les jeunes enfants sont immunisés contre le fait de manger pour des raisons émotionnelles, mais il n'en est rien. C'est étonnamment facile d'enseigner aux enfants à se réconforter avec de la nourriture. Qu'en est-il des bambins qui sont assez âgés pour faire leurs nuits, mais qui se réveillent plusieurs fois pour avoir du lait ? Il y a fort à parier qu'ils n'ont pas vraiment faim. Ils ont plutôt appris à se fier au lait pour trouver un certain réconfort.

Si vous traitez souvent des bobos avec des brownies ou de la peine avec des biscuits, attention : vous enseignez peut-être à vos enfants à guérir leur âme avec des sucreries. C'est un problème, parce que les enfants qui font appel à la nourriture pour gérer leurs émotions finissent par manger à l'excès. Ce ne serait pas grave si les enfants réagissaient au stress en mangeant une portion de brocoli, mais ce n'est pas le cas. En période de crise, les enfants se tournent vers le chocolat, le gâteau et la crème glacée, comme le font les adultes.

Il y a pire encore. Le problème, lorsqu'on enseigne aux enfants à manger pour des raisons émotionnelles, n'est pas seulement qu'ils utilisent la détresse comme signal pour se mettre à manger. C'est qu'ils en viennent à confondre la *sensation* de détresse et la *sensation* de faim. Cela rend les enfants plus enclins à réagir aux sensations négatives en mangeant non pas parce que la nourriture les fait se sentir mieux, du point de vue émotionnel, mais parce que la nourriture les fait se sentir rassasiés.

La solution, pour le consolateur, est très nette. Plutôt que de tendre automatiquement des sucreries à votre enfant lorsqu'il a mal, demandez-vous ce dont il a *vraiment* besoin. Un câlin ? Une sieste ? Une collation ? Et répondez à ce besoin. Bien sûr, il y aura des fois où vous n'aurez pas la réponse appropriée. Et une certaine part de la consommation de nourriture pour des raisons émotionnelles est inévitable. Mais l'art d'être parent, en ce qui concerne la nourriture, consiste à réduire les occasions où les aliments sont utilisés comme outils.

EN AVANT !

Si vous ne vous reconnaissez pas dans les profils que je viens de tracer, vous n'êtes pas nécessairement tiré d'affaire. Chacun d'entre nous a à se battre contre *quelque chose*. Si vous êtes un parent, je peux vous garantir que vous éprouvez un problème. Je n'ai parlé que des plus courants. Mais peut-être êtes-vous un oiseau rare. Peut-être êtes-vous davantage…

- un acheteur de temps, le genre de parent qui a *toujours* des biscuits à portée de la main pour distraire ses enfants afin de pouvoir lire, travailler, parler au téléphone, magasiner, cuisiner et réfléchir en paix ;
- un amateur de malbouffe ayant des principes, soit un parent qui adore la malbouffe et les sucreries, et qui

aimerait inculquer à ses enfants de meilleures habitudes, mais qui ne veut pas être hypocrite : « Comment puis-je exiger que mon enfant mange des légumes quand je ne peux moi-même les supporter ? » ;

- un gratifiant, qui pense que ses enfants méritent une récompense pour chaque réussite, même très petite. Les gratifiants donnent des gâteaux et des biscuits pour de bons bulletins, de bons matchs de soccer et de bonnes journées à l'école.

Il existe probablement autant de blocages que de parents. Déterminer le problème auquel vous faites face ne vise pas à vous faire sentir mal. Je suis une nourricière de nature. Je connais des tas de bons parents qui sont des militants de la nutrition et des consolateurs en voie de rétablissement, ainsi que quelques membres de la police de la nutrition. Qu'avons-nous en commun ? Nous avons tous découvert nos points faibles et les façons dont nous pourrions saboter nos propres efforts. Mais nous sommes maintenant plus forts et plus efficaces. Le temps m'a démontré que, une fois que les parents ont reconnu leurs blocages en matière d'alimentation, ils peuvent apporter des transformations durables et en profondeur aux habitudes alimentaires de leurs enfants, parce qu'ils arrêtent de leur inculquer involontairement certaines notions. Quel que soit votre blocage, sachez ceci : rien n'est trop gros ou trop mauvais pour que vous ne puissiez le surmonter.

Nous avons tous des espoirs et des rêves pour nos enfants. La plupart d'entre nous veulent que leurs enfants soient heureux et qu'ils mangent sainement. Dans la deuxième partie, je présenterai des mesures pratiques que vous pouvez mettre immédiatement en œuvre à cette fin.

DEUXIÈME PARTIE

Inculquer des habitudes

CHAPITRE 4
Le grand ménage

Le but de l'approche pédagogique est très simple : inculquer aux enfants les trois habitudes des proportions, de la variété et de la modération. Autrement dit, comment consommer une variété d'aliments avec modération et proportionnellement à leurs avantages pour la santé.

Mais voici ce qui se produit dans votre foyer : vous voulez que votre enfant mange son souper. Et il ne mange pas. Du moins pas cette assiette de pâtée dégoulinante et repoussante que vous avez placée devant lui. Il se croise les bras et vous défie du regard. Comment lui enseigner les proportions, la variété et la modération dans ces conditions ?

Je vais vous le dire : vous ne le pouvez pas. Pas encore. Avant de pouvoir changer *ce que* vos enfants mangent, vous devez changer la *façon* dont vous et vos enfants interagissez face à la nourriture. Dans ce chapitre, je vais vous suggérer de nouveaux modèles d'interaction. Ces interactions vous aideront à laisser derrière vous le souci de la nutrition. Elles vous libéreront, de sorte que vous pourrez inculquer des habitudes à vos enfants, et elles libéreront vos enfants pour qu'ils puissent les assimiler. Elles créent une structure qui met fin aux drames en ce qui concerne l'alimentation et préparent votre enfant à réussir à apprendre les notions de proportions, de variété et de modération.

J'appelle cette structure le « grand ménage ». Le grand ménage ne fera pas disparaître tous les problèmes alimentaires de votre famille, mais je parie qu'il les réduira de moitié. (Si vous lisez ce livre avant que vos enfants ne soient en âge d'éprouver des troubles alimentaires, le grand ménage empêchera un bon nombre de ces problèmes de surgir.) Le grand ménage ne consiste pas à faire avaler à vos enfants des aliments qu'ils ne veulent pas. Il n'exige pas que vous leur serviez quoi que ce soit de nouveau. Il ne vous demande même pas de commencer à leur enseigner les notions de proportions, de variété et de modération. Mais une fois que vous aurez fait le grand ménage, inculquer ces habitudes sera beaucoup plus facile.

FIGÉ DANS UNE STRUCTURE

Lorsque vous avez le souci de la nutrition, il est *très facile* de vous figer dans des comportements inefficaces, ce que la première partie de ce livre abordait. Les parents qui se concentrent sur la nutrition tombent presque toujours dans des pièges et accordent trop d'importance aux blocages qui renforcent les préférences limitées de leurs enfants en matière d'alimentation, ainsi qu'à leurs piètres habitudes alimentaires. Si cela vous est arrivé, ce n'est pas votre faute. Ce n'est que le résultat inévitable de l'attitude « souci de la nutrition ».

Ces pièges et ces blocages peuvent se mettre en place comme une routine frustrante. En sociologie, un modèle de relations qui se répète s'appelle une *structure*. Les structures façonnent les actes des gens ; lorsqu'une structure est en place dans un groupe de personnes, on peut prédire plusieurs de leurs interactions. Si vous avez de la difficulté à faire bien manger vos enfants, arrêtez-vous un instant pour vous demander si vous n'êtes pas coincé dans une structure qui ne fonctionne pas. J'ai vu bien des parents qui déploient beaucoup d'efforts pour que leurs enfants mangent bien, mais, la plupart du temps, ils puisent dans la même réserve de stratégies. « Goûtes-y, seulement. » « Encore deux bouchées ! » « Si tu veux du dessert… » Les enfants suivent un modèle, eux aussi. Ils ont essentiellement les mêmes réactions. Ils lambinent. Ils avalent deux bouchées minuscules. Ils crient : « NON ! » Au bout du compte, les choses peuvent légèrement changer, mais comme les parents et les enfants se conforment à un scénario déjà en place, ils reviennent essentiellement à la case départ. Si vous voulez vraiment que vos enfants mangent, vous devez modifier la structure.

Les parents sont toujours étonnés de m'entendre décrire la danse à laquelle ils se livrent avec leurs enfants avant qu'ils ne me dévoilent tous les détails de leur tango. Je ne suis pas clairvoyante. C'est seulement que j'ai beaucoup d'expérience dans la recherche de modèles d'interaction entre les gens. Étant donné que je ne suis pas coincée dans les nuances d'un repas imminent, je suis en mesure d'examiner la structure de consommation d'une famille en vue de déterminer les éléments qui fonctionnent et ceux qui ne fonctionnent pas. C'est ce qui est arrivé lorsque Steven est venu me voir à propos des problèmes qu'il éprouvait avec sa fille de neuf ans, Morgan. L'une des questions sur lesquelles ils se disputaient portait sur le déjeuner que Morgan devait manger. Steven était épuisé. Il était à court d'idées.

« Laissez-moi deviner ce qui se passe, ai-je dit à Steven. Tous les matins, vous entrez dans la cuisine, l'estomac noué, en vous demandant comment vous allez faire avaler son petit-déjeuner à Morgan, ce jour-là. Morgan arrive à son tour, sur la défensive, prête pour la bataille. Ai-je raison ? »

Steven a hoché la tête.

J'ai poursuivi : « Vous offrez des œufs à Morgan. Elle refuse. Vous lui offrez des rôties. Elle dit qu'elle n'a pas faim. Vous lui dites qu'elle doit manger quelque chose avant d'aller à l'école. Morgan réplique que tout va bien. Vous continuez à lui offrir tous les aliments auxquels vous pouvez penser, mais vous finissez par manquer d'idées. Puis, soit vous laissez Morgan aller à l'école le ventre vide, soit vous lui offrez un aliment auquel elle ne peut résister, comme un beigne. Elle a gagné. Et vous ? Vous vous sentez frustré, ennuyé et vaincu. »

Steven a acquiescé. Le scénario que j'avais décrit était exact. Mais voici ce qui est arrivé ensuite. En le questionnant un peu plus, j'ai découvert que Morgan *avait* vraiment faim, le matin. En fait, elle avait tellement faim que les jours où Steven ne finissait pas par lui donner une friandise, Morgan mangeait son lunch en s'en allant à l'école. C'est ainsi que Morgan pouvait défier Steven tous les matins : elle avait une solution de rechange à portée de la main. Mais, comme vous pouvez l'imaginer, en mangeant son lunch à huit heures le matin, Morgan devait faire face à un autre problème, le midi. Les choses devaient changer.

Steven se demandait si ce n'était pas parce que Morgan n'aimait pas les aliments qui composent un petit-déjeuner. Il est vrai que sortir de l'ornière du menu du petit-déjeuner comporte ses avantages, mais Steven avait déjà fait des pieds et des mains pour proposer différentes options à Morgan ; je soupçonnais que le problème n'était que partiellement lié à la nourriture. Je m'intéressais davantage au fait que Morgan s'était habituée à résister à l'insistance de Steven pour qu'elle mange. J'étais presque certaine que, lorsque Morgan entrait dans la cuisine, elle ne s'arrêtait jamais pour se demander si elle avait faim. Comme Steven se montrait contrôlant, elle ripostait en se montrant contrôlante à son tour.

En surface, Steven ne paraissait peut-être pas contrôlant. Par comparaison avec les parents qui forcent leurs enfants à manger leurs légumes, à finir leur assiette ou qui interdisent toujours à leurs enfants de manger des sucreries et des friandises, Steven semblait soucieux des désirs de sa fille : « Veux-tu des rôties ? » « Veux-tu manger des œufs ? » Mais Steven était contrôlant parce qu'il n'acceptait jamais l'affirmation de Morgan qui disait ne vouloir *rien* manger. Tous les matins, Steven passait par-dessus les protestations de Morgan.

Bien sûr, Steven avait de bonnes raisons d'être préoccupé par le fait que Morgan ne prenait pas de petit-déjeuner. Nous connaissons tous l'importance de ce repas. Mais forcer Morgan à manger tous les matins ne lui montrait pas l'importance de commencer la journée par un repas nutritif. Cela lui enseignait autre chose. Et c'est cette « autre chose » qui posait problème.

Steven croyait transmettre une leçon à sa fille, alors qu'il lui en donnait une autre. Morgan savait-elle que son père voulait qu'elle commence sa journée d'une façon saine ? Bien sûr. Mais ce n'était pas ce qu'elle en retenait. Morgan apprenait surtout que la seule façon d'avoir le contrôle de ce qu'elle mangeait était de se battre à ce sujet. Dans son foyer, le contrôle de la nourriture était matière à contestation. En fait, le contrôle était comme une balle que son père et elle se renvoyaient constamment : il tenait d'abord la balle, puis elle l'attrapait.

Le fossé entre ce que les parents croient enseigner et les leçons que les enfants en tirent vraiment est le point où surgissent la plupart des problèmes. Chaque matin, lorsque Steven servait son discours « le petit-déjeuner est important », il espérait que, *ce jour-là,* Morgan finirait par *comprendre.* Comme elle ne semblait pas comprendre (parce que rien ne changeait), Steven réagissait en répétant son message ; parfois, il allongeait un peu son discours ; parfois, il l'exprimait un peu plus fort.

Mais ce qu'il ne pouvait voir, c'est si Morgan saisissait le message. Et le message que percevait Morgan différait de ce que Steven avait prévu. Morgan apprenait que manger est une question de contrôle. De plus, comme chaque dispute renforçait la confusion du message, tous les matins, Steven et Morgan s'ancraient un peu plus dans leurs positions respectives. C'était un exemple classique d'un système qui transmet les mauvaises leçons.

D'UN EXTRÊME À L'AUTRE

Lorsqu'un système ne fonctionne pas, c'est soit que les parents sont trop contrôlants, soit qu'ils sont trop permissifs. Le style de parentage vers lequel vous tendez est façonné par votre personnalité fondamentale et, en grande partie, par tout problème qui vous tient en otage. Les fuyards de la faim, les militants de la nutrition et les tenants de la passade, par exemple, ont tendance à être des parents permissifs ; les policiers de la nutrition sont plus contrôlants.

Mais nous avons tous le potentiel d'être des parents d'un extrême ou de l'autre, ou même d'une combinaison des deux. C'est ce qui arrivait à Steven. Alternativement, Steven mettait de la pression sur Morgan (en insistant pour qu'elle mange au déjeuner) et baissait les bras (en capitulant et en laissant Morgan manger tout ce qu'elle voulait). Aucun des deux extrêmes ne fonctionnait. Voici pourquoi.

Les parents insistants ou contrôlants (parfois appelés *parents autoritaires*) exercent un contrôle excessif sur ce que leurs enfants mangent et sur les quantités qu'ils consomment. Les enfants naturellement obéissants céderont à la pression, mais ils apprendront du même coup à manger plus qu'ils n'en ont besoin (parce que leurs parents leur disent de finir leur assiette), à détester les aliments qu'on les force à manger et à préférer les aliments qu'on leur refuse. Ce ne sont pas là les habitudes que leurs parents veulent leur inculquer. Dans le cas d'enfants ayant une tendance naturelle à s'opposer ou à défier, le parentage autoritaire a un effet différent. Il leur enseigne à avoir des prises de bec. Ils pensent : « Si tu me pousses, je vais pousser en retour. » Cela communique aussi aux enfants rebelles une leçon contre-productive : détester les aliments à propos desquels ils se disputent.

Les parents permissifs ont tendance à laisser leurs enfants manger ce qu'ils veulent, mais, étrangement, ils enseignent aussi à leurs enfants à se disputer à propos de la nourriture. Ces parents offrent à leurs enfants de leur préparer des repas spéciaux, les laissent régulièrement faire des substitutions d'aliments au cours des repas et leur donnent facilement accès à de la malbouffe. Par conséquent, les parents permissifs ont habituellement des enfants dont le régime alimentaire est truffé de friandises et comporte peu de fruits et légumes. Toutefois, la plupart des parents permissifs n'abandonnent pas complètement leur objectif d'une saine alimentation. Ils continuent à essayer de faire manger plus de produits frais à leurs enfants, ils font de leur mieux pour leur présenter de nouveaux aliments et, comme dans le cas de Steven, ils réitèrent l'importance de manger ses repas. Mais qu'arrive-t-il lorsque les enfants commencent à se plaindre ? Les parents permissifs insistent pendant quelque temps, puis ils finissent par céder, comme Steven. Qu'apprennent les enfants de ce genre d'interactions ? Que s'ils se plaignent, se lamentent et font les difficiles, ce n'est qu'une question de temps avant qu'ils n'obtiennent ce qu'ils désirent. C'est cette connaissance qui fait perdurer le conflit.

Beaucoup de parents que je connais oscillent entre être autoritaires et être permissifs à propos de l'alimentation, car ils croient (erronément) que ce sont là les deux seuls choix qui s'offrent à eux. Lorsqu'un style échoue, ils essaient l'autre méthode. Cependant, quand ils découvrent que cette nouvelle approche ne fonctionne pas mieux (leurs enfants ne goûtent pas davantage à de nouveaux aliments et ne mangent pas plus de légumes), les parents finissent par revenir à leur position initiale. D'un extrême à l'autre. Cela vous dit quelque chose ?

La solution consiste à trouver un terrain d'entente. Les chercheurs qualifient cette approche de parentage « faisant autorité ». Les parents faisant autorité réussissent parce qu'ils sont en mesure de créer une structure d'alimentation qui est ferme tout en présentant une certaine souplesse. Ils y parviennent en fixant des limites, mais en demeurant chaleureux et sensibles aux besoins de leurs enfants. Si les enfants ont besoin de limites pour apprendre à bien manger, ils ont aussi besoin de liberté pour explorer et pour prendre leurs propres décisions en matière d'alimentation. Un certain degré d'orientation et de contrôle parental est nécessaire, mais ce contrôle ne doit pas être étouffant.

Trouver le juste milieu entre être un parent contrôlant et être un parent permissif semble plus difficile que ce ne l'est. Il suffit de réfléchir au-delà du prochain repas pour considérer les habitudes alimentaires de votre enfant dans son ensemble. D'observer la forêt plutôt que l'arbre. J'ai dit à Steven que la façon la plus efficace que je connaisse pour créer une structure positive en matière d'alimentation est que les parents établissent quelques lignes directrices concernant le moment et la manière dont les aliments sont choisis, puis laissent leurs enfants prendre part à plusieurs des choix. C'est ce que j'appelle le « grand ménage ».

La perception de la pression

Souvent, les parents ne se rendent pas compte qu'ils exercent de la pression sur leurs enfants, mais la pression, comme la beauté, est dans l'œil de celui qui regarde. Une équipe de chercheurs de l'Université de la Pennsylvanie a interrogé un groupe de parents et leurs filles de 5 ans à propos de la pression, et seulement 26 % des parents ont dit mettre de la pression sur leur fille pour qu'elle mange. Par contre, 61 % des filles ont dit que leurs parents avaient recours à des tactiques de pression pour les faire manger. Il s'agit d'un écart ahurissant.

LE GRAND MÉNAGE

Le grand ménage est étonnamment simple. Il permet d'anéantir votre vieille structure, celle qui ne fonctionne pas dans votre famille. Puis, vous bâtissez une nouvelle structure, fondée sur trois règles :

- Vous décidez du *moment* où vos enfants mangent. Pour ce faire, vous déterminez les zones d'alimentation.
- Vous décidez de *ce que* vos enfants mangeront. En instaurant une règle de rotation, vous jetterez les fondements de bonnes habitudes alimentaires, sans avoir à présenter des aliments nouveaux ou détestés.
- Dans le cadre des deux premières règles, vous permettez systématiquement à vos enfants d'exercer un certain contrôle. Vous leur donnez des choix.

Cela ne vous semble pas assez révolutionnaire pour modifier la façon dont les choses fonctionnent dans votre maison ? Et pourtant, ça l'est. Le grand ménage réussit parce qu'il crée une structure ferme mais souple qui vous permet de fixer des limites, tout en restant chaleureux et réceptif aux besoins de vos enfants. Oui ! Le grand ménage, c'est l'application du parentage faisant autorité.

Les deux premières règles vous fournissent une manière claire et constante d'être ferme à propos de ce que vos enfants mangent et du moment où ils le mangent. Et le partage du contrôle vous permet d'être chaleureux et sensible aux besoins et aux désirs de vos enfants. Et qu'en est-il des trois habitudes des proportions, de la variété et de la modération ? Avec le grand ménage, vous n'inculquerez pas directement ces habitudes, du moins pas maintenant. Mais vous trouverez que le grand ménage oriente votre famille vers la bonne direction.

ABATTEZ VOTRE VIEILLE STRUCTURE

Avant de construire une nouvelle structure, vous devez démolir l'ancienne. Pourquoi vous préoccuper de cette étape ? Pourquoi ne pas simplement passer d'une approche à une autre ? Parce que, si vous êtes en conflit avec votre enfant, *rien* de ce que vous faites ne fonctionnera. Si vous et votre enfant vous affrontez en ce qui concerne l'alimentation, votre enfant sera entraîné à résister à tous vos efforts, quels qu'ils soient.

Vous vous rappelez Steven ? La seule façon dont il pourrait jamais faire manger Morgan, le matin, sans se disputer, serait que les deux cessent de se voir comme des adversaires. Ils devraient commencer à se voir comme des partenaires travaillant à l'atteinte d'un objectif commun. Pour que cela se produise, Steven et Morgan auraient besoin d'une période de récupération. Une fois la tension dissipée, ils recommenceraient à neuf, en réinventant la manière dont ils interagissaient. Mais, pour le moment, Steven et Morgan devaient remettre le compteur à zéro.

Vous savez sans doute exactement ce que vous devez faire pour réduire la tension dans votre foyer. Comme la plupart des parents. C'est ceci :

Cessez de demander à vos enfants de changer leurs habitudes alimentaires !

Je ne blague pas. C'est précisément ce que vous devez faire. Pendant une brève période, je veux que vous fassiez appel à vos traits de parent permissif. Vous et votre enfant vous chamaillez-vous à propos du fait qu'il devrait manger à table ? Alors laissez-le manger sur le canapé. Si, habituellement, vous soupirez et vous plaignez d'avoir à préparer tous les jours, à midi, le même sandwich au fromage fondu, eh bien, faites-le, mais avec le sourire. Peu importe à propos de quoi vous vous disputez, cessez vos querelles. Cessez de compter le nombre de bouchées que votre enfant doit avaler avant d'avoir droit au dessert. Arrêtez de supplier votre enfant de goûter au poisson. Arrêtez, arrêtez, arrêtez. Arrêtez pendant une semaine ou deux, jusqu'à ce que vous sentiez que la tension s'atténue au sujet de la nourriture.

Dans le cas de Steven, je lui ai demandé : « Qu'est-ce qui ferait arrêter Morgan de se disputer avec vous à propos de la nourriture ? » Il connaissait la réponse : « Lui donner quelque chose de sucré pour déjeuner. » Je lui ai suggéré d'emmener Morgan au supermarché afin qu'elle puisse choisir tous les aliments qu'elle voulait.

« Tous les aliments qu'elle veut ? » a répété Steven. Il semblait mécontent. « Elle va se diriger directement vers les céréales sucrées. »

Je lui ai expliqué que cette mesure était temporaire, une offre de paix, destinée à abaisser la tension. Steven était sceptique, mais il a décidé de tenter le coup. Comme il s'y attendait, Morgan a fini par arrêter son choix sur des céréales sucrées, à l'épicerie, bien qu'un peu meilleures que ce que Steven aurait cru. Le fait d'avoir « ses » céréales a enthousiasmé Morgan à propos du déjeuner. Chaque matin, au lieu de se traîner les pieds, elle bondissait dans la cuisine, pressée de déjeuner.

Comme vous l'avez peut-être deviné, le nouvel enthousiasme que Morgan manifestait à l'idée de déjeuner a produit beaucoup d'effet sur Steven. Morgan était disposée à manger, et Steven commença à se détendre, sachant qu'il n'enverrait plus sa fille à l'école l'estomac creux. (Bien sûr, Steven espérait encore qu'elle mange un déjeuner plus sain, et je l'ai rassuré en lui disant que cela viendrait.) En à peu près une semaine, la tension entre Steven et Morgan s'était entièrement dissipée. Ils étaient prêts à entreprendre le grand ménage.

FAITES PARTICIPER VOS ENFANTS

Je vais en venir aux détails du grand ménage dans une minute, mais je veux d'abord vous donner une des clés du succès. L'une des choses que vous pouvez faire pour assurer la réussite du grand ménage, c'est ceci : ne le gardez pas secret. Parlez-en à vos enfants avant même d'instaurer l'une des trois règles. Parlez-en à vos enfants jusqu'à ce que la nouvelle structure devienne naturelle pour chacun.

Si vous ne parlez pas à vos enfants des changements que vous apportez, votre démarche leur semblera arbitraire. Non seulement un contexte arbitraire leur paraîtra injuste, mais cela donne aussi à penser que toutes les décisions sont possibles. « Pourquoi ne puis-je pas avoir une autre collation maintenant ? » « Combien de bouchées d'œufs dois-je manger avant d'avoir droit à une gaufre ? » « Puis-je avoir une gaufre si je promets de manger des œufs demain ? » Ce genre d'interactions entraîne vos enfants à devenir d'excellents avocats, un jour, mais il alimente les disputes relatives à la nourriture, aujourd'hui.

Le fait d'établir des règles claires et constantes met fin à un tas de conflits. Alors, une fois que vous êtes prêt à entamer le grand ménage, prenez le temps d'expliquer les nouvelles règles, quel que soit l'âge de vos enfants. Que vos objectifs à court et à long terme soient clairs ; cela aidera vos enfants à apprendre les bonnes notions. Faites savoir à vos enfants ce que vous attendez d'eux et demandez-leur une rétroaction et s'ils ont des questions. Rappelez-vous : vous et vos enfants faites partie de la même équipe. Mais vos enfants ne peuvent pas collaborer à l'implantation de votre nouvelle structure s'ils ne savent pas ce que c'est.

RÈGLE NUMÉRO 1 DU GRAND MÉNAGE : DÉCIDEZ DU *MOMENT* OÙ VOS ENFANTS MANGENT

L'une des raisons pour lesquelles Morgan a pu engager la bataille du petit-déjeuner, c'est que, peu importe à quel point elle avait faim, le matin, elle savait qu'elle pouvait manger son lunch en s'en allant à l'école. Autrement dit, rien n'incitait Morgan à manger son déjeuner, car elle savait qu'il y en avait un autre qui l'attendait (son lunch).

Beaucoup de familles subissent ce genre de cycle : les enfants ne mangent pas particulièrement bien aux repas, alors ils s'empiffrent aux collations. Puis, comme ils ont trop mangé aux collations, ils chipotent dans leur assiette aux repas. C'est un cercle que les parents reconnaissent, mais qu'ils trouvent difficile à briser. Cela ne m'étonne pas, car, pour résoudre le problème, les parents utilisent souvent une approche contrôlante : ils éliminent complètement les collations. Mais leur tentative pour affamer leurs enfants échoue presque toujours. Les enfants ont tellement faim qu'ils s'effondrent ou ils se butent et tiennent le coup pendant ce qui semble une éternité aux parents. Même lorsque les parents remportent la bataille de l'endurance, c'est une fausse victoire, parce que la guerre familiale du contrôle s'installe encore plus profondément.

Voyons qui cédera le premier n'est pas une technique géniale en matière de parentage.

Au lieu de tenter d'affamer vos enfants, essayez une approche faisant autorité (et non autoritaire). Offrez une structure temporelle raisonnable pour les collations et les repas. C'est à cela que sont destinées les zones d'alimentation. Ces zones sont des tranches horaires régulières que vous créez (une pour chaque repas et collation de la journée). Un jour donné, vous pouvez choisir, dans chaque tranche horaire, une heure particulière où vous offrirez quelque chose à manger.

Les zones d'alimentation vous aident à éviter le grignotage sur demande constant, mais elles ne vous « encarcanent » pas dans un horaire rigide. Pour créer vos zones d'alimentation, examinez votre journée type afin de voir à quel moment vous servez généralement les repas et les collations. Tenez compte des éléments variables comme les siestes, les sorties, l'école ou votre horaire de travail. Déterminez les moments où votre enfant a habituellement faim, les moments où il est trop fatigué ou affamé pour manger, et toute autre situation qui a des répercussions sur son appétit.

À la lumière de cette information, établissez plusieurs tranches horaires, chaque jour, que vous réserverez aux repas et aux collations. Cela devrait ressembler à un horaire, mais très flexible. Je vous présente ci-après un exemple de zones d'alimentation quotidiennes pour un de mes clients qui a un bambin. Les zones d'alimentation de votre famille différeront probablement un peu.

Cette famille servirait le petit-déjeuner entre 7 h 30 et 9 h, et la collation du matin, entre 10 h et 11 h, le dîner, entre midi et 13 h, etc. Choisissez une heure pour servir la nourriture dans chacune des zones d'alimentation, puis c'est terminé jusqu'à la zone d'alimentation suivante. Avec cette structure, vous jouissez d'une certaine souplesse quant au moment où vous servez la nourriture, mais il existe aussi des périodes bien définies où la nourriture n'est *pas* disponible. On peut qualifier ces périodes de *sans nourriture*.

Voilà. Vous créez des occasions de manger, mais laissez vos enfants décider s'ils vont manger et la quantité qu'ils vont ingérer.

Exemple de zones d'alimentation

Choisissez une heure entre...	pour servir
7 h 30 et 9 h	le petit-déjeuner
10 h et 11 h	la collation du matin
12 h et 13 h	le dîner
15 h et 16 h 30	la collation de l'après-midi
17 h 30 et 19 h	le souper

Les zones d'alimentation sont conçues pour que vous puissiez répondre aux signaux de faim que vous envoie votre enfant. Supposons que vous suiviez un horaire de zones d'alimentation semblable à celui de l'exemple que je viens de vous donner. Votre fille refuse de manger son petit-déjeuner lorsque vous le servez à 8 h, mais, à 8 h 30, elle dit qu'elle a faim. Selon ce plan, vous ne lui dites *pas* : « Tiens le coup ! Tu as sauté le petit-déjeuner, et maintenant, tu dois attendre le dîner ! » (C'est contrôlant.) Et vous ne vous précipitez *pas* pour lui servir une collation ou un petit-déjeuner de remplacement sur-le-champ. (Ce serait permissif.) Vous pouvez plutôt faire autorité. Vous pouvez sympathiser avec elle et lui offrir une collation au tout début de la zone d'alimentation suivante, soit à 10 h. Ainsi, elle subit la faim, qui est la conséquence naturelle d'avoir sauté le petit-déjeuner, mais elle n'endure pas la faim longtemps et elle n'est jamais vraiment affamée. Et si votre enfant prend un *gros* déjeuner, vous pouvez attendre jusqu'à la fin de la zone d'alimentation suivante pour servir la collation du matin.

Voici la façon dont une famille a expliqué les zones d'alimentation à son enfant :

> *Ma chérie, les repas n'ont pas été une partie de plaisir, dernièrement. Nous avons essayé de te faire manger à l'heure des repas, et cela ne t'a pas plu, n'est-ce pas ? Eh bien, nous avons décidé qu'à partir de ce soir nous ne te forcerons plus à manger, à l'heure des repas. En fait, nous ne te forcerons plus jamais à manger quoi que ce soit. Tu es une grande fille, maintenant, et nous croyons que tu peux prendre tes propres décisions. Nous allons plutôt dresser un tableau des repas et des collations. Chaque jour, nous allons te servir le déjeuner, le dîner et le souper, comme d'habitude. Mais nous allons aussi te donner une collation le matin et l'après-midi. Qu'est-ce que tu en dis ?*
>
> *Mais voici : si tu décides que tu ne veux pas manger quoi que ce soit, ou que tu veux cesser de manger avant d'avoir l'estomac plein, il se peut que tu aies faim. Et c'est correct, aussi, parce qu'il y aura un repas ou une collation pas longtemps après. Mais tu devras attendre l'heure de cette collation ou de ce repas. Je sais que tu peux y arriver. Si tu as faim, viens nous voir, et nous te dirons combien de temps tu as à attendre. Ce sera peut-être difficile, au début, mais je sais que tu peux y arriver.*

Cette conversation vous rend-elle nerveux ? Demander à un enfant qui a faim d'attendre pour manger semble mener à *plus* de conflits, et non à moins. (Et plus de conflits peuvent paraître terrifiants si vous êtes un artisan de la paix.) Vous subirez peut-être un peu d'opposition, mais seulement au début. Une fois que votre enfant aura appris qu'il peut se fier à son horaire de repas, il l'adoptera sans trop faire d'histoires.

Pour certains parents, particulièrement les fuyards de la faim, il est très difficile d'arrêter de dire à leurs enfants de manger davantage aux repas. Mais ils doivent le faire, même si leurs enfants commettent l'erreur de ne pas manger assez. En sachant qu'il y aura des périodes au cours desquelles ils ne pourront pas manger, les enfants seront incités à manger lorsque la nourriture est disponible. De plus, avant que les enfants ne décident de manger, ils doivent disposer de la liberté de décider de ne *pas* manger.

Songez à des moments non traditionnels pour manger

Lorsque vous évaluez l'horaire quotidien de vos enfants, il est souvent utile de se défaire de l'idée que les repas doivent être pris à des heures traditionnelles. Pour illustrer ce que je veux dire, permettez-moi de vous parler de Tucker.

Tucker est un brillant et aimable petit garçon de 3 ans. Sa mère, Nell, était frustrée à cause de l'habitude qui s'était installée l'après-midi : un affaissement causé par la faim, suivi d'une période de grignotage incessant et d'une bataille pour faire avaler son souper à Tucker.

Nell m'a expliqué que le problème était causé par l'horaire de la garderie de Tucker. Il y allait quotidiennement de midi à 14 h 30, au moment où la plupart des enfants prennent leur dîner. Nell avait tenté de lui servir son dîner vers 11 h, mais il refusait toujours de manger. Elle disait qu'il avait tellement faim, à la sortie de la garderie, qu'il s'effondrait. Nell offrait une collation à Tucker, mais il lui était impossible de manger jusqu'à ce qu'il se calme, ce qui ne se produisait que vers 16 h. À ce moment-là, Tucker commençait à grignoter, jusqu'au souper. Bien sûr, cela signifiait que Tucker refusait habituellement de souper.

Horaire type de Tucker

8 h	Lait du matin
9 h 30	Petit-déjeuner
11 h	Dîner (toujours refusé)
11 h 30	Départ pour la garderie
12 h à 14 h 30	Garderie
14 h 30	Collation offerte pendant le retour à la maison
16 h à 19 h	Grignotage
19 h	Souper (toujours refusé)

Nell voulait savoir comment éliminer les crises de l'après-midi. Nous avons examiné l'horaire de Tucker, ce qui nous a un peu éclairées. En buvant un grand verre de lait au lever (chose que beaucoup de jeunes enfants font parce qu'ils ont faim et soif, et que le lait les réconforte), Tucker mettait en place un effet domino d'alimentation déphasée. Le lait rassasiait Tucker suffisamment pour qu'il ne veuille pas déjeuner avant le milieu de la matinée ; comme il déjeunait tard, il ne voulait pas dîner tôt ; à la garderie, Tucker avait faim, et au moment où sa mère venait le chercher, il était affamé ; il piquait des crises, puis, comme il grignotait le reste de l'après-midi, il n'avait pas faim pour souper.

J'ai recommandé à Nell d'apporter les modifications suivantes à l'horaire de Tucker :

- un petit verre de lait et un léger déjeuner, au saut du lit ;
- un dîner servi tôt ;
- une petite collation pendant le trajet pour aller à la garderie et le trajet de retour ;
- un souper tôt, si Tucker a faim tôt, ou plus tard, s'il n'a pas très faim.

Lorsqu'on examine ces zones d'alimentation, cela peut sembler une grande consommation. Mais, comme bien des enfants, Tucker prenait trois repas et deux collations ; c'est seulement que son dîner et sa première collation étaient à des heures plutôt inhabituelles. Il y avait aussi beaucoup de périodes, pendant la journée, au cours desquelles il ne mangeait *pas*. Comme il ne grignotait pas entre 16 h et le souper, il avait en fait moins de collations qu'auparavant, selon ce programme. Presque aussitôt que Nell a entamé le tableau des zones d'alimentation, Tucker s'est mis à manger davantage au dîner et au souper, et ses crises ont pris fin.

Nouvelles zones d'alimentation de Tucker

7 h à 8 h 30	Petit verre de lait et léger déjeuner
10 h 30 à 11 h 30	Dîner
11 h 30 à 12 h	Collation sur le chemin de la garderie
12 h à 14 h 30	Garderie

14 h 30 à 15 h 30	Collation
16 h 30 à 19 h	Souper

L'horaire de Tucker ne convient pas à tout le monde. Vous devez trouver ce qui fonctionnera dans votre foyer. Devez-vous préparer un petit-déjeuner tôt, de façon que tout le monde puisse partir pour la garderie et le travail à temps ? Votre enfant se porte-t-il mieux s'il mange une collation avant d'aller au lit ? S'il a deux collations le matin ? Vos enfants brûlent-ils tellement de calories dans les sports, en fin d'après-midi, qu'il vaut mieux leur servir un repas complet après l'école et une collation copieuse en soirée ? Tenez compte des besoins de vos enfants (et de votre réalité) et établissez vos zones d'alimentation en conséquence.

Servir un souper très tôt est une autre pratique inhabituelle qui a fonctionné dans le cas de Tucker et qui convient à bien des enfants. Les jeunes enfants ont souvent faim, pour souper, autour de 16 h 30. D'habitude, ce n'est pas l'heure à laquelle le repas est servi, alors les enfants commencent à prendre des collations. Lorsque le souper arrive enfin, les enfants sont rassasiés. Et comme les collations sont rarement des aliments qui présentent les qualités nécessaires pour un repas, les enfants sont gavés de malbouffe. Alors les parents passent la période du souper à forcer leurs enfants qui n'ont pas faim à manger des aliments sains :

PARENT : Mange un peu plus de brocoli.
ENFANT : Je n'ai pas faim.
PARENT : C'est parce que tu as mangé trop de craquelins ! Tu as besoin d'aliments sains. Mange un peu plus de brocoli.
ENFANT : Je n'ai pas faim !

Lorsque vous servez le souper plus tôt parce que les enfants ont faim, vous évitez les collations trop copieuses et réduisez de beaucoup les disputes à l'heure du souper. Si les adultes veulent souper plus tard, c'est très bien. Votre enfant peut se joindre à vous pour la conversation et le dessert.

Rappelez-vous de diminuer la tension d'abord !

Revenons à Steven et Morgan. Steven a passé quelques semaines à réduire la tension relative à l'alimentation en mettant fin à ses cajoleries, suggestions, offres, soupirs et sermons pendant le petit-déjeuner. Il s'est tu, plutôt, et a permis à Morgan de manger les céréales sucrées qu'elle voulait. Cette étape a été difficile pour Steven, mais l'exercice s'est révélé profitable et a facilité l'instauration des zones d'alimentation. Comme elle mangeait son petit-déjeuner, Morgan ne prenait plus de collations à même son lunch, sur le chemin de l'école. Et l'école de Morgan imposait naturellement des zones d'alimentation, comportant des périodes où il était permis de manger et d'autres, non. Son père lui offrait une collation après l'école, servait le souper en début de soirée, puis une légère collation avant le coucher. Bientôt, l'alimentation de Morgan s'est réglée sur une routine centrée sur les repas.

Je sais, Morgan consommait de la malbouffe au petit-déjeuner. Et ses autres choix alimentaires n'étaient pas extraordinaires non plus. Steven et moi allions y travailler ensuite. Mais, parfois, il faut faire un pas en arrière afin de mieux progresser.

Avant de faire quoi que ce soit d'autre, il faut diminuer la tension. Et jusque-là, tout ce que vous ferez semblera une épreuve de force.

RÈGLE NUMÉRO 2 DU GRAND MÉNAGE : LA RÈGLE DE LA ROTATION

Maintenant que vous avez structuré l'horaire des repas de vos enfants, le moment est venu de passer à l'étape suivante du grand ménage : vous allez bâtir la structure de *ce que* vos enfants vont manger. Pour ce faire, vous allez avoir recours à la règle de la rotation.

La règle de la rotation ne pourrait pas être plus simple :

> *Ne servez jamais le même aliment (sauf le lait) deux journées de suite.*

Il s'agit d'un principe de base, mais il changera votre vie. Sans exagérer. Des parents m'ont dit qu'une fois la règle de la rotation mise en œuvre, leurs enfants se sont mis à être moins capricieux ; ils ont demandé à essayer de nouveaux aliments ; et certains ont même commencé à manger des légumes !

Le secret de la règle de la rotation est qu'elle permet aux parents de créer des lignes directrices sur le choix des aliments qui sont claires et faciles à expliquer, même à de jeunes enfants. Mais il s'agit de lignes directrices et non d'un fouet. Bien que ce soient les parents qui décident des aliments pouvant être servis, la méthode présente assez de souplesse pour que les enfants aient de multiples choix. Rappelez-vous : *la combinaison de la structure et de la souplesse est la formule magique utilisée par les parents qui font autorité.* Elle met fin aux luttes de pouvoir qui constituent la cause cachée de la plupart des mauvaises habitudes alimentaires.

Et puis, la règle de la rotation jette une base qui vous permettra de modifier ce que vos enfants mangent. Si vous servez les mêmes aliments tous les jours, vos enfants en viendront à s'attendre aux mêmes aliments tous les jours. Mais la règle de la rotation crée une attente différente, car, selon cette règle, on ne sert pas d'aliments nouveaux ou détestés. Permettez-moi de le répéter : *vous ne servez pas d'aliments que vos enfants ne mangent pas déjà de leur plein gré !* Contentez-vous de vous assurer qu'ils ne mangent pas le même aliment deux jours d'affilée. Vos enfants vont cesser de s'attendre à goûter les mêmes saveurs et les mêmes textures chaque jour. Tout au fond d'eux-mêmes, ils vont commencer à *s'attendre* à davantage de variété. Puis, ils *accepteront* davantage de variété. Cette acceptation arrive rapidement chez certains enfants, mais prend un peu plus de temps chez d'autres. Mais elle arrive. Lorsque la variété sera la norme, vos enfants mangeront différents types d'aliments et en essaieront de nouveaux plus volontiers. Et la variété devient une habitude tellement ancrée que vos enfants en viennent à penser que manger toujours la même chose est un peu étrange.

Dressez une liste

Avant de commencer à appliquer la règle de la rotation, faites un peu de préparation. Dressez une liste de tous les aliments que vos enfants mangent avec plaisir. Inscrivez-y tous les aliments que vos enfants mangent aux repas et dans leurs collations, et je dis bien tous, même si c'est embarrassant. Omettez tous les aliments que vous *voudriez* que vos enfants consomment, mais qu'ils ne mangeront pas, à moins que vous n'usiez de menaces. La liste qui en résultera constituera un document précieux. Y figureront tous les aliments que vous pouvez utiliser lorsque vous instaurerez la règle de la rotation. Peu importe si le régime alimentaire de vos enfants est limité ou si leurs préférences sont bizarres, la règle de la rotation répondra à vos attentes.

Envisagez de dresser votre liste en compagnie de vos enfants. Vous êtes le chef de projet, mais ils font partie de l'équipe. Invitez vos enfants à travailler avec vous. Vous pourriez être étonné de leurs idées, et même des aliments que vous ne saviez pas qu'ils aimaient, ainsi que des aliments que vous pourriez avoir oubliés. Certaines familles en ont fait un projet de bricolage : les enfants ont découpé des photos dans des magazines ou dessiné des aliments qu'ils aiment manger. Certains affichent la liste ou les dessins dans la cuisine pour se rappeler les aliments disponibles pour la rotation.

Mettez vos enfants au courant du programme

Ensuite, parlez à vos enfants de la règle de la rotation. Rappelez-vous : il est essentiel d'expliquer à vos enfants ce qui se passe. Vous pouvez dire, par exemple : « J'aimerais que vous appreniez à manger plus sainement. Je sais que c'est difficile. C'est pourquoi nous allons débuter doucement. Nous allons faire une rotation de vos aliments préférés. »

Puis, établissez clairement les parties du programme qui sont fixes et celles qui sont flexibles. Dites quelque chose comme :

> *Nous allons observer une règle : nous ne mangerons pas la même chose deux jours d'affilée. Tu auras certains choix à faire, mais tu ne peux pas enfreindre la règle. Par exemple, demain, je vais te demander si tu veux manger des céréales ou des gaufres. Mais si tu veux un muffin, comme c'est ce que tu as mangé ce matin, je vais te le refuser. Tu devras attendre jusqu'au lendemain. À moins qu'il ne s'agisse d'une occasion très particulière, nous allons suivre la règle de ne pas manger la même chose deux jours de suite.*

Finalement, permettez à vos enfants de faire part de leurs réactions et de leurs préoccupations. Écoutez attentivement ce que vos enfants ont à vous dire. C'est ainsi que vous les amenez à participer au processus et que vous les intéressez à la réussite du programme. C'est aussi la clé de votre réussite. Lorsque vous savez quelle partie du programme pourrait faire trébucher votre enfant, vous pouvez trouver des façons de remédier à la situation et d'éliminer les obstacles *avant* qu'ils ne surgissent.

Procédez à la rotation !

Le moment est maintenant venu d'appliquer la règle de la rotation. Il vous suffit de changer votre menu jour après jour, de façon à ne pas servir les mêmes aliments (sauf le lait) deux jours d'affilée. Si votre enfant a mangé des pépites de poulet hier midi, vous pouvez lui offrir tout ce qu'il y a sur la liste aujourd'hui, *sauf* des pépites de poulet. Si vous lui offrez des bâtonnets au fromage en collation une journée, vous ne pouvez pas lui en donner le lendemain. Vous effectuez consciemment la rotation entre les aliments que vos enfants acceptent déjà, quels que soient ces aliments, même si c'est de la malbouffe. Continuez à observer la règle de la rotation jusqu'à ce qu'elle fasse partie intégrante des habitudes alimentaires de votre enfant. Vous pouvez alors passer à l'enseignement des proportions (sujet du prochain chapitre).

Steven et Morgan ont obtenu de très bons résultats avec la règle de la rotation. Steven a décidé d'appliquer la règle de la rotation uniquement au petit-déjeuner, ce qui était parfait. Il a dit à Morgan qu'elle pouvait continuer à manger ses céréales sucrées, pourvu qu'elle n'en mange pas deux jours de suite. Un matin sur deux, elle devrait trouver autre chose à manger. Morgan a accepté, en partie parce qu'elle n'était plus coincée dans une bataille et en partie parce qu'elle se voyait accorder un certain contrôle.

Lorsque j'ai vérifié, quelques semaines plus tard, auprès de Steven, il m'a dit que tout allait très bien. Morgan prenait son petit-déjeuner avec enthousiasme et, même s'il aurait souhaité qu'elle mange davantage le matin, Steven ne disait rien. De plus, la règle de la rotation fonctionnait. Morgan mangeait « ses » céréales aussi souvent que le permettait la règle, mais le lendemain, elle mangeait quelque chose comme du yogourt et des fruits. Un matin, elle a mangé de la soupe aux légumes et du pain. Steven était emballé.

Certains parents craignent que la règle de la rotation ne soit contraignante. Si c'est le cas, faites preuve de créativité. Changez la façon dont vous servez les aliments figurant dans votre liste et le moment où vous les servez, et un tas d'options s'offriront à vous. Vous n'avez pas à vous en tenir à servir les aliments du déjeuner le matin, les aliments du lunch, le midi, et les aliments du souper, le soir. Et vous n'avez sûrement pas à vous limiter aux aliments pour collations, à l'heure de la collation, parce que n'importe quel aliment peut convenir à cette catégorie. Servez des crêpes au souper. Servez des bâtonnets de carotte et une trempette, ou même des pépites de poulet, des pâtes ou des fèves et des burritos au fromage, au déjeuner. Du poulet et du brocoli, à la collation. Ou demandez à vos enfants de vous aider à trouver de nouvelles combinaisons d'aliments. Vos enfants aiment-ils le fromage cottage, les bananes et la confiture ? Combinez-les pour leur préparer une banane royale, au déjeuner ! Tout est permis !

Mais il n'est pas nécessaire d'aller aussi loin. Vous pouvez, par exemple, servir des céréales un matin, des œufs le lendemain, et des crêpes le surlendemain. Vous pouvez recourir à un système de rotation qui va du gruau avec des bananes à des rôties beurrées, puis revenir au gruau. Si le changement est trop important pour votre enfant, vous pouvez alterner les sortes de céréales (Cheerios, puis Special K, puis Mini-Wheats givrés) ou vous pouvez introduire une rotation en alternant la garniture des mêmes céréales : gruau avec bananes, suivi de gruau avec bananes et cannelle, suivi de gruau avec bananes et cassonade. L'objet de la rotation n'a pas vraiment d'importance, pourvu que vous puissiez apporter autant de différences que votre enfant est capable d'en tolérer (sans rendre cela tellement facile que votre enfant ne fasse pas l'expérience de la rotation).

Et si votre enfant est *vraiment* capricieux et qu'il ne mange que huit aliments différents ? Ou six ? Ou quatre ? Dans ces cas, vous ne pourrez probablement pas éviter de servir certains aliments deux jours d'affilée. Cependant, vous pouvez toujours faire appel à la règle de la rotation pour présenter à votre enfant l'idée de la variété. Une bambine avec qui j'ai travaillé était extrêmement sélective ; elle ne mangeait que quelques aliments et deux fruits et légumes : de la purée de pêches mêlée à du gruau et des haricots verts. Sa mère n'avait d'autre choix que de servir ces aliments tous les jours, parce qu'elle voulait que sa fille mange au moins un fruit et un légume chaque jour. Pour respecter l'idée de la variété d'un repas à l'autre, la mère intervertissait les moments et la façon de servir ces aliments. Par exemple, certains jours, elle servait la purée de pêches et le mélange de gruau pour dîner ou pour souper, au lieu du déjeuner. Parfois, elle servait la purée de pêches mélangée à un autre aliment que sa fille aimait, comme le riz. Elle servait aussi de la purée toute seule, dans un petit bol. Dans les cas difficiles comme celui-là, il est tout à fait acceptable d'établir une rotation fondée sur de petites différences. Votre enfant adoptera la variété plus lentement que les autres enfants, mais soyez patient, cela viendra.

RÈGLE NUMÉRO 3 DU GRAND MÉNAGE : OFFREZ DES CHOIX À VOS ENFANTS

Le fait de donner des choix à vos enfants constitue la partie chaleureuse et attentive du parentage faisant autorité. Il tient compte du désir de vos enfants d'avoir un certain contrôle, puis canalise celui-ci vers un domaine où leurs choix ne saperont pas leurs habitudes. Par exemple, tant que vous veillez au respect de la règle de la rotation, il importe peu que vos enfants mangent des pommes ou des bananes, aujourd'hui. Si vous disposez de ces deux fruits, pourquoi ne pas leur demander ce qu'ils préfèrent ?

Expliquez clairement à vos enfants que vous leur offrez des choix à l'intérieur de la structure que vous avez établie. Certains détails laissent un peu de latitude : « Voudrais-tu manger ta collation maintenant ou dans 15 minutes ? », mais la rotation et les zones d'alimentation ne sont pas facultatives.

Voici quelques manières d'offrir à vos enfants des choix qui continueront à leur inculquer de bonnes habitudes :

- Lorsque vous préparez le repas, laissez votre enfant choisir entre deux options : sandwich au fromage grillé ou à la dinde ? Poivrons ou carottes ? (Attention aux questions ouvertes, du type : « Qu'est-ce que tu veux ? » Elles mènent habituellement le parent à refuser les choix de l'enfant jusqu'à ce que celui-ci choisisse quelque chose d'acceptable, ou obligent l'enfant à faire un choix après l'autre, sans fin.)
- Servez trois ou quatre plats différents (disons une sorte de viande et deux légumes) et demandez à vos enfants de prendre quelque chose dans au moins deux plats. Laissez-les se servir dans les plats de service.
- Gardez un assortiment de légumes crus (haricots, tomates cerises, poivrons rouges, tout ce que votre enfant mange) dans des bols, au réfrigérateur, pour compléter les repas. Sortez-les à l'heure des repas et demandez à vos enfants de manger tout ce qu'ils veulent dans ce que vous avez préparé, ou tout ce qu'ils veulent parmi les aliments qui sont dans les bols.

- Demandez à vos enfants ce qu'ils aimeraient que vous prépariez pour souper. Donnez-leur deux ou trois choix de plats principaux *ou* deux ou trois choix de plats d'accompagnement. Lorsque vous apprêtez les aliments qu'ils ont choisis, assurez-vous de leur rappeler que vous avez satisfait à leur demande.
- Permettez à vos enfants de choisir leur assiette, leur chaise, leurs ustensiles ou le verre qu'ils désirent.
- Demandez-leur s'ils désirent que leur nourriture soit coupée en tranches, en cubes ou en rondelles (mais seulement si c'est pratique pour vous de le faire).
- À l'épicerie, laissez vos enfants choisir la boîte de petits pois qu'ils désirent, la forme des pâtes, la couleur des pommes de terre.
- Lorsque l'horaire de la famille le permet, laissez vos enfants choisir le moment où ils prendront leurs repas ou leurs collations, pourvu que cela reste à l'intérieur des zones d'alimentation.

Le fait d'étendre l'éventail de choix de vos enfants ne garantit pas qu'ils mangeront ce que vous leur servirez, mais plus vous réorienterez le désir de contrôle de vos enfants vers les domaines appropriés, moins ils s'opposeront à vous lorsqu'il s'agit de manger. Mais n'en faites pas trop : une surabondance de choix peut autant perturber vos enfants que pas de choix du tout ! Donner le choix entre deux ou trois aliments par repas est suffisant.

SOYEZ PRÊT À CE QUE TOUT S'EFFONDRE !

PARENT : Tu as le choix, aujourd'hui, entre des gaufres ou des œufs. Qu'est-ce que tu préfères ?
ENFANT : Des rôties !

Attendez-vous à ce que vos enfants remettent en question le grand ménage. S'ils ne contestent pas les zones d'alimentation, ils protesteront contre la règle de la rotation ou contre les choix que vous leur offrez. Certains s'opposeront à *tout*. Il peut y avoir des résistances, des effondrements et des crises, car vos enfants tenteront de rétablir les vieilles habitudes. Ils essaieront de voir si la nouvelle structure est vraiment aussi ferme que vous le dites.

Les parents qui réagissent à ces résistances en réitérant calmement les nouvelles règles seront bientôt récompensés. Au bout de quelques jours, les enfants auront accepté la nouvelle façon de faire. Mais lorsque les parents cèdent ou capitulent, ils envoient un message selon lequel ils ne prennent pas très au sérieux les nouvelles règles. Dès que les enfants s'en rendent compte, le nouveau système s'écroule. Préparez-vous donc à une petite rébellion. Prévoyez un plan afin de ne pas être pris au dépourvu.

Lorsque les enfants contestent la structure, j'aime leur rappeler les règles, tout en leur enseignant de façon proactive l'idée derrière le grand ménage :

> *PARENT : Aimerais-tu des gaufres ou des œufs ?*
> *ENFANT : Des rôties.*
> *PARENT : Tu as mangé des rôties, hier. Tu pourras en manger demain, mais aujourd'hui, tu dois manger quelque chose de différent. Aimerais-tu des gaufres ou des œufs ?*
> *ENFANT : Des rôties !*
> *PARENT : Rappelle-toi notre règle. Tu as des choix, mais tu ne peux pas manger la même chose deux jours de suite. Tu veux des gaufres ou des œufs ?*

Et poursuivez le lendemain :

PARENT: Hier, tu as dit que tu voulais des rôties pour déjeuner. Je t'ai dit que tu pourrais en avoir demain. Eh bien, nous sommes demain. Veux-tu toujours des rôties ? Ou préférerais-tu du yogourt ?

Il est essentiel de remplir vos promesses (dans ce cas, offrir les rôties que votre enfant voulait la veille). Vous devez lui montrer que vous êtes digne de confiance. Il est également essentiel de ne pas tenir pour acquis que votre enfant désire toujours des rôties. Ne cédez pas à la tentation de dire: « Comment ça, tu ne veux pas de rôties ? Hier, tu as *dit* que tu en voulais ! » Continuez de lui offrir des choix et d'éviter les luttes de pouvoir.

Souvent, ce genre de dialogue est efficace. Sinon, et si votre enfant refuse de manger, rappelez-vous que ce n'est pas parce qu'il n'aime pas la nourriture que vous lui avez offerte. Après tout, vous ne lui proposez que ce qu'il aime. Voyez plutôt le refus de manger de votre enfant comme le point culminant de la lutte de pouvoir. Le moment est venu de se rappeler les zones d'alimentation. Laissez votre enfant refuser la nourriture et consolez-vous en pensant qu'il ne mourra pas de faim. Une collation est prévue dans quelques heures.

Mais lorsque les enfants réagissent à un élément du grand ménage en criant, en lançant de la nourriture ou en faisant une crise, les parents doivent réagir à ce comportement. (Remarquez que le problème, ici, n'est pas ce que votre enfant ressent à propos des choix alimentaires que vous lui offrez. C'est la manière dont votre enfant exprime ses sentiments qui pose problème.) La façon de régler le problème dépend de vous, mais il est important de communiquer clairement la nature du problème et les conséquences possibles. Vous pourriez dire: « Si tu cries quand je t'offre des aliments de ton choix, je vais te demander d'arrêter. Si tu n'arrêtes pas, il faudra que tu prennes un moment de réflexion. » Puis faites ce que vous avez dit.

Présentez une solution de rechange positive à laquelle vos enfants pourraient recourir pour exprimer leur déception, leur insatisfaction ou tout autre sentiment qu'ils peuvent éprouver: «Si tu ne veux pas choisir entre les deux plats que je t'ai offerts, c'est très bien. Je vais choisir pour toi. Si tu ne veux pas manger ce que je t'offre, c'est très bien aussi. Tu n'es pas obligé de manger ton déjeuner, mais tu n'auras rien d'autre avant ta collation. Si cela te contrarie, dis-moi comment tu te sens, mais ne fais pas de crise.»

Si, souvent, vos enfants crient, lancent de la nourriture ou se lamentent, c'est encore mieux d'anticiper les problèmes en leur disant à l'avance ce qui est permis, ce qui ne l'est pas et ce qui arrivera s'ils ne se conduisent pas bien. Faites-leur un gentil rappel avant les repas et les collations, afin de leur donner la chance de cesser leurs réactions systématiques et d'en acquérir de meilleures.

Enfin, n'oubliez pas le pouvoir de l'éloge! Lorsque vos enfants se comportent bien aux repas, renforcez ces bons comportements: «Merci beaucoup d'avoir mangé ton gruau, ce matin. Je sais que tu espérais plutôt avoir une gaufre. Mais tu pourras avoir une gaufre demain.»

Désarmez votre terroriste au biberon en quatre étapes faciles

Si vous présentez le grand ménage à de très jeunes enfants, c'est merveilleux! Mais il peut être difficile d'enseigner à des bambins à réagir à des problèmes liés à l'alimentation sans qu'ils piquent une crise. Le lancer du biberon est un sujet particulièrement épineux pour certains parents. Voici un plan qui permet de donner la leçon d'admirable façon.

1. Ramassez le biberon dès le premier lancer et, tout en le remettant à votre bébé, dites : « Quand tu lances ton biberon, je crois que tu as fini. As-tu fini ? »
2. Votre enfant vous regardera comme si vous aviez perdu la tête.
3. La deuxième fois qu'il lance son biberon, retirez-le de sa chaise d'enfant ou de la table en disant : « Parfait, tu as fini. »

4a. Si vous croyez que votre enfant a encore faim, attendez quelques minutes et reprenez le repas où vous étiez rendus. Si votre enfant lance encore son biberon, reprenez tout le processus, à partir de la première étape.

4b. Si vous croyez que votre enfant n'a plus faim, enseignez-lui une autre forme de communication. Terminez le repas en disant : « Quand tu en as fini avec ta bouteille, dépose-la ici. » Ou bien : « Quand tu as fini de ta bouteille, donne-la à maman. » Ou encore : « Quand tu as fini de ta bouteille, dis : "J'ai fini." »

Ne vous étonnez pas si vous devez répéter ce processus au moins trois fois au cours du premier repas. Il faudra un certain temps pour que votre enfant comprenne ce qui se passe ainsi que votre sérieux à ce sujet. Il s'agit de rappeler à votre enfant ce que le fait de vous lancer son biberon signifie pour vous et les conséquences que cela entraîne pour lui. Vous pouvez utiliser cette stratégie pour tous les comportements alimentaires de vos enfants.

Lorsque les enfants remettent en question le grand ménage, il peut être tentant de dire : « Oh, mes enfants traversent simplement une phase difficile du développement », particulièrement si vous êtes un tenant de la passade. Rappelez-vous qu'il est également approprié, dans le développement d'un enfant, de pousser, d'agripper, de frapper, de mordre et de crier, mais la plupart d'entre nous enseignent systématiquement à leurs adorables petits barbares à agir différemment. C'est ce que les parents font : enseigner. Et il n'est jamais trop tôt, ni trop tard, pour commencer.

FAQ SUR LE GRAND MÉNAGE

Q. : *Dois-je instaurer les zones d'alimentation avant d'appliquer la règle de la rotation ?*

R. : Non. Je vous donne un tas d'idées pour que le grand ménage fonctionne, mais il fonctionnera mieux si vous préparez le vôtre. Certaines familles préfèrent faire l'ensemble du grand ménage tout d'un coup ; d'autres y vont plus lentement et présentent une nouvelle idée à la fois. D'autres vont *vraiment* plus lentement ; je connais des familles qui appliquent la règle de la rotation à un seul repas, comme le dîner ou le souper. Certains appliquent déjà une version de la zone d'alimentation dans leur foyer. Ils sautent cette partie et vont directement à la règle de la rotation. Vous n'avez qu'à vous fier à votre connaissance du degré de changement que votre famille peut tolérer, et ce sera bien.

Q. : *Dois-je poursuivre avec le grand ménage pour le reste de l'existence de mes enfants ?*

R. : Non. Je suggère aux parents de considérer les cinq premières années de l'existence de leurs enfants comme une période d'entraînement en vue d'acquérir de bonnes habitudes, mais, pour certaines personnes, c'est trop. Ce qui compte vraiment, c'est que vos enfants assimilent les leçons sous-jacentes du grand ménage. Une fois que ces nouvelles habitudes de répartir les repas, les collations et les cycles entre différents aliments sont ancrées et semblent normales aux yeux de vos enfants, vous pouvez assouplir un peu les règles.

Q. : *Dois-je m'assurer que mon enfant ne mange qu'à la table au cours des zones d'alimentation ? Parfois, nous nous trouvons en voiture ou au terrain de jeux, à l'heure de la collation.*

R. : Si votre enfant n'est pas particulièrement intéressé à s'asseoir à la table, vous devriez songer à offrir des repas et des collations à emporter. Vous avez à trouver l'équilibre entre deux objectifs conflictuels : inculquer à vos enfants des habitudes comme s'asseoir à la table et créer un environnement qui incite les jeunes enfants à manger. Cela ne fera aucun mal à votre enfant si, à l'occasion, il mange dans sa poussette ou dans la voiture, s'il fait un pique-nique sous la table ou s'il mange sur un plateau, dans le salon.

Q. : *Si je suis la règle de la rotation, puis-je quand même servir des restes ?*

R. : Certainement ! J'adore les restes ! Tout ce qui peut me faire passer moins de temps dans la cuisine a ma faveur.

Il existe plusieurs façons d'utiliser les restes efficacement dans le contexte de la règle de la rotation. La première consiste à congeler les restes et à les ressortir plus tard. Ou bien, vous pouvez attendre un jour ou deux avant d'utiliser les restes. Ou encore, vous pouvez transformer les restes en un nouveau plat, en ajoutant un nouvel ingrédient (par exemple, en utilisant des restes de poulet pour faire une salade de poulet). Enfin, si vous devez absolument servir les mêmes restes deux jours d'affilée, songez à intervertir les repas (par exemple, utilisez les restes d'un souper pour le petit-déjeuner, et vice versa).

La règle de la rotation sert de guide, elle est conçue pour être utilisée avec souplesse dans votre système familial. Si grand-maman vous rend visite et prépare un repas que tout le monde aime, eh bien, n'hésitez pas à en servir deux jours de suite. Faites seulement attention de ne pas recourir à l'exception pour un repas spécial trop souvent, surtout si vous avez un enfant qui a une tendance à la rigidité dans ses habitudes alimentaires.

Q. : *Dans le cadre de la rotation, à quel point les aliments doivent-ils différer ?*

R. : Idéalement, vous devriez faire une rotation entre des aliments vraiment différents : des céréales une journée, des œufs le lendemain. Cependant, il s'agit d'incorporer autant de variété que possible, tout en vous en tenant aux aliments que votre enfant accepte déjà. Si votre enfant a un régime alimentaire très limité, vous pouvez effectuer une rotation plus subtile.

Si votre enfant aime particulièrement le yogourt au petit-déjeuner, vous pourriez lui offrir différentes saveurs de yogourt, ou différentes marques de la même saveur. Voici une autre rotation subtile : offrir des sandwichs coupés selon différentes formes ; des pâtes de différentes couleurs ; du hoummos avec des bâtonnets de carotte une journée, et des bâtonnets de concombre le lendemain.

Q. : *J'aime manger le même petit-déjeuner tous les jours. Comment puis-je demander à mon enfant d'effectuer une rotation sans être hypocrite ?*

R. : Il vaudrait mieux que vous effectuiez une rotation, vous aussi. Ce n'est pas seulement que vous donneriez l'exemple des bonnes habitudes à prendre, mais la variété est bonne pour vous également. Cependant, vous ne devez pas absolument effectuer une rotation. Mais vous devez parler à vos enfants et leur dire pourquoi ils doivent effectuer une rotation, même si vous, vous ne le faites pas. (Conseil : pour la plupart des parents, la réponse se présente en deux parties. Vous appliquez la règle de la rotation pour aider votre enfant à accepter de nouveaux aliments ; lorsqu'il mangera plus volontiers un plus large éventail d'aliments, il n'aura plus à suivre la règle. Et puis, lorsque votre enfant grandira, il pourra décider de manger tout ce qui lui plaira.)

Q. : *Dernièrement, mon fils a fini par manger des pâtes deux fois dans la même journée, parce qu'on lui avait servi des nouilles chez un ami, et que j'avais prévu du spaghetti pour souper. Ai-je tout gâché ?*

R. : Non. Le grand ménage est une structure générale. Vous devez vous y tenir autant que possible, mais, à l'occasion, une petite dérogation ne fait de mal à personne. La prochaine fois que cela se produira, dites à votre fils (avec un clin d'œil), qu'il a droit à un traitement de faveur, mais que, le lendemain, la rotation redeviendra la règle.

CHAPITRE 5
Gérer les Big Mac au fromage et les autres aliments de prédilection des enfants
L'enseignement des proportions

Maintenant que vous avez mis en place une solide structure, vous êtes prêt à inculquer à votre enfant la première habitude : les proportions. Tout ce que cela signifie, c'est que vous mangez des aliments en proportion de ce qu'ils apportent à la santé. Assez simple, n'est-ce pas ? Alors, pourquoi cela nous tracasse-t-il autant ?

C'est que le souci de la nutrition obscurcit certains des aspects les plus importants de l'habitude des proportions. Chassez ces nuages et vous verrez comment transmettre à vos enfants certaines leçons qu'ils retiendront toute leur vie.

Si vous avez le souci de la nutrition, le principal avantage des bonnes proportions est que cela oriente les enfants vers des aliments ayant un profil nutritif particulier. Lorsque vous pensez de cette façon, bien manger est comme faire votre liste d'épicerie : vous voulez que vos enfants absorbent un peu de protéines, du calcium et des fibres. Mais lorsque vous utilisez l'approche pédagogique, les proportions s'apparentent davantage à la fabrication de biscuits. Vous vous en faites moins à propos d'un ingrédient ou d'un autre ; vous pensez davantage au mélange dans son ensemble. Cela ne suffit pas de connaître les ingrédients ni même de tout incorporer dans le bol. Pour produire le mélange idéal, vous combinez les quantités exactes de farine, de sucre, de beurre et d'œufs, *les unes par rapport aux autres*. Vous devez avoir les bonnes proportions. Il en va de même pour la saine alimentation : il s'agit du rapport entre les aliments que vos enfants consomment. Cela signifie qu'ils mangent des aliments vraiment sains plus souvent que des aliments médiocres, et qu'ils mangent des aliments médiocres plus souvent que de la malbouffe.

Il est vrai que les parents soucieux de la nutrition songent parfois aux proportions. Mais, lorsqu'ils le font, c'est une pensée à court terme. Un parent soucieux de la nutrition se demande si des légumes ont franchi les lèvres de ses enfants au cours des 24 dernières heures et se sert de cette information pour décider s'il devra insister avec fermeté pour que son enfant mange du brocoli au souper. Si l'enfant vient de manger tout un plat de bonbons ou une montagne de crêpes, ses parents l'incitent à compenser en conséquence. Il s'agit de proportions, mais à une échelle trop limitée.

Avec l'approche pédagogique, vous voyez plus grand et plus loin. La véritable question n'est pas de savoir si vos enfants ont mangé des légumes aujourd'hui, ou s'ils ont mangé des bonbons avant le souper. La véritable question est de savoir si vos enfants ont l'habitude *globale* de manger davantage d'aliments sains et moins de malbouffe. Est-ce que les aliments vraiment de qualité (et pas seulement ceux qui sont couci-couça, et pas seulement ceux qui sont acceptables) prédominent dans la journée de vos enfants ? Avec l'approche pédagogique, vous songez aussi à autre chose : vous vous demandez si les aliments que vos enfants mangent façonnent leurs préférences pour les aliments sains. Et vous vous souciez de leur enseigner comment choisir des aliments dans de saines proportions, même quand vous n'êtes pas là pour les guider.

Proportions contre équilibre

Parfois, les gens me demandent pourquoi je n'emploie pas le terme « équilibre » lorsque je parle des proportions, comme dans « alimentation équilibrée ». Et je réponds : « Parce que la plupart des gens emploient ce mot pour désigner deux choses : les proportions *et* la taille des portions. Il s'agit de deux concepts tout à fait différents. La notion de proportion est importante. Elle porte sur la décision de manger plus ou moins de différents aliments selon les bienfaits qu'ils présentent pour la santé. La taille des portions relève davantage du choix personnel. Elle a trait à la quantité de nourriture qu'une personne consomme en une occasion.

Ces deux concepts sont liés. La taille des portions a souvent une incidence sur les proportions (une fois qu'on a englouti une énorme assiette de frites, il nous reste rarement de la place pour une salade), mais pas toujours. Il est possible que la taille des portions soit *mauvaise*, mais que les proportions soient *bonnes* : vous mangez toujours des portions gigantesques, mais vous consommez des aliments sains plus souvent que de la malbouffe. Il est également possible que les portions soient *bonnes*, mais que les proportions soient *mauvaises* : vous ne mangez jamais plus que vous ne le devriez, mais vous carburez essentiellement aux frites. Ni l'une ni l'autre de ces tendances ne produiront les habitudes à long terme que vous recherchez. Pour que vos enfants commencent à manger de la façon que vous souhaitez, ils doivent apprendre à manger selon les portions et les proportions appropriées. Nous allons aborder les proportions dans ce chapitre et nous passerons à la taille des portions au chapitre 8, où je vous parlerai de l'habitude de la modération.

VOYEZ GRAND

Pour laisser le souci de la nutrition derrière vous, cessez de penser à la nourriture en termes de nutriments. La clé pour en arriver aux bonnes proportions est de voir grand, de considérer les aliments dans de vastes catégories.

Les experts classent les aliments selon diverses catégories. On peut songer à un aliment comme étant essentiellement une protéine, un glucide ou un lipide. On peut songer aux repas ou aux collations avec lesquels ils sont le plus étroitement associés. On peut classer les aliments par genre de cuisine. Aucun de ces groupes n'aide les parents à inculquer de saines habitudes alimentaires à leurs enfants.

L'une des méthodes les plus connues pour classer les aliments est celle du département de l'Agriculture des États-Unis (USDA) : les céréales, les légumes, les fruits, les produits laitiers, les protéines et les huiles. Les proportions idéales de chacun sont illustrées dans le graphique « ChooseMyPlate.gov ».

L'icône « ChooseMyPlate » illustre très bien le principe des proportions. D'un simple coup d'œil, on peut constater les proportions que les aliments doivent avoir, les uns par rapport aux autres. Malheureusement, cette façon de conceptualiser les proportions ne fonctionne pas très bien pour la plupart des parents. D'abord, même si c'est un objectif louable de remplir la moitié de l'assiette de l'enfant de fruits et légumes, ce n'est pas très réaliste, particulièrement si l'enfant mange rarement plus d'une bouchée de légumes. Rien que cela pourrait vous inciter à abandonner… ou à devenir membre de la police de la nutrition.

Ensuite, l'icône « ChooseMyPlate » ne correspond pas à ce que nous mangeons. À part les aliments simples comme les pommes et les oranges, la majeure partie de ce que nous mangeons ne peut être catégorisée facilement dans un groupe comme « fruits » ou « céréales ». Nous mangeons plutôt des plats composés de plusieurs groupes. Prenons la pizza, qui contient des céréales, des produits laitiers, des protéines et probablement des légumes, ou même (dans le cas de la pizza hawaïenne avec des ananas) des fruits. Connaissez-vous quelqu'un qui décortique une pointe de pizza pour analyser les proportions des différents groupes ? Bien sûr, certains parents regardent une pizza et y voient des produits laitiers, surtout s'ils espèrent se convaincre que la pizza constitue un bon apport de calcium, mais je ne connais personne qui dissèque son plat principal pour établir la quantité de céréales, de légumes et autres que ses enfants absorbent.

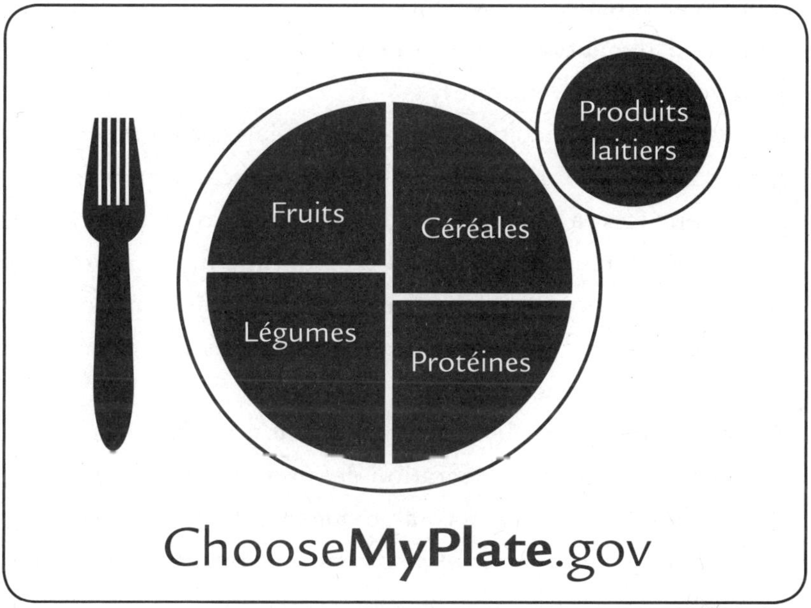

Hors de contrôle

En l'absence de conseils pratiques sur la façon d'appliquer la notion de proportions, il n'est pas étonnant que l'alimentation de la plupart des enfants soit hors de contrôle. Par exemple, nos enfants ingèrent beaucoup plus de céréales qu'ils n'en ont besoin. En fait, lorsque les chercheurs établissent d'où les enfants tirent le plus de calories, les céréales viennent en tête de liste. Additionnez tous les pains, bagels, céréales, craquelins, bretzels, barres de céréales, biscuits, pâtes, pizzas, tacos, riz, maïs soufflé et autres aliments composés de céréales que vos enfants consomment, puis comparez ce groupe d'aliments à tout ce que vos enfants mangent d'autre. Vous voyez ce que je veux dire ?

Nous vivons dans une culture saturée de céréales. Vous ne serez pas étonné d'apprendre qu'en moyenne les Américains consomment plus de deux fois la quantité de céréales *raffinées* qu'ils devraient consommer, parce qu'on entend constamment cette nouvelle. Saviez-vous que, pour nous conformer au guide alimentaire, nous devrions diminuer notre apport *total* en céréales d'environ 27 % ? C'est un excédent important !

Les céréales ne sont pas le seul aliment dont nous faisons une trop forte consommation. L'alimentation de nos enfants emprunte bien des mauvaises routes, surtout parce que les enfants ont naturellement tendance à adopter un style d'alimentation répétitif. Certains enfants que je connais mangent *constamment* du fromage. D'autres semblent ne vivre que de lait. La plupart des parents essaient d'améliorer les ratios en ajoutant un fruit ou un légume, ici et là, mais c'est loin de suffire pour corriger le déséquilibre de l'alimentation d'ensemble de leurs enfants.

Lorsque les proportions, dans l'alimentation de nos enfants, sont en déséquilibre, les autres habitudes de nos petits en subissent ■

aussi les effets : les enfants ont tendance à s'en tenir aux goûts et aux textures qu'ils préfèrent. Ils s'habituent à l'idée de manger certains aliments, mais jamais certains autres, et l'habitude de ne manger des fruits et légumes qu'à l'occasion s'ancre de plus en plus en eux.

Le dernier problème, avec « ChooseMyPlate », est qu'il ne traduit pas ce que la plupart des parents pensent à propos des proportions. Lorsqu'ils décident de ce qu'ils vont offrir à leurs enfants, la plupart d'entre nous, peu importe leur degré de connaissance de la nutrition, ramènent le processus à une seule question : est-ce un aliment sain ou de la malbouffe ?

Cette question est excellente pour repérer les aliments médiocres. Mais elle ne permet pas de bien déterminer les aliments sains, en raison de la façon dont se fait la répartition :

Premièrement, nous cernons et mettons de côté
la malbouffe.
Puis, nous classons tout le reste comme sain.

Ainsi, un aliment doit être *vraiment* mauvais pour être classé dans la malbouffe, et tout ce qui semble *assez* sain est considéré comme bon. Au bout du compte, nous nous retrouvons avec une catégorie « malbouffe », qui contient assurément un tas d'aliments médiocres, et une catégorie que nous croyons saine, mais qui ne l'est pas vraiment.

Rappelez-vous que je vous ai dit que le souci de la nutrition obscurcit votre façon de penser quant aux proportions. Le problème, lorsqu'on juge les aliments comme sains ou médiocres, est qu'on a tendance à considérer tous les aliments dits « sains » sur un pied d'égalité, alors que ce n'est pas le cas. Certains aliments désignés comme sains sont vraiment optimaux, alors que d'autres ne sont que dans la moyenne. Parlons des bretzels, et vous verrez ce que je veux dire.

Produit	Calories	Lipides	Sodium	Fibres	Protéines
Croustilles classiques Lay's	160	10 g	170 mg	1 g	2 g
Bretzels en bâtons Snyder	120	1 g	290 mg	1 g	3 g

Les bretzels semblent un aliment sain parce qu'ils sont cuits au four et ne contiennent pas de gras. La réputation des bretzels en tant qu'aliment sain est renforcée lorsque les gens font ce que les responsables du marketing espèrent qu'ils feront : comparer les bretzels et les croustilles, le summum de la malbouffe. J'appelle cela le « défi croustilles », car c'est comme si faire mieux que la norme établie par les croustilles rendait un aliment sain. Est-ce vraiment le cas ?

Comparons les bâtons de bretzel Snyder's of Hanover et les croustilles Lay's Classic. À portions équivalentes (environ 15 croustilles ou 3 bâtons de bretzel), les bretzels l'emportent en ce qui concerne les calories, le gras et les protéines ; les croustilles se classent mieux quant à la teneur en sodium, et les deux s'équivalent sur le plan des fibres.

Si vous avez le souci de la nutrition, ces chiffres vous font vous concentrer sur quelques nutriments et vous laissent croire que les bretzels constituent un meilleur choix. Mais, du point de vue de l'enseignement, on peut observer le tableau d'ensemble. Avez-vous entendu parler de NuVal ? C'est un système d'évaluation des aliments élaboré par David Katz, au Yale Griffin Prevention Research Center, et par une douzaine de sommités américaines en médecine et en nutrition. Le système NuVal permet de calculer la teneur en plus de 30 nutriments et facteurs nutritionnels, en classant les aliments sur une échelle de 1 à 100, 100 étant l'indice optimal. Quel indice croyez-vous que le système NuVal a attribué aux croustilles Lay's Classic et aux bretzels Snyder's of Hanover ? Un indice de 15. Aux deux grignotines (par comparaison, les bleuets ont obtenu la note parfaite de 100).

Bien sûr, si l'on compare différentes marques, on obtiendra des résultats différents. Mais le tableau d'ensemble reste le même : les bretzels Utz extra dark et les croustilles ondulées Utz ont tous deux reçu la note de 8.

Je suppose qu'on pourrait rechercher un meilleur bretzel, mais cela ne résoudra rien, parce qu'il existe aussi des croustilles qui se classeront mieux. Les bretzels de blé entier biologique de Snyder's of Hanover, par exemple, obtiennent la note NuVal de 28. Les croustilles cuites au four Lay's Original sont à peu près équivalentes : elles ont obtenu un indice de 25. Mais devinez quoi ? Si l'on améliore les croustilles, elles passent devant : les croustilles à teneur réduite en gras de 40 % Cap Cod obtiennent un indice de 31.

Les gens ne sont pas tous d'accord avec le système de notation NuVal, ni même avec l'idée des systèmes de notation en général. Mais ces indices fournissent tout de même de l'information. En appliquant un calcul uniforme à tout ce qu'il analyse, le système NuVal nous facilite la comparaison de la valeur nutritive relative de différents produits.

Dans le cas présent, les indices NuVal illustrent mon argument : en ce qui concerne les grignotines salées, vous pouvez chercher le « meilleur » choix, mais, au point de vue nutritif, cela revient à couper les cheveux en quatre. L'indice

NuVal moyen pour l'ensemble de la catégorie des grignotines salées est de 15. Si vous avez le souci de la nutrition, vous pourriez finir par vous concentrer sur ce que vous voulez voir lorsque vous examinez les bretzels : moins de gras. Mais si vous faites appel à l'approche pédagogique, les différences nutritionnelles légères deviennent sans intérêt parce que vous savez que le fait de manger régulièrement *tout genre* de grignotine salée vous fait prendre l'habitude de manger des grignotines salées.

Les bretzels ne sont pas véritablement de la malbouffe, mais ils ne sont pas un aliment sain non plus. Il existe plus de ces aliments intermédiaires que nous ne voulons bien le croire, en grande partie à cause de la croissance du secteur des aliments transformés. La valeur nutritive de la plupart de ces aliments est difficile à déterminer. Que diriez-vous des biscuits à déjeuner Quaker ? Ou des barres multigrains aux pépites de chocolat doubles Health Valley bio ? (Faibles en gras !) Pas facile de déterminer s'il faut les classer dans les aliments sains ou la malbouffe. Il en va de même pour beaucoup d'aliments de prédilection des enfants : bagels, pizzas, pâtes, pépites, barres de céréales et craquelins. Il est impossible d'enseigner les proportions à vos enfants si vous ne disposez pas d'une façon de classer tous ces aliments qui-ne-sont-pas-vraiment-de-la-malbouffe-mais-qui-ne-sont-pas-vraiment-sains.

UNE MEILLEURE FAÇON DE CONSIDÉRER LES PROPORTIONS

Voici une solution : créer une troisième catégorie, qui contiendrait tous les aliments intermédiaires. Maintenant, au lieu d'examiner un aliment et de décider s'il s'agit d'un aliment sain ou non, vous n'avez qu'à le classer dans l'un de ces trois groupes simples :

- **Aliments de croissance** : aliments que vous *savez* être frais et sains, comme les pommes, les asperges et le poulet. Mangez de ces aliments le plus souvent possible.
- **Aliments amusants** : aliments pas tout à fait sains, mais qu'on n'appellerait pas de la malbouffe, comme les bretzels, les yogourts sucrés et les pépites de poulet. Mangez-en moins souvent.
- **Aliments gâteries** : aliments que vous savez être de la malbouffe, comme les biscuits, les frites, la crème glacée, les bâtonnets de mozzarella panés et le gâteau. Mangez-en le moins souvent possible.

L'aspect intéressant de ce système, c'est qu'il vous permet de classer *tout* ce que vos enfants mangent : pas seulement les carottes, les cantaloups, le poulet et le maïs, mais aussi les barres de céréales et les petits gâteaux (*cupcakes*). En fait, le véritable avantage du recours aux proportions comme base pour enseigner à vos enfants à bien manger est qu'en plus d'être un guide pour vous aider à incorporer des éléments sains et nutritifs dans leur alimentation, c'est aussi une stratégie qui englobe le tout : le bon, le mauvais et parfois même le terrible. Et c'est ainsi qu'on peut en arriver à bien manger.

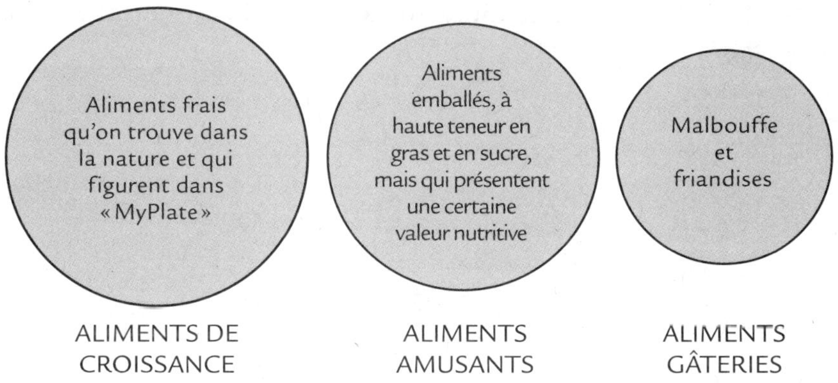

Ce système est tellement clair que vous pouvez facilement l'enseigner à vos enfants. Même s'ils sont trop jeunes pour faire des choix éclairés, vous devez leur indiquer l'objectif que vous tentez d'atteindre et les motifs qui vous y poussent. Ce n'est pas pour rien qu'on l'appelle l'approche pédagogique! Si vous n'expliquez pas à vos enfants ce que vous êtes en train de faire, comment pourront-ils collaborer avec vous? Vous pouvez dire: « La plupart du temps, nous mangeons des aliments de croissance. C'est mieux pour notre corps. Nous mangeons des aliments amusants moins souvent, et les aliments gâteries, seulement de temps en temps. » C'est une manière simple de leur faire comprendre les proportions, et ils pourront s'en souvenir toute leur vie.

Vous demandez-vous comment établir la distinction entre un aliment de croissance et un aliment amusant? Bonne nouvelle: vous n'avez pas à commencer à analyser les tableaux de la valeur nutritive. Cette méthode de classement n'est pas une science exacte; elle doit être assez simple pour être appliquée dans la vraie vie. Il s'agit de généraliser. Pensez: vraiment sain, assez sain, pas sain.

Vous pouvez vous fier à votre jugement et à votre intuition pour classer les aliments en trois catégories, mais je vous offre un exemple de régime alimentaire organisé selon les catégories aliments de croissance, aliments amusants et aliments gâteries.

Aliments de croissance (frais et sains)	Aliments amusants (pas de la malbouffe, mais pas frais et sains)	Aliments gâteries (aliments que vous savez être de la malbouffe)
Pratiquement tous les légumes frais, surgelés et en conserve, sans ajout excessif de gras ou de sauce	Les légumes dans des sauces riches ou sucrées ; les frites au four	Tous les légumes frits dans l'huile, comme les frites et les pommes de terre rissolées
Tous les fruits frais et surgelés ; les fruits en conserve dans leur propre jus	Les fruits en conserve dans un sirop léger ; les jus de fruits purs à 100 %	Les fruits en conserve dans un sirop épais
Poulet Poisson Œufs Haricots	Viande rouge Hot-dogs Pépites de poulet Pizza Beurre d'arachides et confiture	Poulet frit
Pain de blé entier Riz brun Noix Céréales de blé entier chaudes et froides, non sucrées (ou très légèrement sucrées)	Bagels Pâtes Riz blanc Tortillas Céréales modérément sucrées Pain perdu, gaufres et crêpes Barres de céréales Craquelins Goldfish Maïs soufflé Bretzels	Beignes, muffins, croissants et brioches Céréales très sucrées
Lait et yogourt non sucrés	Yogourt sucré Lait au chocolat Fromage, y compris le fromage à la crème	Crème glacée Yogourt glacé Boissons gazeuses et énergisantes

Les parents qui adorent ce système ressentiront toutefois le besoin de défendre certains des aliments de prédilection de leurs enfants. Par exemple, qu'en est-il du fromage ? Le fromage ne devrait-il pas être considéré comme un aliment de croissance, et non comme un aliment amusant ? Cela vaut la peine de se pencher sur cette question. Certains aliments intermédiaires, comme le fromage, seraient considérés comme des aliments de croissance si ce n'est qu'ils posent quelques problèmes. Du côté positif, le fromage regorge de protéines et de calcium. Du côté négatif, le fromage est bourré de sodium et de gras saturés. Étant donné que les autorités en matière de santé publique recommandent que tous, particulièrement les enfants, diminuent leur consommation de sodium et de gras saturés et que le fromage est devenu la principale source de gras saturés dans l'alimentation américaine, il devient difficile de dire que le fromage entre dans la catégorie des aliments de croissance qu'il faut *manger le plus souvent possible.*

Qu'en est-il des autres aliments ? Le yogourt glacé ne devrait-il pas être un aliment amusant et non un aliment gâterie ? Après tout, c'est du yogourt ! Et les gaufres aux grains entiers ne devraient-elles pas être un aliment de croissance plutôt qu'un aliment amusant ? Si vous cherchez assez longtemps, je suis certaine que vous trouverez un programme de nutrition qui appuiera pratiquement toutes les opinions que vous voudrez adopter. Par exemple, comme le maïs soufflé est fait de grains entiers, de nombreux nutritionnistes le considèrent comme un aliment de croissance. Par contre, s'il est salé, certains nutritionnistes le classeront dans les aliments amusants, et s'il est nappé de beurre, d'autres le placeront parmi les aliments gâteries.

Alors, pourquoi est-ce que je place le maïs soufflé dans les aliments amusants ? À part le fait que, si les nutritionnistes ne peuvent s'entendre sur la valeur nutritive d'un aliment, ce dernier n'est manifestement pas *le plus sain* ? Eh bien, le système de classement utilise la valeur nutritive seulement comme point de départ ; il est véritablement conçu pour influencer les habitudes alimentaires de vos enfants. Comme vos enfants acquièrent des habitudes alimentaires en fonction de leurs expériences gastronomiques, les aliments que vous leur servez le plus souvent doivent goûter, paraître et *être comme* les aliments les plus sains qui existent. Rien, dans l'expérience de manger du maïs soufflé, ne ressemble à l'expérience de manger un aliment de croissance. Au contraire, l'expérience de manger du maïs soufflé copie l'expérience de manger d'autres aliments amusants. Selon la perspective des habitudes, le maïs soufflé doit donc être classé comme un aliment amusant.

Si l'on examine attentivement les trois catégories, on constate que les aliments de croissance se ressemblent plus entre eux, quant à leur goût, leur texture, leur arôme et leur apparence, qu'ils ne ressemblent à l'un des aliments amusants. Et les aliments amusants, en tant que groupe, se ressemblent davantage entre eux qu'ils ne ressemblent à l'un des aliments de croissance. Ce n'est pas que tous les aliments de croissance sont identiques. Ou que tous les aliments amusants sont identiques. Mais les aliments comme les craquelins, les gaufres et les pépites de poulet présentent une similitude : ils sont essentiellement de la même couleur, se croquent de la même façon et ont essentiellement la même saveur. On peut en dire autant des autres aliments amusants. Le yogourt, la compote de pommes et le lait au chocolat, par exemple, sont tous sucrés et crémeux.

Faites une (petite) place aux aliments gâteries

Je dis souvent que ce qu'on mange n'est pas important ; ce qui importe, c'est la fréquence à laquelle on le mange. Il y a des gens qui ne sont pas d'accord avec ça. Ils diront que vos enfants doivent éviter certains groupes d'aliments à tout prix, comme tout ce qui contient du sirop de maïs à teneur élevée en fructose. Mais je crois qu'on peut trouver de la place, dans l'alimentation de votre enfant, pour *tout* ce qu'il veut manger (ou que vous lui permettez de manger). Des bonbons ? Des beignes ? Des frites ? Je dis : « Allez-y. » Mais gardez-les à leur place. Non seulement les aliments gâteries sont goûteux, mais on les trouve *partout*. On ne peut les éviter. Vos enfants ne pourront pas vivre dans un monde exempt de malbouffe. Si vous n'enseignez pas dès maintenant à vos enfants les proportions adéquates d'aliments gâteries, vous les lancerez dans le monde dépourvus d'une compétence essentielle.

Pour limiter les disputes, songez à demander à vos enfants de décider du moment où ils veulent manger leurs aliments gâteries. « Aujourd'hui, tu peux avoir un aliment pour te régaler. Si tu manges de la crème glacée après l'école, tu ne pourras pas avoir de friandises, ce soir. Qu'est-ce que tu préfères ? »

Alors que vous commencez à classer les aliments que votre famille consomme, demandez-vous si un aliment donné soulève des débats d'experts sur ses valeurs nutritives. Si c'est le cas, il s'agit d'un aliment amusant. Et fiez-vous à votre instinct. Si cela semble un aliment de croissance (il est croquant comme une carotte ou c'est mère Nature qui l'a sucré), c'est bien un aliment de croissance. Si cela semble un aliment amusant (il est croquant en raison de sa transformation, il est fluo ou présenté dans une boîte, un sac ou un tube), c'est un aliment amusant, même si vous pensez qu'il pourrait être sain.

Le système de classification n'est pas plus compliqué que cela.

LA CATÉGORIE D'ALIMENTS QUI COMPTE VRAIMENT

La santé de vos enfants dépend en grande partie des aliments de croissance qu'ils consomment. Mais c'est là *la conséquence* de votre habileté à gérer les aliments amusants. Trop consommer d'aliments amusants, c'est comme tenter de remplir une baignoire sans mettre le bouchon de drain. Vos enfants ne peuvent jamais assimiler tous les aliments vraiment sains, parce que la valeur nutritive de leur régime d'ensemble est constamment emportée par le tourbillon.

Les aliments amusants sont difficiles à gérer pour les parents, parce qu'ils sont décrits comme la solution parfaite aux problèmes d'alimentation de nos familles : nous voulons que nos enfants absorbent des nutriments, mais eux veulent de la malbouffe. Les fabricants de produits alimentaires le savent. Ils bourrent les aliments de suffisamment de nutriments pour qu'ils passent le test d'inspection des parents, mais ils leur donnent assez de goût pour qu'ils plaisent aux enfants. Les produits qui en résultent aboutissent dans la catégorie des aliments amusants. Il n'est pas étonnant que les enfants aiment ces aliments ; ils ont si bon goût ! Ils sont bourrés de sucre, de sel et de gras, trois ingrédients sur lesquels reposent essentiellement la saveur, la texture et l'arôme de nos aliments préférés. Et ces ingrédients stimulent notre appétit.

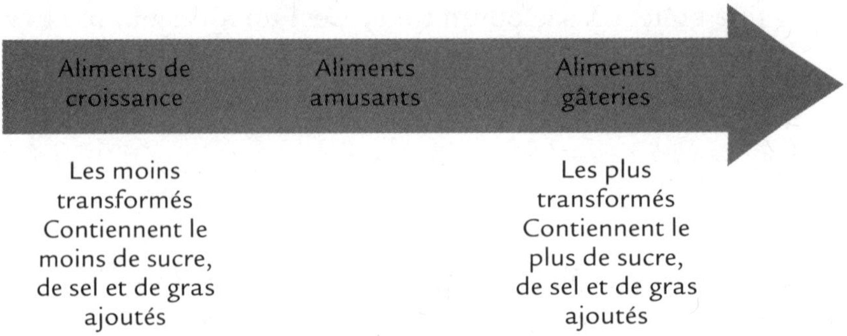

Songez à quel point le yogourt préféré de votre enfant est sucré. À volume égal, les yogourts sucrés contiennent autant, sinon plus, de sucre que les boissons gazeuses. Une cannette de 355 ml (12 oz) de boisson gazeuse contient environ 40 g de sucre (selon la marque) et une portion de 180 g (6 oz) de yogourt édulcoré peut renfermer 20 g de sucre ou plus (là encore, cela dépend de la marque). Si vos enfants aiment les tubes de yogourt YoKids Squeezers, préparez-vous à subir un choc : le coca-cola, que la plupart des parents interdisent parce qu'il est trop sucré, contient environ 3 g de sucre par 30 ml (1 oz) ; les YoKids Squeezers en renferment 4,5 g par 30 g (1 oz).

Bien sûr, je ne soutiendrai pas que les yogourts édulcorés sont l'équivalent du coca-cola au point de vue nutritif. Ils contiennent effectivement plus de nutriments. Mais fermez les yeux un moment et imaginez-vous sirotant un coca. C'est sucré, vraiment sucré. N'est-ce pas ? Eh bien, un YoKids Squeezers est encore plus sucré. Si vous êtes soucieux de la nutrition, vous pourriez essayer de vous convaincre que le goût sucré est acceptable, qu'il provient d'une combinaison du yogourt lui-même, de « sucre biologique moulu naturellement » et de concentré de fruits. Mais si vous utilisez l'approche pédagogique, la question devient : quels sont les effets de la consommation de quelque chose d'aussi sucré sur les préférences de vos enfants en matière de goût ?

À vrai dire, un yogourt édulcoré ne cause pas de grands dommages, mais la plupart des enfants ne s'arrêtent pas là. Ils consomment des aliments édulcorés tout au long de la journée. Examinez la liste des aliments amusants et vous verrez qu'elle contient une grande quantité de saveurs sucrées, sous forme de lait au chocolat, de jus de fruits, de céréales et de barres de céréales. Les crêpes et les gaufres font un coup double: elles sont faites de sucre et on y ajoute du sirop. Même le pain à sandwich a un goût sucré. Ajoutez-y du beurre d'arachides et de la confiture, et il est encore plus sucré.

Votre enfant apprend-il à aimer le sel?

L'USDA recommande que la consommation quotidienne de sodium des enfants âgés de 1 à 3 ans soit de moins de 1 500 mg. Les enfants de 4 à 8 ans devraient consommer moins de 1 900 mg de sodium par jour. Voyez combien ces chiffres s'additionnent facilement. Oubliez la valeur nutritive. Songez seulement à quel point l'alimentation de votre enfant est salée!

Alimentation de l'enfant	Sodium
Déjeuner: gaufre Eggo Nutri-Grain de blé entier (1)	200 mg
Collation: craquelins Goldfish Pepperidge Farm, au cheddar (sachet de 42 g [1,5 oz])	360 mg
Dîner: pépites de poulet Tyson (2)	188 mg
Collation: fromage à effilocher Polly-O (1 bâtonnet)	190 mg
Souper: coquilles biologiques et cheddar blanc Annie (1 tasse)	570 mg
Total	**1 508 mg**

Continuez à examiner les aliments amusants et vous y trouverez beaucoup de sel et de gras. L'une des raisons pour lesquelles les enfants adorent les craquelins Goldfish est qu'ils sont bourrés de sel. Ils en contiennent autant, sinon plus, que beaucoup de marques de croustilles. Les pépites de poulet ? Du sel et du gras. Les pâtes avec du beurre et du parmesan ? Encore plus de sel et de gras. La pizza ? Du sucre, du sel et du gras.

Ce n'est pas par hasard que le sucre, le sel et le gras constituent des ingrédients importants des aliments de prédilection des enfants. Les fabricants de produits alimentaires ont trouvé la quantité exacte à laquelle les gens retirent le plus de plaisir de ces ingrédients. Comme je l'ai dit précédemment, il s'agit du « point d'extase ». Un ancien commissaire à la Food and Drug Administration (FDA), David A. Kessler, a écrit un livre à ce sujet, intitulé *The End of Overeating,* qui cite des études sur le fait que la consommation de ces aliments super agréables au goût (ceux qui contiennent juste assez de sucre, de sel et de gras) nous pousse à en consommer davantage ; ils créent presque une dépendance. Et, du même coup, ces aliments super agréables au goût nous font paraître les autres aliments insipides.

La plupart des enfants consomment de fortes doses de ces aliments super agréables au goût, à chaque jour, sous forme d'aliments de prédilection : Big Mac au fromage, bagels et barres de céréales. On estime que :

- 70 % des aliments de prédilection des enfants contiennent trop de sucre ;
- 23 % des aliments de prédilection des enfants contiennent trop de gras ;
- 17 % des aliments de prédilection des enfants contiennent trop de sel.

Il ne faut pas beaucoup de temps pour que les enfants dont l'alimentation comporte beaucoup de sucre, de sel et de gras acquièrent ce que les chercheurs appellent une *préférence gustative intense* pour ces aliments fortement aromatisés. Et vos vrais problèmes commencent lorsque cela se produit, parce que vos enfants sont prisonniers d'un cycle de consommation qui s'autoperpétue.

Plus vos enfants consomment d'aliments amusants, plus ils en veulent.

Les enfants qui s'habituent à manger des aliments amusants deviennent moins disposés à manger des aliments naturels, comme des légumes.

Si vous vous êtes déjà demandé pourquoi vos enfants, qui avaient l'habitude de manger des légumes, n'en consomment plus, songez à la quantité d'aliments amusants qu'ils consomment maintenant, par comparaison avec cette époque. Les nourrissons ne mangent pas beaucoup d'aliments amusants (en comparaison des bambins), alors les aliments de croissance leur donnent toute l'excitation dont leurs papilles ont besoin. Mais une fois que vos enfants ont pris goût aux aliments amusants ? Les aliments de croissance ne procurent plus le même plaisir. Disons-le clairement : ce n'est pas un *seul* aliment amusant qui pose problème. C'est servir aux enfants une quantité disproportionnée de ces aliments qui détruit leurs habitudes alimentaires. Les aliments bourrés de saveur habituent vos enfants à aimer les croustilles de maïs, au lieu du maïs, et à aimer la crème glacée aux fraises, mais non les fraises. Les aliments bourrés de saveur ne goûtent jamais comme le brocoli ; ils goûtent comme les frites. (Humm… peut-être est-ce pour cette raison que les légumes les plus consommés par les bambins, ce sont les frites.)

Plus de sucre = moins de légumes

Les aliments qui contiennent une grande quantité de sucre, de sel et de gras ne font pas qu'orienter les préférences générales de vos enfants à long terme. Ils peuvent également avoir une influence négative sur ce que vos enfants mangent pendant un seul repas.

Que croyez-vous qu'il arriverait si vous offriez à vos enfants une collation faite de légumes et d'eau, une journée, et la même collation faite de légumes, mais accompagnée de punch hawaiien, le lendemain ? Croyez-vous que le choix de la boisson aurait une incidence sur la quantité de légumes que vos enfants mangeraient ?

Deux chercheurs de l'Oregon et du Michigan ont décidé de le découvrir auprès d'un groupe d'enfants âgés de 3 à 5 ans. Devinez ce qu'ils ont conclu. Les enfants ont mangé plus de légumes le jour où ils ont bu de l'eau. Mais les chercheurs ont également découvert que, même après avoir bu seulement une petite quantité de boisson sucrée, les enfants se montraient moins intéressés à manger des légumes.

Les aliments amusants ne font pas qu'éloigner vos enfants des aliments de croissance. Ils les orientent aussi *vers* les aliments gâteries. Oui, les aliments amusants agissent comme une drogue d'introduction : une fois que vos enfants s'y sont habitués, ils ouvrent la porte à des « substances » plus toxiques. Vous vous rappelez les pièges de la nutrition ? Les barres à déjeuner entraînent vos enfants vers les pâtisseries. Les craquelins les conduisent vers les croustilles. Et les céréales édulcorées les orientent vers les biscuits. S'il vous reste des doutes, faites l'expérience suivante : donnez à vos enfants un bol de gruau, une barre à déjeuner à l'avoine (ou une barre de céréales) et un biscuit à la farine d'avoine, et demandez-leur de dire ceux qui se ressemblent le plus. Encore mieux : faites un test à l'aveugle et voyez ce que vos enfants diront.

Le lien entre les aliments est si puissant que la seule façon d'appliquer le principe des bonnes proportions dans l'alimentation de vos enfants est de tirer parti du mode de fonctionnement de ces liens. Cela signifie de servir à vos enfants des aliments de croissance pas seulement parce qu'ils sont plus nutritifs (ce qui est un plus), mais aussi parce que vous voulez que vos enfants *aiment* le goût des aliments de croissance. Cela signifie aussi de limiter l'accès de vos enfants aux aliments amusants parce que vous voulez diminuer leur envie d'aliments gâteries.

En passant, c'est pour la même raison que, du point de vue des habitudes, un aliment gâterie ne peut jamais être transformé en un aliment qui serait plus « santé ». Bien sûr, on peut ajouter des éléments nutritifs à un biscuit en diminuant la quantité de gras, en y incorporant des grains entiers et en éliminant le sucre, mais on ne peut pas rehausser le classement d'un aliment simplement parce qu'on a amélioré les ingrédients. Pour vos enfants, un biscuit est un biscuit. Non seulement ils ne se soucient pas des ingrédients des biscuits, mais ils n'y ont même pas réfléchi. Lorsqu'il existe un conflit quant à la classification entre les habitudes et la nutrition, les habitudes l'emportent toujours.

LA MISE EN APPLICATION DES PROPORTIONS

Une fois que vous avez commencé à songer aux aliments sous l'angle des trois catégories - aliments de croissance, aliments amusants et aliments gâteries -, le principe des proportions est beaucoup plus facile à mettre en application.

Et si vos enfants ne mangent pas assez d'aliments de croissance ? Et si leur alimentation est composée surtout d'aliments amusants ? Ne vous en faites pas. Vous pouvez inculquer à vos enfants la bonne habitude des proportions, mais il vaut mieux procéder lentement. Si vous avez fait le grand ménage, votre famille utilise déjà la règle de la rotation, ce qui signifie que vous ne servez pas les mêmes aliments (sauf le lait) deux jours d'affilée. Vos enfants sont maintenant habitués à un système qui relève de leurs parents et qui leur laisse des choix raisonnables. Ils s'habituent aussi à différentes saveurs et textures, d'un repas à un autre et d'une journée à une autre, même si ces différences sont subtiles.

Vous voulez que vos enfants évitent les boissons gazeuses ? Diminuez les jus.

Même si l'American Academy of Pediatrics recommande que les enfants de 1 à 6 ans ne consomment pas plus de 120 à 180 ml (4 à 6 oz) de jus de fruits par jour, la recherche a démontré que la plupart des enfants de 2 à 5 ans qui boivent du jus pur à 100 % consomment en moyenne *300 ml (10 oz)* de jus ou plus par jour. Certains spécialistes de la santé publique recommandent de ne commencer à servir du jus aux enfants qu'après leur entrée à l'école, de façon qu'ils aient pris l'habitude de boire de l'eau et du lait, au lieu de jus. Les fabricants de produits alimentaires font valoir l'idée que boire du jus constitue une manière facile, pour les enfants, de consommer des fruits, mais ce n'est pas le cas. Le jus contient à peu près la même quantité de sucre qu'une boisson gazeuse et n'apporte aucun des bienfaits d'un fruit entier. Peut-être est-ce pourquoi, au fil du temps, les enfants cessent de boire du jus et se mettent à boire des boissons gazeuses.

Lorsque les chercheurs ont examiné les cinq principales sources de calories consommées par les enfants de 2 à 18 ans, ils ont découvert que, pour un enfant de 2 ans, le lait et les jus sont les principales sources de calories. Lorsque l'enfant est âgé de 4 ans, le lait glisse en quatrième place et le jus n'occupe plus l'une des cinq premières places. Lorsque l'enfant a 9 ans, les boissons gazeuses font leur apparition en tant que cinquième source de calories. Et une fois qu'il a 14 ans, les boissons gazeuses constituent la principale source de calories de son alimentation.

Groupe d'âge	1re source de calories	2e source de calories	3e source de calories	4e source de calories	5e source de calories
2 à 3 ans	Lait entier	Jus de fruits pur	Lait à faible teneur en gras	Pâtes	Desserts faits de céréales
4 à 8 ans	Desserts faits de céréales	Pain à levure	Pâtes	Lait à faible teneur en gras	Pizza
9 à 13 ans	Desserts faits de céréales	Pizza	Poulet	Pain à levure	Boissons gazeuses
14 à 18 ans	Boissons gazeuses	Pizza	Desserts faits de céréales	Pain à levure	Poulet

Pour enseigner les proportions, modifiez légèrement la règle de la rotation. Jusqu'à maintenant, vous avez effectué la rotation des aliments figurant dans votre liste sans trop vous demander lesquels étaient les plus sains. C'est bien; comme je l'ai déjà dit, vous habituiez vos enfants à un *système*. Mais le moment est venu d'examiner de nouveau votre liste et d'y relever les éléments qui sont des aliments de croissance. Effectuez votre rotation de manière à servir les aliments frais et sains plus souvent. Vous suivez toujours la règle de la rotation et vous ne servez toujours pas d'aliments nouveaux ou que vos enfants n'aiment pas. Mais lorsque vous le pouvez, mettez l'accent sur les aliments de croissance que vos enfants préfèrent déjà. Vous n'atteindrez probablement pas les proportions idéales sur-le-champ, mais, en présentant *plus* souvent à vos enfants des aliments frais, et *moins* souvent du gras, du sucre et du sel, vous éduquez leurs papilles gustatives.

Et si aucun aliment de croissance ne figure dans la liste de votre enfant ? Faites de votre mieux. Servir des pêches en conserve plus souvent que des craquelins (même si les pêches baignent dans un léger sirop) placera votre enfant sur la voie des bonnes proportions. Rappelez-vous : en diminuant le nombre d'aliments bourrés de saveur que vos enfants consomment et en augmentant le nombre d'aliments de croissance qu'ils ingèrent, vous rééduquez leurs papilles en les orientant vers les aliments sains. Si vous êtes l'un des heureux parents dont les enfants consomment déjà une forte proportion d'aliments de croissance, poursuivez la rotation. En continuant à varier le goût et la texture des aliments que vos enfants consomment, il vous sera plus facile de leur faire accepter de nouveaux aliments, un peu plus tard.

Alors que vous procédez à une réorientation vers les aliments de croissance, rappelez-vous l'approche pédagogique ! Parlez à vos enfants du principe des proportions avant d'apporter des changements majeurs à leur alimentation. Vous pouvez résumer le tout en un énoncé d'action : « Nous mangeons des aliments de croissance plus souvent que des aliments amusants, et des aliments amusants plus souvent que des aliments gâteries. » Il ne faut pas longtemps pour que les enfants, même très jeunes, comprennent ce principe.

Est-ce que la simple pensée de demander à vos enfants de manger davantage d'aliments de croissance vous semble un poids sur les épaules, par crainte d'éventuelles disputes ? Ne vous en faites pas. Il existe des tas de manières simples d'intégrer plus d'aliments frais au menu de vos enfants.

SERVEZ DES FRUITS OU DES LÉGUMES À CHAQUE REPAS OU COLLATION

Ne croyez pas que j'ai perdu la tête, mais prévoyez servir un fruit ou un légume à chaque repas et à chaque collation, tous les jours. C'est l'une des stratégies les plus efficaces que je connaisse pour refaçonner le menu quotidien de vos enfants. C'est aussi une bonne habitude à acquérir pour la vie.

Songez-y ainsi : même si vos enfants ne mangent qu'une ou deux bouchées de fruit ou qu'une ou deux bouchées de légume 5 ou 6 fois par jour, ils auront consommé, au total, de 5 à 12 bouchées au cours de la journée. Cela équivaut à ce que la plupart des enfants consomment normalement si le seul moment où ils mangent des légumes est au repas du soir, et même le dépasse. Ce qu'il y a de bien, avec cette méthode, c'est que, même si vos enfants refusent carrément les légumes au souper, vous saurez au moins qu'ils ont mangé santé le reste de la journée. Il y aura donc moins de pression au souper et, ironiquement, lorsque les enfants sentent moins de pression, ils sont mieux disposés à manger des légumes.

De nombreux parents hésitent à servir fréquemment des fruits et légumes parce qu'ils croient que leurs enfants ne les mangeront pas. Mais l'inverse est aussi vrai : les enfants ne peuvent pas manger ce qu'on ne leur sert pas. Comme manger est une question mathématique (les enfants sont plus enclins à consommer le genre d'aliments qu'ils connaissent le mieux), plus vous servirez de fruits et légumes, plus les enfants s'y habitueront. La fréquence est l'antidote contre les disputes.

Servir des fruits et légumes tout au long de la journée exige une transformation mentale chez de nombreux parents. Vous devrez arrêter de penser aux *collations* comme à un type d'aliments et commencer à les voir comme un moment de la journée. Des parents me demandent souvent de leur recommander des collations santé, particulièrement des collations qui s'emportent bien. Je leur dis toujours : « Arrêtez de regarder dans l'allée des collations et commencez à chercher dans le rayon des fruits et légumes. » Les carottes, les pois mange-tout et les haricots verts font d'excellentes collations. Ils sont prélavés, précoupés et prêts à emporter. Pourquoi ne pas servir les restes de brocoli d'hier soir ? Ou des pommes, des bananes et des bleuets. Le jus de citron les empêchera de brunir, les contenants de plastique les empêcheront de s'abîmer et le fait qu'ils soient déjà préparés permet de les emporter plus facilement. Si vous vous trouvez dans la situation où vous devez absolument nourrir de petits enfants en auto, vous devez éviter les aliments qui risquent de les faire étouffer ; vous pouvez leur offrir des morceaux de fruits mous ou de légumes passés légèrement au micro-ondes. Ou bien, misez sur les sachets de purée. Même si vous ne devriez pas utiliser des sachets tout le temps parce que vous voulez que vos enfants se familiarisent avec la texture des légumes frais, ceux-ci conviennent parfaitement pour une collation sur le siège arrière de la voiture.

Trouvez-vous ennuyeux de servir aussi souvent des fruits et des légumes à vos enfants ? Si c'est le cas, permettez-moi de vous demander ceci : servez-vous à vos enfants des craquelins presque tous les jours ? Ou du pain ? Ou du lait au chocolat ?

Trouvez-vous *cela* ennuyeux ? Vous devrez peut-être changer votre façon de penser à ce sujet, aussi. La plupart des enfants que je connais apprécient un plus vaste éventail de fruits et de légumes que leurs parents ne le croient. Comptez les fruits et légumes frais que vos enfants consomment. Puis, ajoutez-y les fruits et légumes en conserve, séchés et en purée. Puis, ajoutez ce groupe à la rotation. Ma fille adore manger des pois surgelés en collation. Imaginez donc !

Même si vos enfants n'aiment que deux aliments de croissance, vous pouvez viser une alimentation mieux proportionnée. Vous vous rappelez la petite fille du chapitre précédent, celle qui mangeait seulement deux sortes de végétaux ? Sa mère a apporté une légère modification à la règle de la rotation et a inscrit ces deux produits (haricots verts et purée de pêches) au menu, tous les jours. Elle a aussi adapté la façon de les servir : elle offrait à sa fille de la purée de pêches mélangée à différentes choses, juste pour l'habituer à l'idée de la variété. Vous pouvez faire de même. Votre enfant refuse tous les fruits, sauf les pommes ? Parfait. Inscrivez les pommes au menu aussi souvent que vous le pouvez. Vous n'avez qu'à penser aux pommes sur une plus grande échelle : il y a des pommes rouges, des pommes vertes, des tranches de pomme, des pommes saupoudrées de cannelle, des pommes saupoudrées de sucre, des pommes séchées, de la compote de pommes, de la compote de pommes mélangée avec du yogourt... Vous voyez le tableau. Vos enfants ne s'en lasseront pas et ils s'ouvriront à l'idée des saveurs et des textures (leçon qui sera utile lorsque vous enseignerez la variété).

Oui, je sais que nul d'entre nous n'atteindra jamais l'objectif de servir des fruits ou des légumes à chaque occasion de manger. Certains jours, vous serez tout simplement trop fatigué pour trancher un concombre. Et, de temps à autre, vous serez en train de jouer et il n'y aura aucun fruit ou légume en vue, mais un tas de craquelins. Lorsque cela se produit, laissez vos enfants manger les craquelins. Mais faire en sorte d'offrir des fruits ou des légumes à vos enfants *chaque fois qu'ils mangent* est une stratégie qui vous rapportera : elle entraînera une nette augmentation de la consommation globale de fruits et légumes de vos enfants.

DES LÉGUMES COMME HORS-D'ŒUVRE

L'une des manières faciles de faire consommer davantage de légumes au cours de la journée est de les servir comme hors-d'œuvre avant le dîner ou le souper. Vous pouvez ainsi profiter de la faim naturelle de vos enfants. Après tout, beaucoup d'enfants n'évitent pas délibérément les fruits et légumes. C'est juste qu'ils en viennent à ne pas leur prêter attention. Voici ce qui se produit habituellement : vous servez un repas de pâtes et de brocoli, et vos enfants se précipitent sur les pâtes parce que c'est leur aliment préféré. Puis, comme ils n'ont plus tellement faim, ils dédaignent les aliments plus nutritifs qui se trouvent dans leur assiette. Mais servez-leur des légumes quand il n'y a rien d'autre à manger, et ils les dévoreront !

Deux études récentes montrent que les hors-d'œuvre peuvent faire augmenter considérablement la consommation de légumes des enfants d'âge préscolaire. Dans les deux études, des enfants âgés de 3 à 5 ans se sont vu offrir des légumes avant un plat principal de pâtes gratinées, de brocoli vapeur, de compote de pommes non sucrée et de lait. Dans l'une des études, les enfants ont d'abord mangé de la soupe aux légumes ; dans l'autre étude, on leur a présenté des carottes crues et une trempette. Dans l'étude comportant de la soupe aux légumes, la consommation de légumes a augmenté, passant d'un sixième d'une portion, sans la soupe, à près d'une portion complète, avec la soupe. Dans l'étude comportant des carottes, la consommation de légumes des enfants a aussi augmenté, passant du tiers d'une portion à une portion complète. Et devinez quoi ? Les enfants n'ont pas mangé moins de brocoli après avoir consommé un légume en hors-d'œuvre. Les enfants qui étaient rassasiés ont mangé moins de pâtes.

Les Goldfish de l'univers

L'une des manières les plus faciles de limiter la consommation d'aliments amusants et d'aliments gâteries est de ne pas en acheter. Quand ma fille était petite, j'ai décidé de ne pas garder de craquelins Goldfish ni toute autre sorte de collation salée ou croustillante dans la maison parce que je voulais qu'elle acquière plutôt l'habitude de manger des collations comme des fruits, des légumes et des noix. Cependant, je lui avais permis de manger ces aliments toutes les fois où l'univers lui en offrait (c'est-à-dire d'autres parents, des membres de la famille et l'école). Pour m'assurer de ne pas nous faire une réputation d'égoïstes, je partageais nos collations santé. Cette approche comportait beaucoup d'avantages. J'ai toujours été vue comme un bon parent parce que je n'ai jamais passé outre aux désirs de ma fille... à l'extérieur de la maison. Et ma fille mangeait des collations composées d'aliments gâteries dans des proportions acceptables par rapport aux aliments sains.

Le secret d'une plus grande consommation de fruits au déjeuner

Il est facile d'ajouter des fruits au menu de vos enfants : servez des céréales non sucrées au déjeuner. Récemment, des chercheurs ont demandé, au hasard, à des enfants participant à trois camps d'été, en Nouvelle-Angleterre, de manger soit des céréales très sucrées, soit des céréales non sucrées. Plus de 50 % des enfants qui ont mangé des Rice Krispies, des Corn Flakes ou des Cheerios ont déposé des tranches de fraise ou de banane sur leurs céréales. Par contre, seulement 8 % des enfants qui ont mangé des Froot Loops, des Cocoa Pebbles ou des Frosted Flakes ont ajouté des fruits à leurs céréales. Croyez-vous que vos enfants ne mangeront pas de céréales non sucrées ? Même si tous les enfants de cette étude ont fait état de leur préférence pour les céréales sucrées, chacun d'eux a dit qu'il avait bien aimé ou qu'il avait adoré les céréales qu'il avait mangées.

DES FRUITS POUR DESSERT

La plupart des parents redoutent les desserts parce qu'ils sont une importante source de tension. Croyez-le ou non, le dessert est l'un des outils les plus négligés pour enseigner à vos enfants à bien manger. Vous n'avez qu'à changer ce que vous servez. Vive les fruits ! Les fruits frais, en conserve, les fruits saupoudrés d'un peu de sucre... Pourvu qu'ils aient l'apparence et le goût de vrais fruits, il s'agit d'un excellent choix.

Le problème, avec la plupart des desserts, ce ne sont pas les desserts comme tels. Le dessert est dangereux parce qu'il crée une mauvaise dynamique familiale. La pensée du dessert amène les enfants à négliger les aliments sains pour arriver aux *bonnes* choses, si vous voyez ce que je veux dire. Cela incite les parents à forcer les enfants à manger davantage de petits pois ; à répéter la rengaine du « encore deux bouchées » ; ou à supplier, à promettre des récompenses et à cajoler leurs enfants pour qu'ils mangent plus de leur plat principal.

Mais lorsque vous servez des fruits, vous conservez le plaisir du dessert (que vos enfants apprécieront) tout en éliminant les problèmes. Vos enfants ne réclameront pas un dessert composé de fruits, car les kiwis ne sont pas aussi spongieux que le gâteau. De plus, savoir que vos enfants peuvent terminer un repas qu'ils ont chipoté par un dessert nutritif signifie que vous n'avez pas à vous tracasser pour ce qu'ils n'auront pas mangé au repas.

Et qu'en est-il des desserts « gâteries » que vous servez ? Vous ne serez pas tenté de recourir au « marché du dessert » parce que vos enfants auront déjà mangé un tas de petits pois, de poires, de pêches et peut-être même de panais !

Prenez votre temps pour modifier les proportions, de façon que vos enfants mangent plus d'aliments de croissance que de tout autre aliment. Comme les aliments de croissance garniront l'assiette de vos enfants plus souvent, vos petits mangeront naturellement moins d'aliments amusants et d'aliments gâteries. Ils n'auront tout simplement plus de place pour ces aliments ! Continuez à parler des proportions à vos enfants et de ce que cela signifie. Encouragez-les à penser que les aliments amusants sont les copains des aliments gâteries. Offrez-leur le choix entre un aliment de chacune de ces catégories. Laissez vos enfants choisir entre des craquelins et des croustilles, du yogourt édulcoré et de la crème glacée, du jus et des biscuits. À mesure que leur palais se déshabituera du sucre, du gras et du sel, leurs habitudes alimentaires changeront. Il sera alors temps de penser à ajouter de la variété à leur menu. C'est le sujet que nous aborderons au prochain chapitre.

CHAPITRE 6
Jeter les bases de la variété
Enseigner à vos enfants à essayer de nouveaux aliments

La variété est la deuxième habitude que vos enfants doivent acquérir pour manger sainement toute leur vie. La raison en est très simple : lorsque les enfants ne mangent que quelques aliments, leur menu est trop limité. Il leur manque des nutriments essentiels et tout un éventail d'aliments savoureux !

Si vous avez la chance d'avoir un enfant de 1 an qui en est encore à la phase « je vais goûter à tout », tout ce que je peux vous dire, c'est : profitez-en. Maximisez dès maintenant la variété dans l'alimentation de votre enfant et vous en récolterez largement les fruits. Très largement. Lorsque la variété est introduite tôt dans la vie, elle peut réduire de façon spectaculaire les effets du stade néophobique, ou capricieux, que traversent la plupart des bambins vers l'âge de 2 ans. Et si ce n'est pas une assez bonne raison pour favoriser la variété, songez à ceci : plus large est l'éventail des saveurs auxquelles votre enfant s'habitue maintenant, plus il aimera de saveurs tout au long de sa vie. Les enfants de 2 ou 3 ans qui mangent une grande variété d'aliments seront fort probablement des adultes qui mangeront une grande variété d'aliments.

Si, par contre, votre enfant a déjà dépassé cette courte phase de félicité en matière d'alimentation, vous vous demandez peut-être comment vous allez faire de la variété une habitude dans votre foyer, alors qu'il utilise toutes les tactiques possibles (les lèvres serrées, la tête tournée, le bras replié, la moue) pour éviter d'essayer quelque chose de nouveau. Ne vous inquiétez pas. Ne vous arrachez pas les cheveux et ne baissez pas les bras. Dans ce chapitre, je vais vous indiquer comment aider votre enfant à se sentir plus à l'aise face à de nouveaux aliments.

Si vous avez suivi la règle de la rotation, vous avez déjà mis en place le principe fondamental de la variété : vos enfants mangent dorénavant différents aliments, différents jours. Il s'agit d'une première étape importante dans l'introduction de nouveaux aliments. Les enfants qui sont habitués à manger *différents* aliments sont plus ouverts à la consommation de *nouveaux* aliments. À l'inverse, les enfants qui ne mangent pas *différents* aliments n'essaient habituellement pas de *nouveaux* aliments.

Pourquoi ? Parce que la variété, même sous sa forme limitée de la règle de la rotation, enseigne des préceptes sur lesquels on peut bâtir. La variété montre aux enfants qu'il ne faut pas craindre les aliments différents. Cela les aide à découvrir et à étendre leurs préférences en matière de goût. Une fois que les enfants sont habitués à l'idée de manger différents aliments, différents jours, ou à différents moments, ils acceptent mieux de ne pas manger tout le temps leurs aliments préférés. L'*idée* de la différence ouvre la porte à l'essai de nouveaux aliments. À l'opposé, si vous servez généralement un menu prévisible et immuable, un nouvel aliment paraîtra vraiment bizarre. Et dégoûtant.

Certaines personnes trouvent que l'application de la règle de la rotation suffit pour inciter leurs enfants à consommer un plus large éventail d'aliments. Je considère cela comme le miracle de la règle de la rotation. C'est arrivé à Gabriela. Une semaine après l'introduction de la règle de la rotation, son fils, particulièrement capricieux, a commencé à manger le genre d'aliments que la plupart des parents tiennent pour acquis (de la dinde, des bâtonnets de poisson, des pépites de poulet, des bananes, des pommes, des œufs et du riz), mais que Gabriela craignait de ne jamais pouvoir servir à son fils. Un mois plus tard, Gabriela m'a dit que, même si son fils demeurait un mangeur capricieux, il avait continué à accepter (avec prudence) un plus large éventail d'aliments. Gabriela était aux anges.

Si vous n'avez pas encore vécu le miracle, ne vous en faites pas. Vous pouvez enseigner à vos enfants à consommer une variété d'aliments beaucoup plus grande. Vous n'avez qu'à changer de stratégie. Cessez d'essayer de convaincre vos enfants de *manger* de nouveaux aliments. Inculquez-leur l'habitude de *goûter* à de nouveaux aliments. Les bons goûteurs acquièrent la confiance nécessaire pour devenir de bons mangeurs. Voyez cela comme une approche de la variété fondée sur le principe « la priorité aux priorités ». Dans ce chapitre, je vais vous parler du « goûter ». Dans le prochain chapitre, j'aborderai la manière de tourner le « goûter » en « manger ».

DIMINUEZ VOS ATTENTES

Si vous éprouvez des difficultés à faire accepter de nouveaux aliments à vos enfants, c'est peut-être que vos attentes sont trop élevées. Comme la plupart des parents, vous dites probablement à votre fille que tout ce que vous voulez, c'est qu'elle *goûte* au poulet au cari que vous avez préparé pour souper, mais au fond vous espérez secrètement qu'elle en fera davantage ; vous espérez qu'elle *mangera* le poulet au cari. Autrement, vous devrez rapidement improviser pour trouver quelque chose d'autre à mettre dans son assiette, ou la laisser le ventre creux. Songez à toute la pression que cela exerce sur la nouvelle expérience alimentaire. La barre est tout simplement trop haute.

Lorsqu'il s'agit d'enseigner à ses enfants à prendre plaisir à essayer de nouveaux aliments, la pression est un ennemi. Les repas deviennent des cauchemars. Les parents font pression, les enfants résistent, et tout le monde est tendu. Les parents finissent par communiquer leur déception et leur échec à leurs enfants, car il est difficile d'applaudir au fait que l'enfant a goûté un peu à un aliment alors qu'on espérait qu'il le mangerait. Les enfants finissent par penser: «Pourquoi essayer?» Et, pardessus tout, la pression crée une association négative avec tout aliment que vous essayez de mettre en valeur. (Il est difficile d'aimer le poisson lorsque c'est la source de tellement de disputes familiales.) Il n'est pas étonnant que tant de parents en viennent à abandonner la partie.

Vous pouvez renverser la situation. Il suffit d'éliminer la pression. D'après des études récentes menées en Suisse, quand les enfants trouvent que les repas sont agréables, ils sont prêts à modifier leurs habitudes alimentaires. Je ne parle pas de «dessiner des bonshommes souriants en ketchup» dans l'assiette de vos enfants. Je parle des plaisirs simples, ces moments où les membres de la famille rient, parlent ensemble et apprécient la compagnie des uns et des autres.

La meilleure façon, pour les parents, de réduire la pression que les enfants ressentent à l'égard des nouveaux aliments est de changer les objectifs. Cessez de tenter de faire *manger* de nouveaux aliments à vos enfants et commencez à leur inculquer plutôt l'habitude de *goûter* avec joie à de nouveaux aliments. N'importe quel aliment. Vous n'avez pas à vous en tenir à des aliments «vertueux» comme le brocoli, les épinards, le tofu et le poisson. La plupart des enfants aiment goûter à de nouvelles saveurs de crème glacée, de biscuits, de craquelins et de bonbons. Je sais que ces aliments ne semblent pas des sources légitimes de nouveaux goûts, mais ils le sont. En mélangeant tous les types d'aliments dans la nouvelle expérience gastronomique, vous encouragez un changement dans l'attitude de vos enfants à l'égard des *nouveaux* produits. Et c'est l'objectif que vous visez.

Passer de « manger » à « goûter » peut sembler ne pas être une nouvelle stratégie. La plupart des parents croient que c'est ce qu'ils font lorsqu'ils disent à leurs enfants : « Goûtes-y, et si tu n'aimes pas ça, tu n'es pas obligé de le manger. » Mais si vous vous mettez à la place de votre enfant, voici ce que vous entendrez : « Si tu *aimes* ça, tu *devras* le manger. » Il est donc plus facile de comprendre pourquoi certains enfants se rebiffent. Particulièrement si vous présentez à votre enfant de nouveaux aliments de la manière qu'adoptent bien des parents : en en déposant une grosse portion dans son assiette. Et si votre enfant ne veut pas le manger, ou même pense qu'il ne voudra *peut-être* pas le manger ? Le plus sûr est de ne même pas y goûter.

Le résultat est le même lorsque les parents disent aux enfants : « Prends-en seulement une bouchée et, si tu n'aimes pas ça, tu n'as qu'à dire : "Non, merci." » En réalité, bien des enfants goûteront à un nouvel aliment lorsqu'on les y incite de cette façon, mais ils le font en prévoyant ne pas aimer cela. Ainsi, la bouchée « non, merci » amorce le processus de refus (bien que ce soit un refus poli) parce que l'enfant sait que, s'il dit quoi que ce soit d'autre, ses parents s'attendront à ce qu'il mange ce qu'il vient de goûter.

D'après les recherches, les enfants ont besoin de goûter plusieurs fois à un nouvel aliment avant de l'accepter. Et ce nombre de fois est assez élevé : habituellement de 10 à 15 fois. Lorsque les parents confondent « goûter » et « manger », il est presque impossible d'atteindre un chiffre compris dans cet intervalle. La plupart des parents, même ceux qui savent que les enfants doivent goûter plusieurs fois à un aliment avant de l'aimer, abandonnent après quelques essais, et je comprends pourquoi. C'est simplement trop frustrant d'offrir à un enfant un aliment qu'il refusera. Je ne connais personne qui veuille consacrer temps et efforts à préparer un repas devant lequel son enfant fera la fine bouche. Ou qui devra jeter de la nourriture, soir après soir. Ou qui doit continuellement pousser son enfant à manger quelque chose qu'il affirme détester.

Faites jouer l'attrait de la nouveauté

Voici une idée : si vous voulez que votre enfant soit plus ouvert aux nouveaux aliments, faites-lui vivre de nouvelles expériences qui n'ont rien à voir avec l'alimentation. Emmenez-le sur un nouveau terrain de jeux ou faites-lui porter un nouveau blouson.
D'après les recherches :

- Les enfants qui craignent le plus de goûter à de nouveaux aliments sont aussi réticents à vivre de nouvelles expériences. Améliorez la façon dont votre enfant aborde la nouveauté en général et vous améliorerez la façon dont il aborde les nouveaux aliments.
- La crainte des nouveaux aliments n'est pas liée au fait que votre enfant aime réellement un aliment ; elle est liée au fait que votre enfant s'attend, ou non, à aimer un aliment. Ce sont les attentes qui font loi. C'est pourquoi le fait de favoriser un tas de nouvelles expériences chez votre enfant se traduit par une ouverture à de nouveaux aliments. Cela lui enseigne que la nouveauté peut être amusante, excitante et, oui, même savoureuse.

- La routine est importante pour les enfants. Ils sont heureux de savoir à quoi s'attendre. Mais cela ne veut pas dire que les choses doivent demeurer inchangées. La routine dont les enfants ont besoin a trait au déroulement de leur journée : l'heure des repas, le comportement attendu d'eux et les habitudes à l'heure du coucher. Les nouvelles expériences s'inscrivent très bien dans cette structure.

Incorporez beaucoup de nouveauté dans la vie de votre enfant, de façon que cela devienne une habitude, et l'introduction d'aliments nouveaux s'en trouvera de beaucoup facilitée.

Mais lorsque vous changez votre objectif de « manger » pour celui de « goûter », tous ces problèmes disparaissent. Croyez-vous que les enfants qui participent à des études de dégustations multiples se font demander de *manger* quoi que ce soit ? Pas du tout. Dans ces études, les chercheurs ne demandent aux enfants que de prendre une bouchée des aliments présentés. C'est ce que vous devez faire. Puis, félicitez votre enfant, parce que « goûter » signifie « réussir » et qu'il y a de quoi célébrer.

Cependant, bien des enfants refusent même de goûter à un nouvel aliment. Le secret est de rendre le processus le plus sûr et le moins intimidant possible. Commencez par aider votre enfant à prédire ce qu'un nouvel aliment pourrait goûter.

PRÉDICTIONS : SUPPRIMEZ L'EFFET DE SURPRISE DES NOUVEAUX ALIMENTS

Vous avez déjà déposé un nouvel aliment dans l'assiette de votre enfant, croisé vos doigts et espéré que tout se passe pour le mieux ? C'est ce qu'Anna-Marie a fait lorsque son mari, excellent cuisinier, s'est laissé emporter par sa créativité un jour qu'il préparait des raviolis. Au lieu de préparer ses raviolis habituels aux trois fromages, Andrew a concocté des raviolis raffinés, avec champignons et fromage de chèvre. Puis, au lieu de demander à Bryce, âgé de 3 ans, d'y goûter, ils en ont placé une pleine assiettée devant lui. « Chut, ne dis rien, a soufflé Andrew à Anna-Marie. Voyons ce qu'il fera. » Bryce a pris une grosse bouchée, qu'il s'est empressé de recracher.

Anna-Marie et Andrew en ont conclu que Bryce n'aimait pas ce plat et ne lui en ont donc jamais resservi. Lorsque j'ai entendu cette anecdote, j'ai soupçonné qu'il existait une autre explication au comportement de Bryce. « Et si c'était simplement parce que Bryce a été surpris ? ai-je dit à Anna-Marie. Et si Bryce avait pris une grosse bouchée en s'attendant à ce que ce soit la même recette que d'habitude et qu'au lieu de cela il s'est retrouvé la bouche pleine de quelque chose qu'il ne connaissait pas ? Est-ce que cela n'expliquerait pas la réaction de Bryce ? » Bien sûr que oui. Bryce n'était pas du tout préparé à avaler la grosse bouchée qu'il a prise, et personne n'aime *ce genre* de surprise.

Alors que je me préparais pour un atelier, il y a quelques années, j'ai déposé de la compote de pommes dans un bocal en verre. J'y ai ajouté du colorant alimentaire, et la compote a pris une belle teinte de vert « vomissure ». J'y ai incorporé quelques morceaux de fruits. Puis, j'ai recouvert le bocal.

Au début de l'atelier, je tenais le bocal recouvert. J'ai demandé si quelqu'un était prêt à goûter ce qui se trouvait à l'intérieur. Personne n'a accepté. Puis, j'ai retiré l'emballage de papier, afin que tout le monde puisse voir le contenu, d'aspect repoussant. Une seule femme s'est dite prête à l'essayer. Elle l'a fait et a dit que c'était très bon. Tout le monde a ri et, finalement, d'autres ont dit qu'ils voulaient y goûter.

Il y avait une leçon à tirer de cette démonstration, et une bonne : la possibilité de faire des prédictions est la clé de l'essai de nouveaux aliments. C'est logique. Personne ne veut essayer un nouvel aliment à l'aveugle, sans avoir la moindre idée de ce qu'il peut goûter.

Les adultes ont rarement à goûter à des aliments à l'aveugle parce qu'ils peuvent se fonder sur de nombreuses expériences passées. Nous sommes assez habiles à deviner si un nouvel aliment sera sucré, sûr ou épicé. Ou si la texture sera croustillante, lisse ou molle. Et lorsque nous ignorons totalement ce qu'un aliment goûtera, nous nous renseignons.

Mais il n'est pas aussi facile pour les enfants de faire des prédictions. Mettre quelque chose dans sa bouche lorsqu'on n'a *aucune idée* de ce que cela goûtera prend beaucoup de cran, ou de confiance aveugle, ou les deux. Particulièrement si l'on s'est fait avoir à quelques reprises, comme c'est le cas de Bryce.

Les recherches révèlent que les enfants se font une idée de ce qu'un aliment acceptable doit avoir l'air et sentir. Les aliments qui ne se rapprochent pas assez de cette idée sont refusés, ce qui explique pourquoi les enfants rejettent autant d'aliments avant d'en goûter un. C'est souvent parce que l'aliment est d'une couleur qu'ils n'aiment pas ou parce qu'il leur rappelle quelque chose qu'ils n'ont pas voulu manger par le passé. Une étude mentionne un enfant qui a décrit un chou-fleur comme ressemblant à un mouton. *Voudriez-vous* manger un mouton laineux ?

Si les enfants reconnaissent un aliment et l'acceptent par la vue et l'odorat, ils y goûteront. Si le goût est acceptable, ils accepteront d'autres aliments d'apparence et d'odeur similaires.

Si le goût ne leur paraît pas acceptable, ils rejetteront aussi les aliments qui s'y apparentent par leur aspect et leur odeur. Parfois, les enfants ne font même pas la différence entre des aliments qui se ressemblent. Par exemple, les enfants confondent souvent les concombres et les zucchinis, deux légumes oblongs, effilés et verts. Par conséquent, les enfants se fondent sur leur expérience d'un aliment (les concombres) pour se créer des attentes face à un autre (les zucchinis), pas parce qu'ils croient que ces aliments se ressemblent, mais parce qu'ils croient que c'est la même chose.

Que faire pour que votre enfant soit plus enclin à essayer de nouveaux aliments ? Une stratégie qui ne fonctionne *pas* consiste à lui dire que c'est bon pour lui. Cela semble illogique, je sais. Pourquoi un enfant ne voudrait-il pas grandir et devenir fort ? Mais la recherche indique que plus un enfant croit que quelque chose est bon pour la santé, moins il est susceptible de l'essayer. Qu'est-ce qu'il faut en retenir ? C'est que plus les parents agitent la menace de conséquences futures (« tu ne grandiras pas » ou « tu ne veux pas tomber malade, n'est-ce pas ? »), plus l'enfant sera réticent à manger ses légumes.

Pourquoi ? Peut-être parce que harceler les enfants à propos de leur santé ne dissipe pas leur crainte des aliments nouveaux. C'est logique. On se fout un peu qu'un aliment puisse faire grandir si l'on craint qu'il n'ait un goût infect. Les chercheurs se demandent aussi si les enfants ne choisissent pas les aliments pour leur valeur hédoniste (le plaisir que leur procure un aliment particulier), et alors faire appel à leur logique ne fonctionne pas.

Une autre stratégie qui n'est pas très efficace consiste à jouer le vendeur enthousiaste (« Hummm... ça a bon goût. Tu veux essayer ? »), parce que cela ne fournit pas suffisamment de renseignements à votre enfant. Imaginez que vous voyez « pâtes aux légumes rôtis et au Pant-Ysgawn » sur le menu d'un restaurant. Vous demandez au serveur ce qu'est le Pant-Ysgawn et, au lieu de vous expliquer qu'il s'agit d'un fromage de chèvre doux et crémeux, il répond : « Hummm, c'est bon ! » Vous satisferiez-vous de cette réponse ? Et à quel point serait-il probable que vous commandiez ce plat ?

Voyez combien peu d'information il a fallu à Carlos, un enfant capricieux âgé de 7 ans, pour qu'il ait le courage de goûter à un bagel. Un jour où Carlos et ses amis dégustaient des bretzels chauds et salés, Carlos entendit ses amis dire : « Ce bretzel goûte comme un bagel. » Carlos a enregistré cette information et, quelques mois plus tard, il a dit à sa mère qu'il voulait goûter à un bagel. Et après en avoir mangé, il a déclaré : « Ce bagel goûte vraiment comme un bretzel chaud. Miam ! »

FAITES DE VOTRE ENFANT UN CRITIQUE CULINAIRE

Une excellente façon d'aider votre enfant à goûter plus volontiers à des aliments est d'en faire un critique culinaire. Présentez-lui de petits échantillons de nourriture, puis invitez-le à vous dire ce qu'il en pense. J'adore cette stratégie parce qu'elle élimine la crainte et la pression habituelles, ainsi que les guerres de pouvoir qui surviennent en même temps que les nouveaux aliments. Cela enseigne aux enfants à faire des prédictions plus justes à l'égard de la nourriture, étend leur vocabulaire culinaire et les expose doucement, mais régulièrement, à de nouveaux aliments, jusqu'à ce qu'ils se soient familiarisés avec eux. Et les enfants adorent dire ce qu'ils pensent !

Les jeux associés à la nourriture favorisent l'acceptation des aliments

Les enfants en viennent à accepter des aliments en y goûtant à répétition, mais aussi par d'autres expériences sensorielles plus sûres : voir, toucher, sentir et même entendre. Si votre enfant hésite à goûter à de nouveaux aliments, laissez-le plutôt jouer avec sa nourriture. Songez au jeu de la patate chaude ou à « qu'est-ce qu'il y a dans la boîte ». Ou vous pourriez encourager votre enfant à « peindre » son assiette avec de la vinaigrette « ranch », en se servant d'une carotte comme pinceau. En laissant votre enfant s'accoutumer ainsi à un aliment, vous augmentez les possibilités qu'il finisse par vouloir y goûter. Ces jeux donnent de bons résultats particulièrement avec les enfants qui sont très sensibles à certains aliments. Vous trouverez plus d'idées à ce sujet dans le livre que j'ai recommandé au premier chapitre, intitulé *Just Take a Bite : Easy, Effective Answers to Food Aversions and Eating Challenges !*, de Lori Ernsperger et Tania Stegen-Hanson.

Lorsque j'explique aux parents qu'ils peuvent aider leurs enfants à s'ouvrir à de nouveaux aliments en leur permettant d'évaluer la nourriture, les sourcils se haussent. Les parents demandent si cette stratégie ne risque pas de renforcer la mauvaise attitude de leurs enfants à propos de la nourriture. S'ils croient que les asperges sont dégoûtantes, pourquoi les encourager à exprimer leur dégoût ? Je comprends ces préoccupations, mais soyez assuré que cette approche contribue vraiment à mettre fin au négativisme d'un enfant.

Et la recherche appuie mes dires. Dans une étude menée par l'Université de la Louisiane, un groupe d'élèves de quatrième et de cinquième année se sont vu remettre de petites coupes contenant des échantillons de poivrons verts, de tomates, de carottes et de petits pois. Puis, les chercheurs ont demandé aux enfants à quel point ils aimaient chacun des quatre légumes. Au cours d'une période donnée, les enfants ont goûté 10 fois à chacun des légumes. Vers la 9e ou la 10e dégustation, les enfants étaient beaucoup plus susceptibles d'aimer ce qu'ils dégustaient. Les résultats étaient plutôt en dents de scie, mais, dans l'ensemble, les enfants avaient tendance à aimer les légumes.

Dans une autre étude, des scientifiques anglais ont demandé à un groupe de parents de faire goûter à leurs enfants un légume qu'ils n'aimaient pas (mais qu'ils ne détestaient pas), pendant 14 jours consécutifs. Les enfants recevaient de très petits échantillons de légumes. À la fin des deux semaines, on a constaté une hausse bien nette de l'appréciation des légumes par les enfants. Les chercheurs ont même tiré des conclusions encore plus encourageantes : les enfants ont dit que l'expérience de goûter et de classer un aliment qui ne leur plaisait pas n'était pas une torture, comme on aurait pu s'y attendre, mais qu'elle était plutôt amusante. Cette expérience a également augmenté l'envie des enfants d'essayer de nouveaux aliments. La seule mauvaise nouvelle est que certains des parents ont trouvé la période d'essai trop longue ; 29 % d'entre eux ont quitté le groupe avant la fin de l'expérience. Ce qu'il faut en retenir, c'est qu'il est possible de modifier les goûts de votre enfant si *vous* êtes disposé à lui présenter de petits échantillons de nourriture plusieurs fois de suite.

À VOS MARQUES, PRÊTS, GOÛTEZ !

Il n'est pas difficile de transformer votre enfant en critique gastronomique. Vos efforts n'ont pas à être systématiques ou programmés. Mais, comme toujours, vous devez expliquer à votre enfant ce que vous faites et les raisons qui vous y incitent.

Parler à vos enfants est le point de départ de l'apprentissage. Bien avant de demander à votre enfant de goûter à quoi que ce soit, ayez une simple conversation avec lui, au cours de laquelle vous parlerez de l'importance de goûter à de nouveaux aliments. Ne craignez pas qu'une discussion ouverte fasse déraper la démarche. Au contraire, cela favorisera la participation de votre enfant. Après tout, chaque jour, des parents enseignent des choses que leurs enfants ne veulent pas apprendre (se brosser les dents en est un exemple qui nous vient rapidement à l'esprit) et qu'ils finissent par accepter. Donnez à votre enfant amplement d'occasions d'exprimer ses sentiments, ses craintes et ses préoccupations. Puis, réglez-les ensemble. Par exemple, disons que votre enfant craint que vous ne lui fassiez manger un aliment que vous lui avez fait goûter. Vous pouvez saisir cette occasion pour le rassurer: «Je sais que, par le passé, je t'ai demandé de manger de nouveaux aliments. Je suis désolé, et je ne le ferai plus. Je ne te ferai jamais manger quelque chose que tu ne veux pas manger. Allons à la cuisine et je vais te montrer comme les bouchées que je vais te demander de goûter sont petites.»

Le moment est bien choisi pour souligner à votre enfant que votre seul objectif, en ce moment, est de le rendre moins réticent à essayer de nouveaux aliments. Plus les habitudes alimentaires de votre enfant sont rigides ou restreintes, plus vous devez concentrer son attention sur le tableau d'ensemble. «Rappelle-toi, lorsque nous sommes allés en vacances à Disney World, l'an dernier, et que tu as eu de la difficulté à trouver quelque chose à manger parce que rien ne te semblait familier! Même les pépites de poulet semblaient différentes. Est-ce que ça n'aurait pas été bien si tu avais été à l'aise de goûter à de nouveaux aliments et d'essayer ces pépites de poulet?»

Une fois que vous avez préparé le terrain par une conversation, le reste suivra facilement. Vous n'avez qu'à rechercher les occasions de faire goûter de nouveaux aliments à votre enfant. Certains parents aiment que leurs enfants goûtent à quelque chose de nouveau juste avant le souper, quand les enfants ont faim et qu'ils sont déjà en train de cuisiner. D'autres préfèrent des moments qui ont toujours été exempts de stress et de pression. Le matin, si ce n'est pas un moment où tout le monde est pressé dans votre foyer, peut être un excellent moment pour évaluer de nouveaux aliments. Ou bien, vous pouvez saisir les occasions à mesure qu'elles se présentent, comme lorsque vous êtes en train de manger un aliment auquel vos enfants n'ont jamais goûté. Quel que soit le moment où vous décidez d'offrir des dégustations, essayez de le faire fréquemment. Il ne suffit pas que le nouvel aliment devienne plus familier. Il faut que l'*expérience* de goûter à de nouveaux aliments devienne, elle aussi, familière.

Lorsque vous commencez à choisir des aliments auxquels votre enfant goûtera, rappelez-vous que vous n'avez pas à vous limiter aux légumes et autres aliments santé. Mettez plutôt toutes les chances de votre côté. Vous pourriez commencer par lui faire goûter un nouveau biscuit. Cela préparera votre enfant à l'expérience de la dégustation. Puis, si votre enfant mange toujours du cheddar doux, essayez de lui faire goûter un autre fromage doux ou orange. À mesure que vous progressez, songez à alterner les dégustations « faciles » et « difficiles ». Si votre fils aime le yogourt aux fraises, faites-lui essayer un yogourt aux fraises et à la vanille ou aux framboises, un jour. Le lendemain, passez à une saveur et à une texture plus exotiques, comme des poivrons rouges. La même approche peut être adoptée auprès d'enfants sensibles à certains stimuli sensoriels : une fois que votre enfant se sent à l'aise de goûter à de nouveaux aliments, commencez à lui proposer des saveurs moins familières. Mais n'allez pas trop vite. Assurez-vous de progresser à un rythme qui *convienne* à votre enfant.

Comme l'objectif est de rendre l'expérience sûre pour votre enfant méfiant, vous devrez voir « petit » en matière de dégustation. Un petit morceau de fromage, une graine de tournesol ou un petit pois me semblent des portions appropriées. (Dans l'étude menée à La Nouvelle-Orléans, l'échantillon était de 1/32 d'une tomate de grosseur moyenne !) Ne vous étonnez pas si votre enfant ne peut pas vraiment goûter à un échantillon aussi petit. Les petites bouchées rendent l'expérience encore moins intimidante. La prochaine fois, votre enfant réclamera probablement une plus grosse bouchée.

Demandez à votre enfant de faire rouler l'aliment dans sa bouche. Dites à votre fille qu'elle a la permission de cracher sa bouchée si elle le veut. C'est essentiel. Goûter à un aliment inconnu est un exercice risqué si l'avaler est la seule option, surtout si vous n'êtes pas aventureux en matière alimentaire ou si vous avez goûté à quelque chose, mardi dernier, qui était absolument infect. De savoir qu'ils peuvent cracher, au lieu d'avaler, donne aux enfants le courage d'essayer. (Et puis, ça les prépare à devenir d'excellents dégustateurs de vins, plus tard !) Ayez quelques serviettes de table sous la main pour essuyer les dégâts ! Versez un peu d'eau dans un verre et expliquez que, lorsque les adultes mangent un aliment qu'ils n'aiment pas, ils boivent quelque chose pour se débarrasser du goût. Les enfants ne sont pas instinctivement portés à faire cela.

Si votre fille a craché l'échantillon auquel elle avait goûté, n'en concluez pas qu'elle déteste ce à quoi elle a goûté. Dans l'étude menée à La Nouvelle-Orléans, 23 % des enfants ont craché les carottes, mais 31 % de ceux qui les ont crachées ont dit qu'ils avaient *aimé* ce légume. J'imagine qu'ils ne voulaient tout simplement pas l'avaler.

OFFREZ UNE SOLUTION DE RECHANGE À « JE N'AIME PAS ÇA ! »

Alors que vous commencez à présenter de nouveaux aliments à votre enfant, il est utile de savoir que les jeunes enfants n'ont pas ce que les chercheurs appellent des *préférences stables en matière de goûts*. En ce qui concerne les différents aliments, les préférences des enfants sont très changeantes. Alors, ne prenez pas leurs observations trop au sérieux. Par exemple, au cours d'une enquête récente menée en Angleterre, on a demandé à des enfants de goûter et d'évaluer les cinq mêmes saveurs de crème glacée, deux jours d'affilée. Les chercheurs ont constaté que les enfants de 3 et 4 ans n'attribuent habituellement pas les mêmes notes aux diverses saveurs deux jours de suite. Mais les enfants de 5 ans et plus montraient plus de constance dans leurs préférences. En d'autres mots, si vos enfants ont moins de 5 ans, ne les croyez pas s'ils disent adorer ou détester un aliment.

Les enfants plus âgés peuvent, eux aussi, changer d'opinion sur ce qu'ils aiment et ce qu'ils détestent à la vitesse de l'éclair, parfois même au milieu d'une bouchée. Certains enfants aimeront la dinde le dimanche, diront ne pas l'aimer le lundi et l'aimeront de nouveau le jeudi. Ce genre de comportement erratique à propos de la nourriture peut inciter les parents à baisser les bras. Essayez de voir l'attitude capricieuse de votre enfant comme une bénédiction déguisée : cela vous aide à comprendre que « je n'aime pas ça » n'a pas la même signification pour les enfants que pour les adultes. Il est probable que si *vous* dites : « Je n'aime pas cet aliment », vous voulez dire que vous l'avez essayé, peut-être plusieurs fois, et que vous trouvez sa texture ou sa saveur désagréables. La plupart des adultes, même ceux qui ont le palais fin, détestent un ou deux aliments. Ainsi, le chef cuisinier Bobby Flay détesterait les lentilles. Ina Garten, la vedette de l'émission américaine

Barefoot Contessa, n'aime pas la coriandre. Et vous ne me verrez pas mordre dans un morceau de bleu ! Il s'agit là de préférences acquises au fil d'années de dégustations et d'essais éclairés.

Résistez à l'envie de demander à votre enfant s'il a aimé l'aliment auquel il vient de goûter. La question « Aimes-tu ça ? » incite les enfants à faire une évaluation définitive d'un aliment. Une fois qu'un aliment est étiqueté comme « je n'aime pas ça », il est difficile de convaincre votre enfant d'y goûter de nouveau. Et votre objectif est de parvenir à des dégustations multiples.

Demandez plutôt à votre enfant de décrire ce qu'il voit, ce qu'il goûte et l'expérience qu'il en tire. Cette étape comporte plusieurs avantages. D'abord, cela force votre enfant à s'arrêter pour réfléchir à cet aliment. Avec le temps, le réflexe de dire : « Je n'aime pas ça » disparaîtra.

Autre avantage : à mesure que votre enfant apprend à réfléchir aux aliments de manière plus précise, il lui devient plus facile de prédire le goût de différents aliments. Il deviendra plus habile à distinguer les aliments (et moins enclin à refuser les zucchinis juste parce qu'ils ressemblent aux dégoûtants concombres) et moins craintif lorsqu'un nouvel aliment se trouve dans son assiette. Et plus il pourra parler d'aliments avec précision, moins il aura tendance à dire : « Je n'aime pas ça » chaque fois qu'un nouvel aliment l'intimide.

Pour susciter des réactions particulières, essayez de poser une ou deux des questions suivantes à votre enfant. Alternez les questions de temps à autre, de façon à aborder les cinq sens.

Questions à propos du goût

- Cet aliment est-il salé, sucré ou épicé ?
- Est-ce acide comme un citron ?

- Est-ce que cela goûte comme un autre aliment auquel tu as déjà goûté ?
- Cet aliment a-t-il une saveur forte ou douce ?

Questions à propos de la texture

- Cet aliment est-il croustillant ?
- Est-il facile ou difficile à mâcher ?
- Cet aliment est-il lisse ou grumeleux ?
- Se brise-t-il en un million de petits morceaux dans ta bouche ?
- Ta bouche est-elle sèche pendant que tu mâches ?

Questions à propos de l'aspect

- De quelle couleur est cet aliment ?
- Cet aliment est-il pâle ou foncé ?
- Cet aliment est-il joli ou a-t-il l'air étrange ?
- L'apparence de cet aliment te rappelle-t-elle quelque chose ? Qu'est-ce que c'est ?

Questions à propos de la température

- Cet aliment est-il très chaud ou assez chaud ?
- Cet aliment semble-t-il de la même température que ta bouche ?
- Est-il frais ou très froid ?

Questions à propos de l'arôme

- Cet aliment dégage-t-il une odeur, faible ou forte ?
- Son odeur te donne-t-elle envie d'en manger ?
- Son odeur te fait-elle penser à d'autres aliments (comme une odeur de boulangerie qui te fait penser au pain et aux biscuits) ?

Deux cents (ou à peu près) bons mots

L'une des lectrices de mon blogue, Tricia, voulait que sa fille ait autre chose à dire que : « ouache » ou « je n'aime pas ça ». Tricia a donc dressé une liste de termes pour aider sa fille à décrire les aliments auxquels elle goûtait. Et, aujourd'hui, sa fille est non seulement une excellente dégustatrice, mais elle a aussi un vocabulaire étendu !

- Température : à la température ambiante, brûlant, chaud, frais, froid, glacé, rafraîchissant, tiède.
- Goût : acide, amer, âpre, assaisonné, carbonisé, d'agrumes, d'ail, d'aneth, de beurre, de brûlé, de chocolat, de citron, de craie, de friture, de fromage, de gibier, de gingembre, de lait, de malt, de menthe, de miel, de noix, de poisson, de poivre, de rance, de rôti, de saccharine, de sel, de terre, de viande, de vinaigre, d'huile, d'œufs, d'oignon, doux, doux-amer, épicé, fade, fort, frais, fruité, herbacé, pâteux, piquant, prononcé, rafraîchissant, riche, robuste, sans goût, satisfaisant, saumâtre, sucré, sucré-salé, sur.
- Texture : al dente, alléchant, amidonné, caoutchouteux, charnu, collant, consistant, coriace, craquant, crémeux, croquant, croustillant, dégoulinant, difficile à mâcher, doux, dur, en purée, épais, épicé, filandreux, fin (petits morceaux), floconneux, fondant, friable, frit, gélatineux, glacé, gluant, granuleux, gras, grumeleux, haché, humide, juteux, léger, liquide, lourd, maigre, mou, pâteux, pétillant, plat, poudreux, rassis, riche, satisfaisant, savoureux, séché, sirupeux, spongieux, tendre, trempé, trop mûr, visqueux.
- Odeur : âcre, aromatique, entêtante, envahissante, forte, inodore, parfumée, qui a du corps, rance.

Il se peut que vous receviez des réponses délirantes à vos questions. (« Ça goûte l'enfer ! Ça sent comme le génie dans les couches de ma sœur ! ») N'essayez pas de mettre fin à ce genre de réponses. Vous devriez même encourager les fous rires. Cela rend amusante l'expérience de dégustation de nouveaux aliments.

LES FICHES D'ÉVALUATION

Pour rendre le processus d'évaluation plus amusant, vous pouvez aider votre enfant à créer des fiches d'évaluation. J'en fournis un exemple à la page suivante, avec les binettes.

Après avoir posé une ou deux questions, demandez à votre enfant d'évaluer l'aliment en entourant d'un cercle la binette appropriée. Assurez-vous de rester neutre face aux réponses de votre enfant. Vous pourriez avoir envie de dire : « Allons ! Tu adores le yogourt aux fraises ! Comment peux-tu dire que ce nouveau yogourt est vraiment dégoûtant alors qu'il s'agit du bon vieux yogourt aux fraises auquel on a ajouté un *tourbillon de délicieuse vanille* ? » Si vous voulez dire quelque chose, faites-lui part de votre expérience de dégustation de cet aliment. Ne parlez pas du fait que vous l'avez aimé ou non. Décrivez plutôt l'expérience sensorielle, de votre point de vue.

Une cliente a encouragé son enfant à considérer la démarche comme une expérience scientifique. Elle a créé un journal comportant une page pour chaque nouvel aliment et 14 lignes par page (chiffre qui correspond au nombre de fois que la plupart des enfants doivent goûter à un aliment pour s'y accoutumer). Ma cliente a encouragé son enfant à remplir les pages lui-même. Les pages du journal ressemblaient à celle qui est illustrée plus loin (voir page 187).

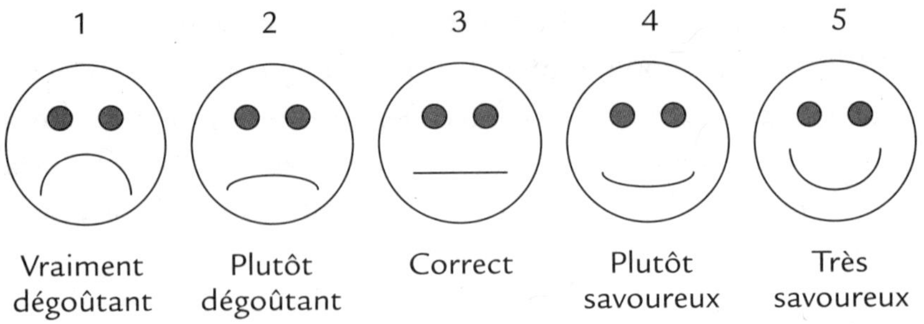

Si vous tentez l'expérience du journal, ne vous attardez pas à vous assurer que toutes les lignes sont remplies. Dites plutôt à votre enfant qu'il doit goûter, encore et encore, aux aliments. C'est comme la relecture d'un livre. Chaque fois que vous vous y replongez, vous vivez une nouvelle expérience.

Et si votre enfant ne veut pas tenir de journal ? Ce n'est pas grave. Vous n'avez pas à faire le suivi si vous ne le voulez pas. La démarche de dégustation-évaluation ne vise pas à faire goûter un aliment particulier à votre enfant jusqu'à ce qu'il en vienne à l'aimer. Pour le moment, il s'agit simplement de rendre votre enfant à l'aise dans la dégustation de nouveaux aliments.

POUR LES DÉGUSTATEURS RÉTICENTS

Et si votre enfant s'entête à ne pas vouloir goûter à des aliments et les évaluer ? Ne le prenez pas trop au sérieux, du moins pas dans un premier temps. Il ne faut pas toujours croire les enfants lorsqu'ils disent qu'ils vont essayer ou non quelque chose.

Que croyez-vous qu'il arriverait si vous présentiez un assortiment de fruits et de légumes à un groupe d'enfants de 5 à 14 ans et leur demandiez lesquels ils seraient prêts à goûter et que, deux jours plus tard, vous leur serviez les mêmes produits, même ceux qu'ils avaient trouvés repoussants ? Si vous

Aliment:	Brocoli	Aliment:	Asperge
Évaluation :	Vraiment dégoûtant	Évaluation :	
Évaluation :	Vraiment dégoûtant	Évaluation :	
Évaluation :	Correct	Évaluation :	
Évaluation :	Vraiment dégoûtant	Évaluation :	
Évaluation :	Vraiment dégoûtant	Évaluation :	
Évaluation :	Correct	Évaluation :	
Évaluation :	Correct	Évaluation :	
Évaluation :	Plutôt savoureux	Évaluation :	
Évaluation :	Plutôt dégoûtant	Évaluation :	
Évaluation :	Plutôt savoureux	Évaluation :	
Évaluation :	Correct	Évaluation :	
Évaluation :	Très savoureux	Évaluation :	
Évaluation :	Très savoureux	Évaluation :	
Évaluation :	Vraiment dégoûtant	Évaluation :	

fondez vos prédictions sur le comportement adulte normal, vous vous attendrez à ce que les enfants goûtent aux aliments qu'ils s'étaient dits prêts à essayer et à ce qu'ils évitent les autres. Étonnamment, vous seriez dans l'erreur.

Dans le cadre d'une étude récente menée au Mississippi et en Arkansas, cette expérience a été tentée, et les chercheurs ont obtenu d'intéressants résultats. Non seulement les enfants étaient disposés à goûter aux fruits et aux légumes qu'ils avaient dit qu'ils essaieraient, mais ils étaient également disposés à essayer ceux qu'ils avaient dit qu'ils n'essaieraient pas.

Mais s'il semble que votre enfant ne soit vraiment pas prêt à goûter à de nouveaux aliments, c'est très bien ainsi. L'approche pédagogique nécessite un équilibre entre le respect des décisions de votre enfant et votre désir d'aller de l'avant. L'une des façons d'atteindre cet équilibre est de créer un système de récompenses.

Vous avez peut-être déjà entendu dire qu'il ne faut jamais récompenser un enfant parce qu'il a mangé, mais parfois cette approche fonctionne. En voici un exemple : un groupe d'enfants de 2 à 4 ans s'est vu offrir un plateau de fruits et de légumes à la collation et au dîner. Les enfants étaient invités (et non forcés) à manger un fruit ou un légume et, à la collation, les enfants qui l'avaient fait ont été récompensés par une étoile. La consommation de fruits et de légumes a augmenté. Mais voyez ce qui s'est produit d'autre : les chercheurs ont constaté que les enfants ont commencé à manger plus de fruits et de légumes au dîner, même lorsqu'ils n'étaient pas récompensés. Six mois après la fin de l'étude, les enfants ne recevaient plus du tout de récompenses, mais la consommation de fruits et de légumes était toujours en hausse. Les chercheurs ont conclu que les enfants en sont venus à trouver la saveur des aliments gratifiante en elle-même et que, par conséquent, les récompenses n'étaient plus nécessaires.

Si vous voulez essayer la méthode des récompenses, songez à un tableau étoilé. Chaque fois que votre enfant goûte à un nouvel aliment, il reçoit une étoile. (Si votre enfant débute très lentement, accordez-lui une étoile chaque fois qu'il sent ou qu'il touche un nouvel aliment.) Une fois qu'il a obtenu un nombre d'étoiles convenu d'avance, il a droit à une récompense amusante : un petit jouet, une histoire de plus à l'heure du coucher ou une promenade au parc. (Peu importe, mais la récompense ne doit pas être de la nourriture.) Faites en sorte que les récompenses soient facilement accessibles, ce qui motivera votre enfant. Dans le cas des enfants d'âge préscolaire, commencez par accorder des récompenses après l'obtention d'une ou deux étoiles. Avec le temps, vous pouvez donner des récompenses plus importantes, et un peu plus « coûteuses ».

Mais parfois, même un tableau étoilé ne fonctionne pas. Certains enfants sont tout simplement plus réticents que d'autres à essayer de nouveaux aliments, et pas parce qu'ils veulent embêter leurs parents. Certains enfants sont très sensibles aux variations de goût, de texture ou d'odeur. (Cela rend la situation problématique en ce qui a trait aux fruits et aux légumes, qui changent à mesure qu'ils mûrissent.) D'autres enfants sont timides, émotifs ou effrayés par le changement. L'un ou l'autre de ces facteurs peut rendre votre enfant anxieux à l'idée d'essayer de nouveaux aliments. Plus un enfant est anxieux, plus il tentera d'éviter cette anxiété. C'est particulièrement vrai si manger, ou simplement l'idée de manger, engendre assez d'anxiété pour que votre enfant vomisse ou ait des nausées.

Si votre enfant est très sensible et réticent, vous pouvez tout de même lui apprendre à découvrir de nouveaux aliments, mais vous devrez y aller lentement. Dites à votre enfant qu'il peut commencer par toucher ou sentir les nouveaux aliments. Suivez la même procédure de base : toucher et décrire ou sentir et évaluer. Lorsqu'il sera à l'aise dans ce processus (et si votre enfant est très sensible, il vous faudra peut-être du temps pour en arriver là), vous pourrez passer à la dégustation.

Si l'anxiété pose problème, enseignez à votre enfant à se détendre pendant les dégustations, en faisant appel à la visualisation. Dites à votre enfant qu'il peut utiliser ce qui lui passe par la tête pour faciliter la dégustation. Les experts expliquent qu'il s'agit d'une forme de « pensée magique » dans laquelle les gens se servent de leur esprit pour contrôler leurs inquiétudes ou d'autres symptômes, comme les haut-le-cœur. Dans le cadre d'une étude publiée dans *Clinical Child Psychology and Psychiatry*, les chercheurs ont recommandé aux parents d'aider leur enfant à se construire une histoire imagée pour réduire ou maîtriser les symptômes d'anxiété. Par exemple, supposons que l'animal préféré de votre enfant soit le cheval. Dans l'histoire, il pourrait partir à l'aventure en galopant à travers champs sur son cheval. Soudain, ils pourraient arriver devant un ruisseau. Votre fils et le cheval pourraient boire l'eau magique, ce qui l'empêcherait d'avoir des nausées lorsqu'il goûte à de nouveaux aliments. Bien sûr, vous pouvez remplacer le cheval par le héros préféré de votre enfant ou par toute autre chose à laquelle il aime penser. Il s'agit d'inciter votre enfant à recourir à la pensée magique avant chaque dégustation afin de se détendre.

LA DÉGUSTATION : LA BASE DE L'HABITUDE DE LA VARIÉTÉ

Cette démarche de dégustation-évaluation diffère probablement de tout ce que vous avez déjà essayé et elle peut sembler exiger beaucoup d'efforts. Mais plus vous exposez votre enfant aux propriétés sensorielles des aliments, plus il sera à l'aise lorsqu'il goûtera à de nouveaux aliments.

Cette stratégie est efficace. Elle peut même fonctionner dans les cas difficiles, comme celui de la petite Adelene, âgée de 3 ans, et de sa mère, Patricia. Ce qui faisait le plus plaisir à Adelene, c'était du pain doré pour déjeuner et des boulettes de viande pour souper ; souvent, elle pleurait ou quittait la pièce en courant lorsqu'on lui servait de nouveaux aliments, même lorsqu'il s'agissait de bananes ou d'autres aliments que les enfants aiment habituellement. Afin d'aider Adelene à s'ouvrir à de nouveaux aliments, Patricia lui a offert de l'emmener au restaurant, mais en lui disant qu'elle devrait goûter un peu à de nouveaux aliments. Adelene a accepté et elles sont parties manger.

Au restaurant, Adelene a commandé des boulettes de viande, mais elles sont arrivées nappées d'une sauce marinara.

« Je n'aime pas ça ! Je n'aime pas ça ! » s'est écriée Adelene. Sa mère, trop embarrassée pour rappeler à sa fille de trouver d'autres termes, s'est précipitée pour enlever toute trace de sauce de son assiette. Une fois que toute trace de sauce a disparu, elle a offert une boulette de viande à Adelene, qui a secoué la tête. Cela n'avait ni l'aspect ni l'odeur des boulettes qu'elle mangeait à la maison. Patricia lui a alors rappelé ce dont elles avaient convenu. Elle a offert à Adelene une toute petite bouchée, et elle l'a acceptée. Si votre enfant est un mangeur capricieux, vous savez à quel point Patricia était contente, à ce moment-là.

Cependant, cette petite bouchée a été recrachée immédiatement. Les épaules de Patricia se sont affaissées. Elle a conclu que l'exercice avait échoué.

Pour ma part, je me suis lancée dans une petite danse de la victoire lorsque Patricia m'a conté cette anecdote. Elle avait demandé à Adelene de goûter à un nouvel aliment (et pas de le manger). Elle lui avait offert le plus petit morceau qu'elle pouvait afin que l'exercice ne soit pas trop exigeant. Elle avait permis à Adelene de cracher la bouchée à laquelle elle goûtait. J'ai donc assuré à Patricia qu'il ne faudrait pas longtemps pour que sa fille manifeste de l'intérêt à l'égard de nouveaux aliments.

Cela s'est fait par étapes. Patricia a continué à offrir à sa fille de très petites bouchées de toutes sortes d'aliments (pas seulement des aliments santé, mais aussi des friandises comme des craquelins et des biscuits). Elle posait à Adelene une ou deux questions sur l'aliment, résistant à l'envie de lui demander: «*Aimes*-tu ça?» Lentement, Adelene a pris de l'assurance au jeu de la dégustation. Elle était plus calme lorsque de nouveaux aliments lui étaient servis parce qu'elle savait qu'elle n'était pas obligée de manger quoi que ce soit. Adelene n'a pas tardé à regarder les repas de sa mère avec intérêt. Elle a demandé à goûter aux sandwichs de Patricia, à ses salades et, une fois, elle a même goûté à une bouchée de poisson. Et, un jour, environ un mois après la première dégustation de boulettes de viande au restaurant, Adelene a demandé à goûter à une banane... puis elle a mangé la banane tout entière. Elle est toujours circonspecte lorsqu'elle mange, mais son menu s'est tout de même allongé de beaucoup.

Je sais qu'il est difficile de croire que vos enfants finiront par aimer de nouveaux aliments, mais cela arrivera. Plus ils s'habituent à un nouvel aliment, plus ils l'aiment. Encore mieux, les enfants adorent jouer aux critiques gastronomiques. À mesure que leurs craintes tombent à propos des nouveaux aliments, ils goûtent à *de plus en plus* d'aliments. Tout est question d'habitude. Et une fois que vos enfants ont pris l'habitude de goûter à de nouveaux aliments, vous pouvez commencer à leur montrer à les manger. Je vais vous expliquer comment.

CHAPITRE 7
Des pâtes et des pépites aux légumes et au poisson
Introduire la variété dans les habitudes quotidiennes

Croyez-le ou non, vous avez déjà fait presque tout ce qu'il faut pour que vos enfants soient prêts à consommer une plus grande variété d'aliments. Grâce au grand ménage, vous avez mis en place la structure appropriée ; vous ne livrez pas de luttes de pouvoir. Vos enfants arrivent à table disposés à manger. Ils ont l'habitude de manger différents aliments, différents jours. Vous avez exercé leurs papilles gustatives à manger des aliments santé et à fuir la malbouffe. Et vous avez enseigné à vos enfants à être à l'aise dans la *dégustation* de nouveaux aliments. Tout ce que vous avez à faire, maintenant, est de servir un plus large éventail d'aliments aux repas et aux collations.

Oui, c'est aussi simple que ça. Vous croyez peut-être que je plaisante, mais ce n'est pas le cas. Vous pouvez faire certaines choses pour aider votre enfant à passer de la dégustation à la consommation de nouveaux aliments, et je vais vous fournir plusieurs stratégies à cette fin dans ce chapitre, mais, essentiellement, vous avez déjà accompli le plus difficile. Il vous reste maintenant à commencer à servir ces aliments. Tous les aliments que vous voulez. Vous vous rappelez la façon dont vous preniez vos repas, avant la naissance des enfants ? Et le bonheur que les repas familiaux devaient apporter ? Eh bien, ce moment est arrivé. Vous pouvez commencer à manger normalement et cesser d'être un cuisinier de casse-croûte. Vous n'avez même pas à faire le suivi des nouveaux aliments qui apparaissent au menu. Il ne s'agit pas d'inscrire « faire manger de nouveaux aliments aux enfants » à l'agenda de la famille. Il s'agit plutôt d'étendre la règle de la rotation en ne la limitant plus aux éléments familiers, afin que la consommation d'un large éventail d'aliments devienne une habitude chez vos enfants.

Tout en enseignant le principe de la variété, gardez les proportions présentes à l'esprit. Il ne faudrait pas que vos efforts pour étendre la variété viennent anéantir le travail que vous avez accompli pour inculquer l'habitude des proportions. (Quel gaspillage ce serait !) Et puis, c'est en appliquant la variété aux proportions que vous obtiendrez une alimentation appropriée. Voyez cela ainsi : vous avez déjà enseigné le principe des proportions en classant les aliments par groupes (aliments de croissance, aliments amusants, aliments gâteries), selon la fréquence à laquelle ils devraient être consommés. Et maintenant, si vous apprenez à vos enfants à évoluer parmi un éventail assez large d'aliments à l'intérieur de chaque groupe, vous saurez qu'ils obtiennent toute la gamme de nutriments dont ils ont besoin. Des haricots verts hier, du brocoli aujourd'hui, du chou-fleur demain. Du poulet hier, du poisson aujourd'hui et des hamburgers demain. Vous saisissez ? Tous ces aliments ont quelque chose de différent à offrir.

La variété est excellente en ce qui concerne les aliments de croissance, mais elle est aussi importante au bas de l'échelle nutritionnelle. La rotation dans les catégories des aliments amusants et des aliments gâteries constitue une façon simple d'atténuer les effets d'un « mauvais » aliment sur l'alimentation de vos enfants et sur leurs papilles gustatives. Par exemple, vos enfants s'habitueront moins au sucre si vous alternez des frites une journée, du maïs soufflé le lendemain, et des bonbons le surlendemain.

Les principes de la variété et des proportions sont complémentaires. Lorsque vous utilisez les proportions comme base pour encourager la variété, toute variété que vous établirez créera les bonnes proportions. C'est une stratégie qui produit, et qui reproduit, les bonnes habitudes. C'est pourquoi ce système est si formidable !

On n'est jamais trop jeune pour apprendre la variété

Saviez-vous que vous n'avez pas à utiliser l'approche prudente selon laquelle il faut « présenter un nouvel aliment à la fois et attendre deux ou trois jours avant d'en présenter un autre » que recommandent les pédiatres américains ? Les parents français servent à leurs bébés en sevrage un large éventail d'aliments, dès le départ. Une étude portant sur des mères françaises a révélé que celles-ci ont changé 27 fois le genre de légume qu'elles ont offert à leurs bébés (dont certains n'étaient âgés que de 3 mois) au cours d'une période de 28 jours.

Pourquoi ? Parce que les parents français ne sont pas principalement centrés sur le dépistage d'allergies alimentaires comme nous le sommes. Ils mettent plutôt l'accent sur le développement du goût. Comme les parents français ont un objectif différent, ils optent pour une stratégie de sevrage différente. La méthode française présente aux bébés une alimentation variée et leur enseigne à être à l'aise dans la dégustation de nouveaux aliments. En comparaison, notre pratique de sevrage progressif permet habituellement aux parents américains de cerner les aliments auxquels leurs enfants sont allergiques, mais nous enseignons aussi à nos petits à avoir un régime alimentaire monotone et à se méfier des nouveaux aliments. Cela ne ressemble-t-il pas à ce qui arrive à la plupart des bambins américains ? Et la méthode américaine ne réussit pas mieux que l'approche française dans la réduction des allergies : dans les deux pays, le taux d'allergies alimentaires chez les enfants de moins de 5 ans est d'environ 5 %.

Alors, ne craignez pas d'offrir de nouveaux aliments à vos enfants dès que vous commencez à les sevrer ; cela ne peut qu'être bon pour eux.

LES RÈGLES DE BASE

Ajouter de nouveaux aliments au menu peut sembler risqué. Et si vos enfants refusent de manger ce que vous leur servez ? Il peut aussi leur sembler inquiétant de voir de nouveaux aliments sur la table. C'est pourquoi vous ne devez pas les prendre au dépourvu avec ces changements. Aidez plutôt vos enfants à se préparer à ce qui s'en vient – et maximisez vos chances de réussite – en établissant quelques règles de base et en laissant à vos enfants la possibilité de choisir de ne pas manger quelque chose de nouveau.

Comme d'habitude, parlez d'abord à vos enfants. Faites-leur part de votre fierté de les avoir vus devenir de grands dégustateurs et dites-leur qu'ils vont commencer à voir de nouveaux aliments dans leurs collations et leurs repas. Puis, rassurez-les en précisant que vous ne les forcerez pas à manger quelque chose qu'ils ne veulent pas. Vous rappelez-vous la promesse que vous avez faite lorsque vous avez enseigné à vos enfants à devenir de grands dégustateurs ? Eh bien, vos enfants s'en souviennent aussi. Il est important de réitérer cette promesse maintenant. Il ne faudrait pas que vos enfants vous croient indigne de confiance. Et puis, si vos enfants craignent que vous ne les forciez à manger de nouveaux aliments, ils pourraient battre en retraite et reprendre leur attitude du refus de déguster, afin de retrouver un peu de sécurité. Faites savoir à vos enfants que vous espérez qu'ils décideront (du moins, parfois) de manger ce que vous leur servez, mais que c'est à leur entière discrétion.

Puis, renforcez votre structure d'alimentation. Plus particulièrement, rappelez à votre enfant les zones d'alimentation. « Il n'y a pas de problème si tu décides de ne pas manger ce qui est servi, mais il n'y aura plus de nourriture, après cela, jusqu'à la prochaine collation (ou jusqu'au prochain repas). » Ajoutez-y alors un brin de chaleur et de compassion : « Je sais que cela peut être difficile lorsque les collations et les repas changent. Je vais donc faire quelque chose pour que ce soit plus facile pour toi. »

Parlez-lui alors des manières structurées dont il peut refuser ce que vous lui servez. Je vais les décrire dans un moment. Mais je veux d'abord être claire quant à ces structures. L'une des raisons pour lesquelles de nombreux enfants repoussent les nouveaux aliments, c'est qu'ils n'ont jamais assez de temps pour bien les considérer, pour s'apprivoiser à l'idée d'un aliment qui a une apparence, une odeur ou une texture différentes. Leur énergie est plutôt entraînée dans le mouvement alternatif qu'engendrent les tentatives de leurs parents pour les convaincre de manger et leurs propres efforts pour y résister. Cette lutte les distrait et ils ne songent même plus à manger ce que vous avez servi. Mais lorsque vous fournissez une solide structure et des choix, la distraction disparaît. Vous accordez à vos enfants le temps dont ils ont besoin pour résoudre leurs problèmes et pour trouver le courage de manger ce que vous leur offrez. C'est ainsi que vous aidez vos enfants à grandir.

Le filet de sécurité : servez toujours au moins un aliment familier

La première porte de sortie que vous pouvez fournir à vos enfants est d'inscrire au menu un aliment qu'ils mangeront. Bien sûr, vous ne pouvez jamais savoir avec certitude ce que vos enfants mangeront, particulièrement s'il s'agit d'enfants impulsifs. Allez-y simplement avec quelque chose que vos enfants acceptent *habituellement* de manger. Ce peut être du riz, du brocoli ou du poulet. Ou encore, des pâtes, des œufs ou des gaufres. Peu importe l'aliment que vous choisissez, ce qui compte, c'est que l'aliment désigné comme filet de sécurité soit servi à toute la famille au repas. Pas de plats spéciaux. Non seulement les plats spéciaux vous donnent plus de travail (comme si vous aviez besoin de ça…), mais ils créent aussi de fausses attentes (« Je ne m'attendais pas à ce que tu aimes ce que j'ai préparé, alors j'ai déjà cuisiné autre chose pour toi… »). Par ailleurs, inclure dans le repas un aliment que vos enfants mangeront est tout à fait sympa. Bravo pour le chef !

Voici comment le filet de sécurité pourrait fonctionner chez vous. Disons que vous prévoyez servir du poisson au souper. Comme vous ignorez si votre enfant en mangera, vous préparez du riz et du brocoli, deux aliments qu'il mange habituellement. La famille s'installe à table, et il apparaît que vous aviez raison : votre enfant refuse de manger du poisson. Vous haussez les épaules en disant : « Du riz et du brocoli, alors ? »

Il existe des tas de façons d'incorporer les aliments « filets de sécurité » au repas. Vous pouvez servir des aliments familiers et appréciés, mais les accompagner de nouvelles sauces. Si vos enfants aiment les légumes crus, déposez un plat de crudités sur la table, dans lequel tous pourront se servir. S'ils aiment les petits pains, placez-en un panier sur la table. Quoi que vous décidiez, rappelez-vous que l'objectif est de préparer un repas comportant au moins une option *raisonnable* pour chacun. Cela signifie que vous devrez probablement dresser une liste des aliments « filets de sécurité » qui plaisent à la majorité des membres de la famille. (Il ne faut pas que vous ayez à préparer des dizaines de plats d'accompagnement.)

Il est également important que vous changiez d'aliment « filet de sécurité » d'un repas à l'autre. Vous devez tirer parti de tous les avantages que procure la règle de la rotation. Et n'allez pas insister pour que votre enfant mange l'aliment « filet de sécurité » : « Eh bien, tu n'aimes peut-être pas le poisson, mais je sais que tu aimes le riz. Tu aimes le riz, n'est-ce pas ? Mange un peu de riz ! » Si vous en faites toute une histoire, vous allez alimenter la lutte de pouvoir au lieu d'y mettre fin. Manger ou non est une décision qui revient *toujours* à votre enfant.

Lorsque vous expliquez le principe du filet de sécurité à vos enfants, faites-le simplement : « Ne t'inquiète pas. Je vais te servir de nouveaux aliments, mais je vais m'assurer de toujours offrir aussi des aliments que tu connais. » Vous pouvez également parler de vos objectifs, dont l'un est d'enseigner à vos enfants à faire face à un repas qui ne leur plaît pas sans s'effondrer, piquer une crise ou se précipiter vers le téléphone pour commander quelque chose. Si vous y réfléchissez, je suis certaine que vous pouvez voir que c'est une aptitude importante que vos enfants doivent acquérir. Qui n'est pas contraint de manger quelque chose de peu ragoûtant, de temps à autre ? Et ne manger que du riz au souper n'a jamais tué qui que ce soit. Vos enfants auront besoin de cette aptitude s'ils sont invités à manger chez des amis, au restaurant ou chez grand-maman, peu importe, un endroit où la nourriture sera différente et où ils devront peut-être se contenter d'un ou deux aliments au menu. De plus, même si cela peut sembler paradoxal, plus votre enfant est difficile, plus il a besoin d'apprendre à survivre en territoire « ennemi ». Alors, apprenez à votre enfant à composer avec des aliments peu familiers ; il s'agit d'une leçon en lien avec le monde réel.

La solution de réserve

Que faire si votre enfant refuse de manger tout ce que vous lui avez offert, y compris les aliments « filets de sécurité » ? Vous pouvez adopter la ligne dure et vous en tenir aux zones d'alimentation. Votre enfant est libre de refuser tout ce qui compose le repas, mais il devra attendre jusqu'à la prochaine zone d'alimentation pour avoir autre chose à manger. J'ai recommandé cette approche à un certain nombre de familles. Cependant, de nombreux parents tirent également parti d'une autre porte de sortie : la solution de réserve.

La solution de réserve est un aliment qui ne fait pas partie du repas, mais pour lequel vos enfants peuvent opter toutes les fois qu'ils ne veulent pas manger ce que vous leur servez. Lorsque je présente cette idée aux parents, plusieurs me disent qu'ils recourent déjà à une solution de réserve. Mais, d'après mon expérience, ces parents utilisent la solution de réserve d'une façon improductive. La solution de réserve semble magique, comme si elle sortait d'un chapeau, *après* que l'enfant a refusé le plat principal. Elle est choisie par la négociation :

> *ENFANT : Je déteste ce repas ; je veux des pâtes.*
> *PARENT : Tu ne peux pas avoir de pâtes, mais tu peux avoir un sandwich au beurre d'arachides et à la confiture.*

Dans ces circonstances, les parents utilisent la solution de réserve d'une façon qui se retourne contre eux. Ils laissent la solution de réserve prendre la forme d'un aliment préféré (le yogourt édulcoré, les céréales et les sandwichs sont des choix courants) et ils la laissent aussi varier d'un repas à l'autre. Cette manière d'utiliser la solution de réserve incite les enfants à refuser le plat principal. Après tout, pourquoi se forcer à manger ce qui est servi s'il y a toujours quelque chose de plus familier et de plus tentant qui attend en coulisse ? Et si, lorsque vous en avez assez d'une solution de réserve, vous pouvez toujours en choisir une autre ?

La solution de réserve vraiment efficace diffère de cela. Elle donne aux enfants la maîtrise de ce qu'ils mangent, mais elle les incite aussi à manger ce que vous servez. De plus, comme il s'agit d'une partie intégrante de la structure d'alimentation dès le départ, il n'y a *jamais* de négociation. (C'est assurément une règle de base.) Ainsi, la solution de réserve change la manière dont les parents et les enfants interagissent aux repas. Il n'y a pas de lutte de pouvoir. Il n'y a pas de disputes. Il n'y a même pas de pleurnicheries. La solution de réserve est comme une soupape de sécurité : elle permet de libérer assez de pression pour que le système n'explose pas, mais pas trop pour empêcher le système de fonctionner.

Le choix de la solution de réserve se fait selon cinq critères :

- **La solution de réserve doit toujours être le même aliment**. Choisissez *un* aliment et n'utilisez *que* cet aliment.
- **La solution de réserve doit toujours être disponible**. Elle doit être à la portée de la main lorsque votre enfant en veut.
- **La solution de réserve doit être nutritive**. De cette façon, vous ne vous inquiéterez pas si (ou devrais-je dire : « quand » ?) votre enfant choisit cet aliment tous les soirs pendant une semaine.
- **La solution de réserve ne doit *pas nécessiter de cuisson.*** Il s'agit de vous faciliter la vie et non de vous la compliquer.
- **La solution de réserve ne doit *pas* être un aliment préféré.** Votre enfant doit aimer, mais pas adorer la solution de réserve, de sorte qu'il ne soit pas incité à choisir cet aliment au lieu du mets principal, à tous les repas.

Un tas d'aliments peuvent servir de solution de réserve. Quand ma fille était petite, nous utilisions le fromage cottage, parce qu'elle aimait ça, mais elle n'adorait pas ça. Je l'achetais en petites portions emballées séparément, et il restait frais, au frigo, pendant des semaines, tant que le contenant n'était pas ouvert. Et surtout, le fromage cottage est nutritif, mais aussi extrêmement ennuyeux.

Au fil des ans, j'ai travaillé avec des gens qui ont décidé d'utiliser des aliments comme le tofu, le hoummos, les haricots en conserve et le yogourt nature comme solution de réserve. Mais le fromage cottage demeure l'une des solutions préférées. (Plus d'enfants que vous ne croyez aiment le fromage cottage, compte tenu de sa réputation d'aliment diététique exécrable.) Si vous trouvez cette stratégie intéressante, demandez à vos enfants la solution de réserve qu'ils aimeraient utiliser. Expliquez les critères à respecter, puis faites ensemble un remue-méninges. C'est une excellente façon de faire accepter l'idée. Assurez-vous que les règles de bases sont claires : « Tu peux décider de consommer la solution de réserve si tu ne veux pas de ce qui est servi. Mais lorsque le repas sera fini, il sera fini. Si tu ne veux ni le plat principal ni la solution de réserve convenue, tu devras attendre jusqu'à la zone d'alimentation suivante pour manger. »

Il est assez facile de voir comment fonctionne la solution de réserve pour les enfants. Cela les laisse maîtres de ce qu'ils mangent, car ils connaissent exactement leurs options avant même d'arriver à table : ils vont manger soit le repas que vous avez préparé, soit l'aliment de la solution de réserve. Mais, ce qui étonne le plus les parents, c'est que la solution de réserve améliore les repas pour *eux*. La solution de réserve les libère et leur permet de préparer les mets qu'*ils* aiment ! (Mais oui, finies les pépites de poulet pour vous !)

Lorsque Carol, l'une des lectrices de mon blogue, a pris connaissance de la stratégie de la solution de réserve, elle l'a proposée sur-le-champ à son fils de 5 ans, Jamal. « Ce sera ton choix, lui a dit Carol. Si tu n'aimes pas ce que j'ai préparé pour souper, tu pourras manger autre chose. Tu n'as qu'à me dire ce que tu veux que cet aliment soit : du fromage cottage, du yogourt ou du tofu. Plus de plaintes et de pleurnicheries. D'accord ? » Jamal a accepté et a choisi le fromage cottage comme solution de réserve. Puis, Carol s'est mise à préparer les mets qu'elle et son mari aiment manger. Le premier soir, Jamal a commencé à faire des histoires, jusqu'à ce que Carol lui rappelle son choix du fromage cottage. Il s'est immédiatement calmé et a demandé la solution de réserve. Puis, au cours des semaines qui ont suivi, Jamal se présentait à table, son « radar » allumé : il jetait un bref coup d'œil sur le repas et réclamait son fromage cottage. Chaque fois que cela se produisait, Carol s'empressait d'accéder à sa demande (avec joie). Après quelques semaines, Carol a remarqué que Jamal avait commencé à goûter à différents aliments : de la truite, des burritos, des tomates… Il goûtait à tout. Quelques mois plus tard, Jamal a cessé de réclamer son fromage cottage. Mais il n'a jamais cessé de manger de tout.

Quand j'ai entendu cette anecdote, cela m'a ravie, mais je n'étais pas vraiment étonnée. J'avais été témoin de la même transformation dans mon propre foyer. Le fait de disposer d'une solution de réserve donne aux enfants la liberté de goûter à de nouveaux aliments parce qu'ils ont une porte de sortie. La solution de réserve permet aussi d'éviter les drames et les discussions, parce que la porte de sortie est « autorisée ».

Vous pouvez utiliser la solution de réserve pour tout repas, même pour les repas que vous n'êtes pas censés prendre ensemble. Bien sûr, il est difficile de servir des aliments qui ne sont pas familiers lorsque vous cuisinez *uniquement* pour les enfants. Si vos enfants mangent sans vous à l'occasion, ne vous inquiétez pas. Servez ce que vos enfants aiment. Mais si les enfants mangent seuls la plupart du temps, je vous recommande d'inscrire assez régulièrement au menu de nouveaux aliments. L'une des manières faciles de le faire est d'utiliser les restes de façon stratégique. Ce que les adultes mangent aujourd'hui, les enfants en mangeront demain.

QUELS ALIMENTS SERVIR ? SOYEZ OPTIMISTE

Lorsque la plupart des parents pensent à intégrer la variété dans l'alimentation de leurs enfants, ils se voient comme des explorateurs, des gens dont le travail consiste à *découvrir* ce que leurs enfants aiment. Or vous savez maintenant que les préférences de vos enfants se forment plus qu'elles ne se découvrent. C'est pourquoi je recommande toujours aux parents de se voir comme des « formateurs de papilles gustatives ». Ceux-ci reconnaissent que chaque bouchée de nourriture influe sur les préférences alimentaires de leurs enfants.

Êtes-vous un parent qui apporte ses provisions ?

Vous est-il déjà arrivé d'avoir été invité chez quelqu'un pour souper et d'avoir apporté un repas distinct pour vos enfants ? Si c'est le cas, vous êtes un parent qui apporte ses provisions.

Croyez-moi, je comprends les raisons pour lesquelles vous voulez que vos propres rations soient toujours prêtes. Mieux vaut prévenir que guérir. S'il s'agit d'une stratégie occasionnelle qui permet de faire face à une situation exceptionnelle – des aliments que vous gardez dans votre sac et utilisez uniquement lorsqu'il devient clair que vos enfants ne mangeront pas les mets de votre hôte (et si vos enfants aimaient le poulet tandoori ?) –, alors ce n'est pas une mauvaise chose. Mais apporter régulièrement ses provisions enseigne aux enfants qu'ils devraient pouvoir manger leurs aliments favoris toutes les fois qu'ils s'assoient devant un repas.

Changez votre objectif de nourrir vos enfants pour celui de leur apprendre à composer avec des situations sociales liées à la nourriture, et différentes solutions apparaîtront. Avant de partir, parlez à vos enfants des aliments qui seront probablement au menu. Puis :

- laissez vos enfants manger avant de partir, et peut-être au retour, s'il le faut ;
- trouvez quelque chose (n'importe quoi) qui soit agréable au goût dans le repas qui est servi ;
- encouragez vos enfants à goûter à des aliments qu'ils ne connaissent pas, sans mettre de pression pour qu'ils en mangent ;
- insistez pour que vos enfants restent toujours polis.

Vous pourriez avoir d'agréables surprises. Le fait de voir d'autres personnes manger ce qu'ils ont refusé fournit souvent l'encouragement nécessaire pour que les enfants goûtent à de nouveaux aliments. Et même si ce n'est pas le cas, vous aurez enseigné à vos enfants à être de bons invités à un repas.

Il demeure tout de même difficile pour les parents de ne pas passer en mode « explorateur » lorsqu'il est question de variété, et je comprends pourquoi. Vous voulez maximiser les probabilités que votre enfant mange ce que vous servez. Mais c'est une stratégie perdante. Il s'avère que les parents tombent pile seulement une fois sur deux lorsqu'ils essaient de deviner ce que leurs enfants aimeront ou ce qu'ils mangeront. Pourquoi ? Parce que les enfants sont souvent inconstants.

Vous vous rappelez l'étude sur la crème glacée ? Ayant eu à goûter et à évaluer cinq saveurs de crème glacée deux jours de suite, des enfants de 3 et 4 ans ont donné des évaluations différentes aux diverses saveurs, les deux jours. Les enfants aussi jeunes n'ont pas de préférences gustatives stables.

Et même lorsqu'ils sont un peu plus âgés, les enfants ne sont pas très constants. En Allemagne, un groupe d'enfants de la troisième à la sixième année se sont vu remettre deux menus comprenant tous les repas d'une semaine. L'un des menus proposait des repas semblables à ceux qui sont servis à l'école ; l'autre comprenait différents choix. (Cela assurait que les enfants connaissaient le goût de certains aliments, mais pas de tous.) De façon hypothétique, on a demandé aux enfants le repas qu'ils préféreraient dans les deux menus. Quatre mois plus tard, on a répété l'exercice auprès de ces élèves. Seulement la moitié des élèves ont fait les mêmes choix aux deux occasions.

Si vous ne pouvez pas prédire ce que vos enfants aimeront ou mangeront, vous ne devriez donc pas rechercher l'aliment idéal. Et vous ne devriez pas limiter la sélection d'aliments pour les repas à ceux qui se conforment à votre idée de ce que vos enfants accepteront de manger. Dans les deux cas, vous avez autant de chances d'avoir raison que d'avoir tort.

Ce que vous pouvez faire, cependant, c'est d'être optimiste. Sortez vos lunettes roses et commencez à supposer que vos enfants mangeront tout ce que vous leur donnez. Bien sûr, ils n'aimeront pas ni ne mangeront tout ce que vous leur servez, mais ce n'est pas grave. Lorsque les parents adoptent une perspective optimiste, ils présentent à leurs enfants un éventail plus large d'aliments. Les parents qui adoptent une perspective plus conservatrice servent à leurs enfants moins d'aliments nouveaux. Au cours de ce processus, les parents conservateurs ratent de précieuses occasions d'enseigner les principes de la variété à leurs enfants.

C'est ce qu'a appris Susie, une femme qui a assisté à l'un de mes ateliers, après être consciemment passée d'une vision pessimiste à une vision optimiste. Du jour au lendemain, a expliqué Susie, ses enfants sont devenus plus audacieux dans leur exploration alimentaire. Son enfant de 5 ans a goûté à du homard, son enfant de 2 ans a inventé un *smoothie,* et les deux ont manifesté de la curiosité à l'égard des carottes. Ont-ils aimé tout ce qu'ils ont goûté ? Pas du tout. (Ce pourrait être un soulagement lorsque vos enfants goûtent à des aliments coûteux comme le homard !) Mais Susie a appris que plus elle présentait d'aliments à ses enfants, plus d'aliments ils apprenaient à aimer.

Petite mise en garde : il est tentant, pour les parents, de surutiliser un nouvel aliment après en avoir découvert un que leurs enfants mangeront, surtout si ces derniers commencent à le réclamer. Je pense à ce qui arrive lorsque les parents passent de la formule originale des céréales Cheerios à la formule « miel et noix ». Quand je demande aux parents de me dire comment cela s'est produit, dans leur famille, ils me disent souvent quelque chose comme : « J'ai pensé que Walter aimerait ça. » « J'ai cru que les Cheerios ordinaires devenaient ennuyeux. » Il s'agit là de l'instinct approprié : favoriser la variété. Mais ce qui arrive ensuite est contre productif. Les enfants insistent pour manger des Cheerios au miel et aux noix plutôt que des Cheerios ordinaires, et lorsque leurs parents cèdent, c'en est fini de la variété.

Il est tout à fait normal de vouloir s'attacher à une nouvelle saveur qu'on aime, mais il faut résister à l'envie de céder à tous les caprices de vos enfants. Essayez plutôt de tirer profit des nouveaux aliments de prédilection de vos enfants en appliquant la règle de la rotation. En servant à répétition à votre enfant son nouvel aliment de prédilection, vous croyez que celui-ci s'inscrira pour toujours dans son alimentation, mais cela sapera vos plus vastes objectifs. S'ouvrir au concept des aliments nouveaux nécessite un changement de mentalité pour la plupart des enfants. Ils ont besoin du *modèle* du changement pour renforcer l'*habitude* de la variété.

Bien sûr, il peut être difficile d'être optimiste, surtout si vos enfants avaient tendance à refuser de nouveaux aliments par le passé. Même si je suis convaincue que le fait de vous en tenir à votre structure entraînera de grands changements au sein de votre famille (surtout que vos enfants sont maintenant devenus des dégustateurs sûrs d'eux), je peux vous proposer quelques stratégies à utiliser pour faire jouer la variété en votre faveur. Plusieurs d'entre elles vous inciteront à effectuer de tout petits changements, ou même à faire ce qui pourrait sembler un pas en arrière, tandis que vous gardez l'objectif d'ensemble présent à l'esprit.

RELIEZ LES NOUVEAUX ALIMENTS ET LES ALIMENTS PRÉFÉRÉS !

J'espère que vous avez déjà proposé différentes saveurs et textures à vos enfants, conformément à la règle de la rotation. Parfois, des parents me disent qu'ils offrent un menu varié à leurs enfants, mais, une fois qu'on a discuté de ce que leurs enfants mangent, un tout autre tableau apparaît. Une mère disait que l'alimentation de sa fille était variée parce qu'elle mangeait des crêpes le matin, du yogourt en collation, et des céréales accompagnées de lait au chocolat, le midi. Ce genre d'alimentation correspond à ce que j'appelle la « mascarade de la variété » : vous offrez différents aliments tout au long de la journée, mais ces aliments se ressemblent au chapitre du goût, de la texture ou de l'apparence. Dans le cas en question, tous les aliments étaient très sucrés.

Pour vous assurer de ne pas tomber dans le piège de la mascarade de la variété, tenez un journal de ce que vos enfants mangent, au cours des prochains jours. Recherchez des constantes. Votre enfant mange-t-il un genre d'aliment particulier ? Par exemple, beaucoup de fromage, ou des aliments qui sont lisses et crémeux, ou des aliments qui sont beiges ? Notez si vous servez une véritable variété d'aliments ou si la similitude s'est installée. Puis, appliquez la règle de la rotation, afin que vos enfants puissent faire l'expérience de différentes saveurs et textures aussi souvent que possible.

Mais ne vous arrêtez pas là. Vous pouvez exploiter le penchant de vos enfants pour certaines saveurs et textures en vue de leur présenter de nouveaux aliments. Vous pouvez le faire en utilisant une texture ou une saveur connue comme pont vers un autre aliment que vous aimeriez que votre enfant mange. Ce pont rend le nouvel aliment moins étrange. Rappelez-vous à quel point il était important d'améliorer les capacités de prédiction de vos enfants lorsque vous avez travaillé à la dégustation de nouveaux aliments. Eh bien, c'est ainsi que le pont fonctionne ; il aide votre enfant à prédire à quoi ressemblera la nouvelle expérience alimentaire.

Vous pouvez commencer en utilisant la préférence de votre enfant pour les aliments sucrés pour préparer le terrain à de nouveaux aliments. Oui, dans ce cas, le sucre peut être votre ami ! Les chercheurs savent depuis longtemps que, chez les rats, le sucre peut conduire à une préférence à long terme pour certaines saveurs, même après que le sucre est retiré. Pour vérifier s'il en allait de même pour les enfants, les chercheurs ont fait une expérience avec du jus de raisin auprès d'un groupe d'enfants. Ils ont demandé à des enfants de 2 à 5 ans, de la Floride, de boire et d'évaluer un jus de raisin non sucré. Environ la moitié des enfants ont aimé le jus. Puis, tous les enfants ont reçu du jus de raisin sucré tous les jours, pendant 20 jours. Il n'est pas étonnant que plusieurs des enfants qui n'avaient pas aimé le jus non sucré aient dit avoir aimé la version édulcorée.

Finalement, les enfants se sont vu servir de nouveau du jus non sucré. Devinez ce qui s'est produit. Ceux qui n'avaient pas aimé le jus non sucré au départ l'aimaient maintenant. Pour vérifier si la nouvelle préférence pour le jus non sucré persisterait, les chercheurs sont retournés voir les enfants deux semaines plus tard. À leur grand plaisir, les enfants qui n'avaient pas aimé le jus non sucré au départ avaient continué à l'aimer après l'expérience.

On ne sait pas exactement pourquoi le jus sucré a amené les enfants à aimer le jus non sucré. Peut-être est-ce parce que le sucre ne masque pas complètement le goût du raisin et que donner aux enfants du jus édulcoré leur fait quand même goûter à la saveur du raisin. Ce peut être aussi parce que le jus édulcoré a aidé les enfants à former l'idée qu'ils aimaient le jus de raisin. Si tel est le cas, les enfants ont conservé cette idée au fil du temps.

Dans une variante de l'étude sur le jus de raisin, les mêmes chercheurs ont découvert que servir du brocoli et du chou-fleur édulcorés (les légumes ont été trempés dans une solution d'eau sucrée) trois jours de suite suffisait pour que des étudiants de niveau collégial améliorent leur évaluation de ces légumes dans leur forme non sucrée. Que faut-il en conclure ? Les préférences gustatives sont acquises plus qu'elles ne sont innées. Et un peu de sucre peut compter pour beaucoup.

Voici une autre façon d'exploiter les saveurs sucrées pour jeter un pont vers les nouveaux aliments. Les parents me disent tout le temps que leur enfant ne mangerait jamais de yogourt non sucré, quelles que soient les circonstances. Je leur demande habituellement : « Mais si vous donniez à votre enfant un bol de yogourt nature et un bol de pépites de chocolat ? Et que vous lui disiez qu'il peut ajouter autant de pépites qu'il veut à son yogourt ? » Bien sûr, les parents pensent que leur enfant se laisserait emporter et qu'il mélangerait une montagne de pépites de chocolat à son yogourt. Et c'est pourquoi ils me croient dérangée lorsque je propose cette technique. Mais voici ce qui arrive habituellement : les enfants se laissent emporter et ajoutent un tas de pépites de chocolat à leur yogourt. Mais jamais autant que ce que craignent leurs parents. Puis, ils en mélangent d'autres et mangent le tout !

Les parents qui sont coincés dans le souci de la nutrition verront cette stratégie comme un échec, surtout si leur enfant finit par verser une montagne de pépites de chocolat sur ce qui semble dorénavant une cuillerée de yogourt. Si l'on observe cela du point de vue de l'approche pédagogique, on peut voir que ce qui arrive, c'est que votre enfant est en train d'apprendre à accepter l'*idée* du yogourt non sucré. Et comme les pépites ne sont pas entièrement mêlées au yogourt, certaines cuillerées goûteront davantage le yogourt et moins le chocolat. Et *cela* enseignera à votre enfant ce que goûte le yogourt véritable (et non la version présucrée, prémélangée vendue en magasin) et de quoi il a vraiment l'air. De plus, chaque fois que vous laissez votre enfant mélanger un certain nombre de pépites au yogourt, ce nombre varie inévitablement, ce qui fait varier la saveur de la collation. Avec le temps, vous pouvez amener votre enfant à diminuer le nombre de pépites qu'il combine au yogourt en lui en offrant moins.

Une fois que vous avez réussi à faire accepter le yogourt nature avec pépites de chocolat à mélanger, vous pouvez passer aux décorations pour gâteaux à saupoudrer, au sirop d'érable ou au miel. Puis, continuez à construire ce pont en passant à un mélange un peu plus audacieux. Peut-être de la confiture de fruits. Et poursuivez sur votre lancée. Songez à ajouter des fruits, des pois chiches, du concombre, ou tout ce que votre enfant peut prendre plaisir à manger. Vous avez maintenant une collation santé : du yogourt nature avec des ingrédients sains à incorporer. Vous avez également créé une saine habitude de variété en utilisant un yogourt nature comme base de différentes combinaisons (parfois sucrées, parfois non).

Vous pouvez aussi utiliser d'autres saveurs et textures pour créer une transition vers de nouveaux aliments. Par exemple, si votre enfant aime les aliments croquants, recherchez les nouveaux aliments qui sont croquants. Voici comment cela pourrait s'appliquer : votre enfant aime les pépites de poulet ; alors, un jour, vous lui servez des bâtonnets de poisson, en soulignant qu'ils sont croquants à peu près de la même façon. Un autre jour, vous lui présentez des bâtonnets de fromage frits qui sont également croquants, etc. Que ces aliments ne soient pas des plus sains n'a pas d'importance. Ce qui compte, c'est qu'ils contribuent à enseigner à vos enfants à accepter une plus grande variété d'aliments. Après un certain temps, vous pouvez cesser d'utiliser régulièrement les aliments préférés des enfants. Par exemple, vous pouvez passer des pépites de poulet aux bâtonnets de poisson, au poisson pané au four, puis au poisson grillé. Bien sûr, vous pouvez toujours permettre à vos enfants de manger leurs aliments préférés en tant que gâteries occasionnelles.

Ou bien, supposons que votre enfant aime les pépites de poulet, mais qu'elle aime mieux le poulet que le fait qu'il soit croquant. Un jour, vous pourriez lui servir des pépites de poulet grillées, en lui soulignant que le poulet, à l'intérieur des pépites, goûte la même chose. Puis, vous pourriez lui servir les pépites de poulet grillées accompagnées d'une sauce teriyaki. Par la suite, vous pourriez lui offrir du brocoli accompagné de la même sauce teriyaki. Il ne faudra pas longtemps pour que votre fille remarque d'elle-même les similitudes entre les anciens et les nouveaux aliments. Et cela l'aidera à accepter une plus grande variété dans son alimentation.

N'infantilisez pas vos enfants : laissez-les affronter les obstacles

N'hésitez pas à varier les textures même si votre bébé ne semble pas aimer certaines d'entre elles. Des chercheurs ont donné à un groupe de bébés de 12 mois des carottes vapeur, réduites en purée ou hachées. Bien que tous les bébés aient préféré les carottes en purée, certains ont mangé aussi les carottes hachées. Les chercheurs ont découvert que les bébés qui étaient disposés à manger les carottes hachées avaient l'habitude de consommer, à la maison, des aliments de textures complexes, comme d'autres aliments hachés ou en purée. Ces bébés avaient également davantage d'expérience dans la consommation d'une grande variété de saveurs.

Si vous craignez que votre enfant ne s'étouffe, vous pouvez faire ce que ces chercheurs ont fait : bien faire cuire les aliments avant de les hacher et vous assurer que les morceaux hachés ne font pas plus que 6 mm (1/4 de po).

Cela vous inquiète encore ? Procédez lentement aux changements de texture. Mélangez, en parts égales, les purées avec les aliments écrasés. Incorporez de petits morceaux à des sauces.

Le message est clair. Arrêtez d'infantiliser vos enfants. Laissez-les plutôt affronter les obstacles. La variété dans les textures occupe une place importante, chez les enfants, dans l'apprentissage de la consommation d'une grande variété d'aliments.

COMMENT LES GRANDES MARQUES S'IMPRÈGNENT DANS VOTRE CERVEAU

Le Kraft Dinner. Les craquelins Goldfish. Nous adorons nos marques. Elles facilitent l'alimentation de nos enfants, surtout lorsqu'on a trouvé des produits qu'ils mangent avec enthousiasme.

Mais pour les parents qui essaient d'enseigner à leurs enfants à consommer une variété d'aliments, le miracle de la fabrication industrielle (le fait que les fabricants puissent toujours créer exactement les mêmes produits : même goût, même texture, même apparence, même odeur) est aussi une malédiction. Lorsque les produits de grandes marques deviennent une habitude alimentaire, certains enfants n'acceptent pas même la plus légère variation dans les aliments qu'ils consomment.

Servir tous les jours à des enfants réticents à consommer de nouveaux aliments un sandwich au beurre d'arachides Skippy parce que c'est la marque qu'ils réclament, c'est comme leur demander de ne plus jamais essayer quoi que ce soit de nouveau. Plus vos enfants s'attendent à ce que le beurre d'arachides goûte exactement (et tout à fait exactement) le beurre d'arachides Skippy, moins ils seront ouverts à la consommation d'aliments qui sont différents.

Est-ce grave si vos enfants aiment une marque en particulier ? Pas vraiment, s'il ne s'agit que d'une seule marque (bien que ce soit plus sérieux s'ils meurent de faim, un après-midi, et que l'épicerie locale soit en rupture de stock de leur marque de beurre d'arachides). Mais si vos enfants ne mangent des pépites de poulet que si elles sont de marque Tyson, et du fromage à effilocher que si c'est du Polly-O, et des gaufres que si ce sont des Van biologiques, alors ce modèle vous nuit.

Si vos enfants sont attachés à une marque de beurre d'arachides, de yogourt, de gaufres ou de quoi que ce soit d'autre, construisez des ponts alimentaires :

- Achetez des aliments de la même marque, mais de différentes couleurs, formes ou saveurs ;
- Achetez des aliments de marques différentes, mais gardez les mêmes couleurs, formes ou saveurs.

Ce qu'il ne faut pas dire à l'épicerie

Les experts disent aux parents que, s'ils emmènent leurs enfants à l'épicerie, ceux-ci essaieront de nouveaux aliments. Mais voici ce qui se produit habituellement : l'enfant voit un nouvel aliment et demande à son parent de l'acheter. Le parent, hésitant, demande : « Es-tu sûr que tu vas le manger ? » L'enfant promet, puis il est horrifié lorsqu'ils arrivent à la maison et que son parent lui sert l'aliment en question. Tout le monde est frustré, et l'enfant devient encore plus réticent à l'idée d'essayer de nouveaux aliments.

Les enfants dans cette situation ne sont pas vraiment manipulateurs. Demander à leurs parents d'acheter de nouveaux aliments, c'est comme dire : « J'aime participer à l'expérience de l'achat de produits d'épicerie et je veux pouvoir choisir quelque chose. » Mais ils ne sont pas vraiment prêts à *consommer* ces aliments.

Au lieu de demander à vos enfants de choisir un nouvel aliment et de leur faire promettre de le manger, faites-les participer à l'expérience du marché d'une autre façon. Demandez-leur de choisir entre deux sortes de légumes que vous pourriez acheter, de toute manière. Profitez de cette occasion pour parler de l'apparence, de l'odeur et de la texture des différents aliments. Si le magasin offre des échantillons, encouragez vos enfants à faire une dégustation. En maintenant vos attentes à un degré peu élevé, vous éliminez la pression qui survient lorsque vous êtes à la maison. Et en utilisant le supermarché comme laboratoire d'expériences sensorielles, vous aiderez vos enfants à se familiariser avec la variété.

Si vos enfants résistent, n'essayez pas de les convaincre. Renforcez plutôt le principe des zones d'alimentation et du filet de sécurité. Plus vos enfants accepteront un éventail de marques (contenant différentes quantités de sel, ayant divers degrés de croquant, diverses saveurs et différentes textures), plus ils accepteront la variété en général.

DONNEZ BON GOÛT AUX NOUVEAUX FRUITS ET LÉGUMES

Il y a plusieurs années, j'ai rencontré une femme dans la ville où j'habite, qui m'a dit, tout excitée : « J'ai fait ce que vous avez dit, et mes filles ont mangé leurs légumes !

— Formidable, ai-je répondu, toujours ravie que mes conseils portent leurs fruits. Qu'avais-je dit ?

— Donnez bon goût aux aliments ! Alors, j'ai fait sauter les épinards dans de l'huile d'olive avec de l'ail. Mes filles se sont délectées. »

Ne rendez pas les nouveaux aliments fades. Donnez-leur bon goût. Cette règle peut sembler évidente, mais il arrive tellement souvent qu'on n'en tienne pas compte. C'est particulièrement vrai lorsque les nouveaux aliments sont des fruits et des légumes. Les parents ont tendance à recourir à deux méthodes : trancher et servir ou étuver et servir. Lorsque je demande aux parents pourquoi ils font ça, j'obtiens l'une des deux réponses suivantes : soit ils croient que leurs enfants préfèrent leurs aliments fades, alors ils hésitent à ajouter des assaisonnements très savoureux aux légumes, soit ils ont l'impression d'avoir fait tellement de compromis sur la qualité des autres aliments qu'ils servent (vous vous rappelez les pièges de la nutrition ?) qu'ils ne veulent pas « souiller » les aliments santé. Je comprends cette tendance, mais les aliments santé *ennuyeux* doivent livrer une âpre concurrence à toute la malbouffe hyper savoureuse. C'est une guerre de cotes, et, de toute évidence, les fruits et légumes sont perdants.

Comme la mère qui a servi des épinards à ses enfants, vous pouvez ajouter de la saveur aux légumes en y incorporant des ingrédients sains comme de l'huile d'olive et de l'ail. Par exemple, vous pouvez faire revenir du brocoli ou du chou-fleur dans de l'huile d'olive, ajouter du sel, puis les passer au four pour en faire ressortir le goût sucré. Mais c'est aussi acceptable de recourir à des méthodes de préparation qui ne sont pas tout à fait santé. Vous pouvez napper votre brocoli de sauce au fromage. Faire cuire des carottes avec un peu de cassonade et de beurre. Faire sauter des légumes verts avec un peu de bacon. Cela vaut autant pour les fruits : servez des pêches en tranches saupoudrées de sucre ou faites cuire des pommes au four et nappez-les de crème. Ces préparations ne sont peut-être pas aussi « santé » que les fruits et les légumes crus ou étuvés, mais elles montrent aux enfants que les fruits et les légumes peuvent être agréables à manger et que ce n'est pas seulement une corvée. Elles permettent aux enfants de connaître la saveur et la texture des vrais fruits et légumes. Mais n'oubliez pas la règle de la rotation. Continuez à alterner les préparations que vous offrez et vous donnerez à vos enfants une formidable leçon en matière de variété.

Il arrive que des préparations de fruits et légumes vraiment pas saines valent tout de même la peine d'être servies, juste pour que votre enfant se familiarise avec un nouvel aliment (qui deviendra ensuite une gâterie occasionnelle). En fait, certains plats de légumes que l'on trouve à l'épicerie et au restaurant du coin sont vraiment médiocres, d'un point de vue nutritionnel, mais ils constituent des véhicules fantastiques pour enseigner aux enfants à consommer un large éventail d'aliments. Je pense aux épinards à la crème, par exemple. Saviez-vous que les épinards à la crème de Boston Market contiennent près de deux fois plus de gras que le macaroni au fromage de la même marque ? C'est pourquoi ils sont aussi appétissants. Mais n'ayez pas peur des épinards à la crème ou d'autres versions inférieures de nouveaux aliments : une fois que vos enfants s'habituent au goût de la version malsaine de l'aliment, vous pouvez utiliser la technique du pont pour les orienter vers une version plus saine.

PERMETTEZ UNE CERTAINE SÉLECTIVITÉ ALIMENTAIRE

Je suis à peu près sûre qu'aucune recherche n'a encore été effectuée afin d'étayer la stratégie que mon mari et moi avons utilisée pour combattre les efforts déployés par notre fillette en vue d'éliminer des aliments de son alimentation, mais la méthode a tellement bien fonctionné que je dois vous en faire part : nous la laissions faire la grève. Lorsque notre fille annonçait qu'elle ne voulait plus manger de pommes, nous lui rétorquions, en blaguant : « Alors, tu fais la grève des pommes ? » Et elle répondait fièrement : « Oui. »

Mais je suis certaine qu'elle ignorait la signification du mot « grève ». (Après tout, nous n'éduquions pas une petite avocate en droit du travail !) Elle a pourtant rapidement compris l'essentiel de cette expression. Quand elle était en grève, elle n'avait pas à manger l'aliment qui offensait son palais, quel qu'il soit. Nous ne la forcions pas. Nous n'essayions pas de la raisonner. Nous ne discutions pas. Nous nous contentions d'en prendre note et de l'accepter. Bien sûr, nous gardions l'aliment tabou au menu.

Un jour : Les pommes ? En grève !

Un autre jour : Les oranges ? En grève !

Un autre jour : Les pommes de terre ? En grève !

À un moment, je me suis rendu compte que la liste des aliments contre lesquels elle était en grève était devenue un peu trop longue. Alors, la fois suivante où ma fille a annoncé qu'elle ne mangeait plus de quelque chose, l'équipe de gestion a finalement pris position. « Tu ne peux être en grève que de cinq aliments, lui ai-je dit. Si tu fais la grève des carottes, il faut que tu enlèves quelque chose de la liste. »

Bien lire les listes d'aliments

Les listes d'aliments constituent l'une des façons dont les nutritionnistes encouragent involontairement les parents à offrir une alimentation monotone à leurs enfants. Si vous êtes comme la plupart des parents, lorsque vous rencontrez un titre tel que « Dix des meilleurs aliments à manger avec les doigts pour les bambins » ou « Les dix aliments les plus sains à offrir à vos enfants », vous :

- parcourez la liste ;
- trouvez quelques aliments que vos enfants seront disposés à manger ;
- servez à vos enfants ces mêmes aliments, jour après jour, convaincu que vous faites ce qu'il faut.

Cette approche pose deux problèmes :

- Du point de vue nutritionnel, les enfants ont besoin de variété ;
- Du point de vue des habitudes, les enfants ont besoin de variété.

Alors, la prochaine fois que vous tombez sur une liste, utilisez-la comme un petit rappel des différents types d'aliments que vos enfants pourraient apprécier. Lisez toute la liste, puis allez au-delà. Pour chaque aliment qui y figure, il y en a des douzaines qui sont omis. Rappelez-vous : une fois que les enfants ont atteint l'âge de 2 ans, ils n'ont plus besoin d'aliments spéciaux. Ils peuvent (et devraient) manger la même chose que les adultes. Dans le cas de très jeunes enfants, il n'y a que trois exceptions à cette règle : les viandes et les aliments qui sont difficiles à avaler devraient être ■

humectés (comme un bouilli), la nourriture devrait être coupée en très petits morceaux pour éviter que l'enfant ne s'étouffe et elle ne devrait pas être trop piquante. Mais le basilic, l'ail, le citron ne sont pas seulement acceptables : ils devraient être favorisés. N'oubliez pas que la variété est vraiment le sel de la vie, même pour les enfants.

Ma fille a réfléchi. Nous attendions. L'atmosphère était tendue. J'étais préoccupée. Accepterait-elle mes revendications ou y aurait-il un arrêt de travail général ?

« D'accord, je vais recommencer à manger des pommes. » Et cette simple affirmation a permis d'éviter une crise. Les relations sont revenues à la normale. Un nouveau contrat a été signé !

La sélectivité alimentaire extrême est une étape normale de la vie d'un bambin, et de nombreux experts conseillent aux parents de l'accepter. Comme vous avez pu le voir, je suis d'accord avec cette idée, mais seulement en partie. Sans certaines limites, la sélectivité alimentaire risque de déraper. C'est parce qu'un enfant qui se sert de la nourriture pour manifester son pouvoir n'est satisfait que provisoirement du pouvoir ainsi obtenu. Il est plein de suffisance pendant cinq secondes. Comme cette sensation ne dure pas très longtemps, la prochaine fois que votre enfant voudra s'emparer d'un certain pouvoir, la seule option à sa portée sera de faire ce qu'il a fait la première fois : éliminer un autre aliment.

La solution de la grève résout ce problème grâce à une structure solide, mais qui laisse de la place à la compassion. Elle permet une certaine rébellion tout en établissant des limites raisonnables, sans lourdeur. Bien sûr, si ma fille n'avait pas accepté ma limite de cinq aliments frappés par la grève en tout temps, je n'aurais pas essayé de lui faire manger les aliments qu'elle refusait. Je m'en serais plutôt remise aux zones d'alimentation, au filet de sécurité et à la solution de réserve pour renforcer ma structure d'alimentation.

La solution de la grève est le genre de remède que je recommande pour les autres cas de sélectivité alimentaire : lorsque les enfants insistent pour manger des sandwichs seulement si les croûtes sont retirées, pour que les concombres soient coupés en carrés, pour que les bretzels ne soient pas cassés ou que les sandwichs aux œufs soient préparés uniquement par papa. Traitez ces exigences comme des souhaits et répondez-y *parfois*, mais seulement si c'est raisonnable que vous le fassiez.

SOYEZ SATISFAIT D'UNE BOUCHÉE JOYEUSE : LES ATTENTES ÉLEVÉES SAPENT LA VARIÉTÉ

Il y a des années, un ami m'a demandé si ma fille mangeait de la salade. L'admiration et l'émerveillement qu'il a manifestés à ma réponse affirmative se sont toutefois refroidis lorsque j'ai ajouté : « Elle en mange une toute petite cuillerée tous les soirs, et nous ne lui servons que les ingrédients de la salade qu'elle désire. » Autrement dit, à cette époque, la laitue était exclue, mais nous lui donnions quelques bouchées de tomate, de concombre ou d'un autre légume qui faisait partie de notre salade. Nous faisions notre possible pour varier les ingrédients de la salade, d'une journée à l'autre.

Mon ami m'a répondu quelque chose du genre : « Je pourrais faire manger de la salade à mon fils aussi, si je faisais comme toi. Mais ce n'est pas vraiment manger de la salade. » Alors, il avait cessé d'essayer.

Beaucoup de parents se sentent ainsi. Ils en attendent *davantage* de leur enfant (pas juste les concombres, mais aussi la laitue, pas juste une bouchée de salade, mais tout le bol). Or je voulais créer une habitude de consommation de salade et je savais qu'il faudrait un certain temps. Pendant des années, nous avons eu recours à ce que j'appelais les « bouchées joyeuses » : une ou deux bouchées, ce qui n'est pas beaucoup, selon les normes de la plupart des parents, mais c'étaient des bouchées que ma fille mangeait joyeusement. Et c'est ce que nous devions cultiver : une association positive avec la salade. Aujourd'hui, ma fille mange régulièrement une salade au complet, laitue comprise.

Mais, à dire vrai, il y a eu des soirs où ma fille ne voulait même pas manger une « bouchée joyeuse » de salade. Comme nous servons de la salade en entrée tous les soirs, cela créait beaucoup d'occasions de dispute. Mais si j'avais insisté pour que ma fille mange toute sa salade, j'aurais anéanti les possibilités qu'elle devienne une consommatrice de salade. Nous avons plutôt utilisé sa faim à notre avantage. Nous nous assurions qu'il n'y avait pas d'autre nourriture sur la table avant que mon mari et moi ayons terminé notre salade, puis nous passions tous au plat principal. (Voyez cela comme une mini-version de la zone d'alimentation.) De savoir qu'elle devrait attendre patiemment pendant au moins cinq minutes que *nous* ayons fini de manger notre salade a sans doute incité ma fille à en manger un peu.

Ma stratégie relative à la salade a fonctionné parce que :

- nous servions de la salade tous les jours (mais en variant les ingrédients), ce qui a permis à notre fille de se familiariser avec ce plat ;
- nous éliminions la concurrence : aucun autre plat ne se trouvait sur la table en même temps ;
- nous servions de petites portions, alors le défi pouvait être relevé ;
- nous gardions le silence. Nous avons permis à la structure d'exercer une petite pression subtile.

UTILISEZ LES DROITS DE RESTAURANT

Emmener les enfants au restaurant peut être une entreprise hasardeuse. C'est pourquoi cela instille la peur dans le cœur de bien des parents que je connais. Qui veut que ses enfants s'effondrent au milieu d'une salle à manger bondée ? Par ailleurs, les enfants peuvent apprendre beaucoup en mangeant au restaurant, parce que ces établissements offrent des aliments amusants, intéressants, savoureux et inhabituels (des plats que la plupart des gens à la maison n'ont pas le temps de préparer ou n'ont pas les compétences pour le faire). Et, aspect qui est aussi important, au restaurant, vos enfants peuvent goûter à des aliments que *vous* détestez. (D'après la recherche, les parents n'offrent pas à leurs enfants les aliments qu'ils n'aiment pas particulièrement eux-mêmes.)

Pour tirer le meilleur parti des restaurants, il faut éviter de recourir au menu pour enfants. Avec ses choix standard de sandwichs au fromage fondu, de hot-dogs et de nouilles au beurre, le menu pour enfants propose tout le contraire de la variété. (À moins, bien entendu, que vous ne serviez jamais ces plats à votre enfant, à la maison.) J'incite plutôt les parents à laisser leurs enfants faire leurs expériences avec le menu des entrées. Il propose des mets intéressants, servis en portions qui conviennent aux enfants. Et puis, de nombreuses entrées sont nouvelles, mais non effrayantes. Elles sont familières, tout en présentant une légère différence : des pelures de pommes de terre, des dumplings, des boulettes de viande, des quesadillas, des nachos et des ailes de poulet. Il ne s'agit peut-être pas des mets les plus nutritifs du menu, mais nous parlons ici de variété. (Et à quel point le menu pour enfants offre-t-il des plats santé ?) Par contre, d'autres entrées sont saines et attrayantes pour les enfants : cocktail de crevettes, poulet satay, bruschetta garnie de tomates.

Vous n'avez même pas à commander un repas pour vos enfants. L'une des bonnes façons d'utiliser les restaurants pour enseigner la variété est de préparer une assiette pour les enfants à partir des plats commandés par les adultes. Disons que vous avez choisi un plat de poulet et que votre conjoint a opté pour un hamburger. Placez quelques bouchées de ces mets sur une assiette destinée à vos enfants. Ajoutez-y une petite portion de votre riz ou de vos frites et un peu du légume d'accompagnement. Vous pouvez même utiliser une partie de la garniture (habituellement une feuille de laitue et une tranche de tomate ou de concombre) pour confectionner une petite salade !

Mais, parfois, les parents utilisent les restaurants pour enseigner à leurs enfants à avoir peur des nouveaux aliments. Voici une histoire qui illustrera ce que je veux dire. Un jour, j'ai entendu une mère et son jeune enfant qui parlaient de ce qu'ils allaient commander au restaurant.

ENFANT : De la soupe à l'oignon !
MÈRE : Oh, tu n'aimeras pas ça.
[Longue pause.]
ENFANT : Du macaroni au fromage ?
MÈRE : D'accord.

Bien sûr, cette mère n'essayait pas d'enseigner à son enfant à être méfiant. Je dirais plutôt qu'elle pensait que, si elle commandait une soupe à l'oignon, son enfant n'y toucherait pas et qu'elle aurait ensuite un enfant affamé sur les bras.

Je sympathise vraiment. Mais cette mère a raté une occasion d'élargir les horizons culinaires de son enfant. Elle a également contribué à amplifier le problème dont tant de parents se plaignent : leurs enfants ne goûtent pas à de nouveaux aliments.

Qu'est-ce que cette mère aurait pu faire de différent ? Elle aurait pu satisfaire à la demande de son enfant de commander une soupe à l'oignon après lui avoir décrit le mets afin de s'assurer que son enfant savait ce qu'était une soupe à l'oignon.

Puis, elle aurait pu commander pour elle-même quelque chose que son enfant aimait aussi. Ainsi, si l'enfant refusait le nouveau plat, ils auraient pu échanger leurs assiettes.

Il existe un autre genre de restaurant que les parents peuvent utiliser pour familiariser leurs enfants à la variété: la cafétéria de l'école. Peut-être pensez-vous: « Beurk! », mais, d'après mon expérience, de nombreux enfants aiment les repas à l'école. Et les repas de la cafétéria ne sont pas aussi malsains qu'on pourrait le croire. À vrai dire, les dîners de l'école sont les plus susceptibles de donner aux enfants la possibilité de faire l'expérience de fruits, de légumes et de grains entiers. En effet, les recherches ont révélé que les parents préparent généralement des lunchs qui ne comprennent pas ces aliments et qui sont inférieurs, du point de vue nutritif, à ce qui est servi à la cafétéria. De plus, bien des lunchs préparés à la maison comportent des croustilles, des aliments préemballés et de la malbouffe à forte teneur en sucre. Une étude menée dans des centres préscolaires du Texas a indiqué que seulement 29 % des lunchs préparés à la maison contenaient des portions adéquates de fruits et légumes. Et une autre étude réalisée au Texas, où l'on comparait les repas à la cafétéria avec les lunchs préparés à la maison, a permis de constater que plus de la moitié des lunchs faits à la maison comportaient un aliment à forte teneur en gras ou en sucre. En revanche, moins de 20 % des repas de la cafétéria comprenaient ce genre d'aliments.

Si vous décidez de laisser votre enfant acheter son repas à la cafétéria, établissez des lignes directrices. L'une des façons de favoriser la variété serait de permettre à votre enfant de manger à la cafétéria deux fois par semaine et de lui préparer son lunch les autres jours. Si votre enfant veut manger un repas de la cafétéria tous les jours, ne vous en faites pas. Bon nombre d'écoles privilégient la variété et proposent des repas différents chaque jour. Cependant, même si l'école sert toujours le même menu monotone de sandwichs au bœuf et au fromage et de pizza, rappelez à votre enfant d'utiliser la règle de la rotation : pas de repas identiques deux jours de suite. (Vous pouvez aussi favoriser le principe des proportions en concluant un marché avec votre enfant sur la fréquence à laquelle il peut se permettre des friandises et des gâteries. Vous pourriez l'autoriser à boire du lait au chocolat une fois par semaine, et du lait nature les autres jours. Ou bien, des frites au dîner, mais pas de biscuits pour sa collation après l'école.)

Par ailleurs, je ne condamne pas les lunchs maison qui ne sont pas santé. En fait, je dis souvent aux parents qu'offrir un lunch « malsain » *différent* tous les jours que votre enfant mangera est une meilleure stratégie que de préparer le *même* lunch santé tous les jours que votre enfant sera disposé à manger. Rappelez-vous : nous tentons de lui inculquer l'habitude de la variété, et l'acquisition de bonnes habitudes mènera ultimement à une bonne alimentation. À mesure que les habitudes de votre enfant s'amélioreront, vous pourrez rehausser la qualité des lunchs que vous préparez. Et puis, il y a aussi qu'un lunch « malsain » différent tous les jours que l'enfant mangera vaut mieux qu'un lunch santé qu'il rejettera. Pas seulement parce que vous voulez que votre enfant ait de quoi se soutenir pour passer la journée. Un lunch rempli d'aliments sains que votre enfant n'aime pas renforce l'habitude de recherche et de destruction : les enfants recherchent, puis détruisent, les aliments qu'ils *savent* qu'ils ne mangeront pas. Je sais qu'il s'agit d'une opinion controversée, mais favoriser l'habitude de la variété à long terme est une stratégie qui finira par porter ses fruits au point de vue nutritif, à mesure que votre enfant apprendra à mieux manger.

La variété prend un peu de temps à cultiver. Pour certains enfants, il faut beaucoup de temps. Mais ayez confiance ! Pour les parents qui privilégient l'approche pédagogique, il importe peu que leur enfant accepte un nouvel aliment sur-le-champ ; ils sont patients, tandis que leur enfant s'accoutume à l'idée d'une nouvelle saveur, d'une nouvelle odeur ou d'une nouvelle texture. Ces parents sont disposés à laisser leurs enfants à faire tranquillement la transition d'un aliment à un autre et ils les laissent goûter à des aliments moins sains, afin qu'ils puissent voir la nouveauté d'un œil favorable.

Si votre enfant prend des mois avant de manger quelque chose de nouveau, ne vous en faites pas. Certains enfants seront toujours méfiants devant de nouveaux aliments, mais tout enfant peut devenir plus à l'aise face à l'idée de la nouveauté. Et même les jeunes enfants peuvent maîtriser le principe de la variété. Hector, un enfant de 3 ans, l'a prouvé, en disant récemment à sa mère : « Les crêpes que grand-maman a faites étaient très bonnes. J'aimerais ça en manger encore, un autre jour. – Un autre jour ? a demandé sa mère. – Oui, un autre jour, a répondu Hector. Pas aujourd'hui, parce que nous devons manger une "va-yé-té" d'aliments. »

CHAPITRE 8
Mes enfants aiment faire la fête continuellement
La modération dans le monde moderne

Jusqu'à maintenant, nous avons tenté de réorganiser l'alimentation de vos enfants par rapport à *ce* qu'ils mangent. À présent, nous allons aborder le sujet épineux de la *quantité* qu'ils consomment. Je veux parler de la modération, troisième et dernière habitude. Le principe est qu'on mange quand on a faim et qu'on s'arrête quand on est repu.

Je vais être franche. Enseigner la modération est quelque chose. Beaucoup de facteurs peuvent entraver l'enseignement de la modération. Vous devez trouver le moyen d'enseigner à vos enfants à manger les bonnes quantités de nourriture (ce qui n'est jamais simple, surtout si votre enfant ne mange pas assez, qu'il chipote dans son assiette, que c'est un fervent des collations ou un gros mangeur). Vous devez aussi éviter d'utiliser la nourriture pour empêcher vos enfants de s'ennuyer, d'être tristes ou de se sentir seuls. Et tout cela à une époque où l'on trouve *partout* d'énormes portions d'aliments sains et malsains.

La bonne nouvelle est que vous avez déjà effectué une grande partie du travail préparatoire. Lorsque vous avez instauré les zones d'alimentation, dans le cadre du grand ménage, vous avez enclenché le processus d'enseignement de la modération à vos enfants. Le fait d'amener vos enfants à table, disposés à manger, et de restreindre les collations incessantes (principaux avantages que procurent les zones d'alimentation) vous a placé sur la bonne voie. Si vous avez également mis en application le principe des proportions, vous passez probablement beaucoup moins de temps à inciter vos enfants à manger davantage, rien que pour leur faire consommer plus de fruits et légumes. Et chaque bouchée prise au souper compte beaucoup moins maintenant que vos enfants consomment des aliments plus sains tout au long de la journée. S'il y a eu des disputes dans votre famille à propos de la quantité de friandises et de gâteries que vos enfants pouvaient manger, je parie que le principe des proportions a aussi réglé une bonne partie de ce problème.

Dans ce chapitre, je vais vous montrer à tirer parti de ce succès. Nous utiliserons les zones d'alimentation pour enseigner à vos enfants à surveiller leur propre consommation. Je vais vous fournir des techniques propres à inciter les enfants qui ne mangent pas assez à manger davantage, et ceux qui mangent trop, à manger moins. Je vais également vous proposer des stratégies pour composer avec des portions démesurées, des buffets regorgeant de nourriture, des fêtes d'anniversaire et, oui, avec les grands-parents gâteau.

LE DILEMME DE LA FAIM

Le plus difficile, lorsqu'on veut enseigner la modération aux enfants, est ce que j'appelle le dilemme de la faim. Vous faites face au dilemme de la faim quand vos enfants disent qu'ils n'ont pas faim, qu'ils ne veulent pas manger ou qu'ils sont déjà repus… alors que *vous* savez qu'ils ont à peine mangé. D'après votre expérience, vous savez qu'ils auront faim bientôt, probablement cinq minutes après que vous aurez fini de nettoyer la cuisine.

Voici le dilemme :

> *A. Devriez-vous croire que vos bouts de chou savent de quoi ils parlent et ainsi leur faire comprendre qu'ils sont les maîtres de leur propre estomac ?*

ou

> *B. Devriez-vous ne pas tenir compte de ce que vos enfants racontent à propos de leur faim et leur dire qu'ils doivent manger davantage ?*

Si vous êtes comme la plupart des parents, vous savez que la réponse est A, mais vous agissez comme si la réponse était B. Je comprends. Laisser les enfants dicter la quantité de nourriture qu'ils vont manger est un excellent objectif. Mais chaque parent sait que cela ne fait pas toujours le poids dans le monde réel, où les enfants tombent d'inanition et où un tas d'enfants préfèrent jouer plutôt que de manger. Peut-être est-ce pour cela que les parents n'ont pas tendance à demander à leurs enfants s'ils ont assez mangé. Qu'arrive-t-il lorsque les parents le demandent ? Quand les enfants disent qu'ils ont assez mangé, les parents n'en tiennent pas compte. Ces réactions vous semblent-elles familières ?

> **Incrédulité.** Mais tu n'as mangé que quelques bouchées. Tu ne peux pas avoir assez mangé.
> **Encouragement.** Tu peux y arriver ; avale encore quelques bouchées.
> **Imploration.** S'il te plaît, ne mange que ça et tu auras fini.
> **Chantage.** Il y a des biscuits qui t'attendent, quand tu auras terminé.

Le dilemme de la faim a aussi son revers : devriez-vous croire vos enfants lorsqu'ils vous disent qu'ils meurent de faim ? (Est-ce possible qu'un enfant de 5 ans ait absolument besoin de deux portions de pâtes ? Ou qu'un enfant de première année ait besoin de trois collations après l'école ?) Ou devriez-vous contrôler ce que vos enfants mangent ? De ce point de vue, les questions nous laissent tout aussi perplexes. Mais, comme vous le verrez dans ce chapitre, vous pouvez enseigner correctement la modération à vos enfants.

COMMENT NOUS ENSEIGNONS AUX ENFANTS À TROP MANGER (OU À NE PAS MANGER ASSEZ)

Les parents ont bien raison de croire que leurs enfants ne jugeront pas correctement la taille des portions de nourriture. Les jeunes enfants ont souvent de la difficulté à accorder les mots « faim » et « rassasié » avec leurs sensations. Avez-vous déjà remarqué que les enfants disent parfois qu'ils ont faim, mais qu'ils ne mangent pas ? Quand ma fille était petite, elle disait souvent qu'elle avait mal au ventre. Parfois, elle voulait dire qu'elle avait faim ; d'autres fois, cela voulait dire qu'elle était malade. Je devais faire appel à mes compétences de détective pour déterminer ce qu'il fallait faire : devais-je nourrir ma fille ou appeler le médecin ?

Par ailleurs, on ne peut nier que les enfants déforment délibérément la vérité sur l'état de leur estomac. Vous servez un repas que vos enfants n'aiment pas ? Ils n'ont pas faim. Y a-t-il des biscuits pour dessert ? Ils ont faim. C'est assez pour rendre fou.

Et pourtant, voici la vérité : *même s'il existe un tas de raisons pour ne pas croire vos enfants lorsqu'ils disent qu'ils ont faim ou qu'ils n'ont pas faim, vous n'avez pas d'autre option. La quantité de nourriture que vos enfants ingèrent est une chose qu'ils doivent décider eux-mêmes.* Vos enfants doivent être leurs propres experts en matière d'alimentation parce qu'il est impossible pour les parents (ou même pour les pédiatres) de savoir quelle quantité de nourriture les enfants ont besoin de manger à un moment donné. Les besoins énergétiques dépendent de tellement de choses : la vitesse à laquelle les enfants grandissent, leur degré d'activité ce jour-là, à quel point le repas précédent a été bourratif, s'ils se sentent malades, etc.

Même si, par magie, vous *connaissez* la quantité que vos enfants doivent manger, vous ne devez pas intervenir. Enseigner à vos enfants à se fier à *votre* instinct plutôt qu'au leur les empêche d'apprendre l'autocontrôle. Ils n'apprennent pas à se maîtriser, alors ils ont de la place pour les légumes *et* pour le dessert ; ils n'apprennent pas à arrêter de manger avant d'avoir fini le sac de croustilles ; et ils n'apprennent pas à vivre les fêtes, comme l'Halloween, sans se rendre malades. De plus, vos doutes se concrétisent : vous croyez que vos enfants sont incapables de se contrôler, alors vous intervenez. Et parce que vous intervenez, vos enfants n'apprennent jamais à se contrôler.

Lorsque les parents exercent une pression sur les enfants pour qu'ils mangent plus qu'ils ne le veulent (« si tu ne manges pas toute ton assiette, tu n'auras pas de dessert » ; « tu n'as pas assez mangé ; prends-en encore quelques bouchées » ; « finis ton assiette ; il y a des enfants qui meurent de faim en Inde ! »), ceux-ci apprennent à ne pas tenir compte de leurs signaux internes qui leur disent s'ils ont faim ou non. Ils recherchent plutôt les signaux externes, comme l'approbation de leurs parents ou le fait qu'ils ont mangé toute leur portion.

Le chemin entre « plaire à ses parents » et « trop manger » est direct : vous demandez à vos enfants de manger davantage, et ils le font (surtout s'ils essaient de « gagner » un dessert). La taille des portions est une autre façon, plus subtile, d'enseigner aux enfants à trop manger. Il est indéniable que plus les portions sont généreuses, plus les gens consomment, qu'ils le veuillent ou non. Et il en va de même pour les enfants. Si vous doublez la quantité de nourriture dans l'assiette de vos enfants, ils mangeront une portion environ 25 % plus grande que d'habitude. Et devinez quoi ? Ils la mangeront *qu'ils aient faim ou non.*

Vous avez probablement déjà entendu dire que les enfants savent d'instinct la quantité de nourriture qu'ils doivent manger, mais, en fait, le lien entre le corps et le cerveau est facilement perturbé dans la tendre enfance. Beaucoup d'enfants n'écoutent déjà plus les signaux internes de faim et de satiété à l'âge de 3 ans. Et lorsque vos enfants sont accoutumés à manger de plus grandes portions (parce que vous leur avez demandé de manger quelques bouchées de plus ou parce que vous servez plus de nourriture qu'ils n'en ont besoin), vous créez une habitude pour la vie. Il se trouve que les gens essaient de consommer la même quantité (visuellement) de nourriture d'un repas à l'autre, quelle que soit leur faim. C'est notre « norme de consommation ». Ce ne serait pas si mal si les portions étaient de taille raisonnable, mais, de nos jours, les portions démesurées ont envahi notre environnement.

Je suis certaine que vous n'avez pas besoin que l'on vous prouve que la taille des portions a explosé, mais observez la tendance : Brian Wansink et ses collègues de l'Université Cornell ont noté que, dans certaines recettes de l'édition de 2006 de *Joy of Cooking,* la taille de certaines portions a augmenté de 62 %, depuis l'édition de 1920. La diététicienne Lisa Hill a démontré que la recette de biscuits aux pépites de chocolat qui figure au dos de l'emballage de chocolat semi-sucré Nestlé Toll House est passée de la confection de 100 biscuits à seulement 60. Or les quantités d'ingrédients sont les mêmes ; ce sont les biscuits qui sont devenus plus gros. Et d'autres aliments populaires, comme les bagels, ont également augmenté en taille. Dans les années 1960, les bagels pesaient environ 56 700 mg (2 oz) ; en 2000, ils pesaient de 113 400 à 170 000 mg (4 à 6 oz). Et les exemples se multiplient.

Si votre enfant mange peu ou qu'il a un appétit d'oiseau, il se peut que vous vous trouviez au milieu d'un conflit : vous pourriez être tenté d'enseigner à votre enfant à trop manger (cela semble si improbable) pour vous assurer qu'il mange suffisamment. Eh bien, j'ai des nouvelles pour vous : si vous arrivez à faire pression sur votre enfant pour le forcer à manger plus qu'il ne le veut, vos efforts seront contreproductifs. Les petits mangeurs ne réagissent pas à la pression comme les autres mangeurs. Sous pression, de nombreux enfants qui ne mangent pas assez mangent encore moins, *peu importe leur faim*. C'est ainsi qu'ils exercent un certain contrôle sur leur vie.

Imaginez le scénario : vous avez un enfant que la nourriture n'intéresse pas beaucoup. Vous l'encouragez, vous le cajolez, vous essayez de le tenter, mais il refuse de manger. Que faites-vous ? Naturellement, vous intensifiez vos efforts. Vous lui offrez des aliments plus tentants, comme de la crème glacée ! Vous lui faites de vaines menaces (« Si tu ne manges rien, nous n'irons pas au parc. »). Vous lui offrez de la nourriture en toute occasion. Et pourtant, vos efforts sont stériles. Alors, que faites-vous ? Vous redoublez d'efforts. Mais cela ne fait qu'empirer la situation. Vous vous trouvez alors au beau milieu d'une lutte de pouvoir, et tout ce que vous faites pour contrôler votre enfant se retourne contre vous. Et il ne s'agit pas d'un problème à court terme. À longue échéance, la pression produit les mêmes effets négatifs chez les enfants qui ne mangent pas assez que chez tous les enfants : cela les rend moins sensibles à leurs propres signaux de faim et de satiété.

Presque tout ce que les parents font pour contrôler la quantité de nourriture qu'absorbent leurs enfants finit par mener à une consommation hors de contrôle. Si vous faites pression sur vos enfants pour qu'ils mangent moins (« tu en as eu assez, arrête-toi, maintenant »), ils mangeront probablement autant qu'ils le peuvent dès qu'ils en auront l'occasion, même s'ils n'ont pas particulièrement faim. C'est spécialement vrai si vous appliquez des règles très strictes concernant les sucreries et les gâteries. (Je suis certaine que vous avez déjà vu des enfants se faire des réserves de M&M lorsqu'ils rencontrent d'autres enfants pour jouer, dans des fêtes, et chez leur grand-mère.)

Si vous poussez vos enfants à manger davantage, alors que ce que vous voulez est de les inciter à manger différemment, vous leur enseignerez aussi à manger trop. Lorsque les parents recourent au « marché du dessert » (« mange ton brocoli si tu veux un brownie »), ils risquent d'enseigner à leurs enfants qu'il est normal de manger du dessert, même quand ils sont *déjà* rassasiés. Il serait plus sain de leur apprendre à se garder de la place pour le dessert.

Le marché du dessert a d'autres effets pervers. Il peut donner de bons résultats à court terme, mais, à long terme, la pression perd de son efficacité. De plus, en rendant le dessert plus désirable et les légumes, moins, les parents s'engagent dans un autre cercle vicieux : les enfants ne mangent pas leurs légumes, les parents insistent, et les enfants mangent encore moins de légumes. L'augmentation de la pression ne fait pas que rendre les repas pénibles, elle mène aussi à une plus grande consommation en dehors des repas.

Alors, que pouvez-vous faire ? Le moment est venu d'adopter l'approche pédagogique du tableau global. Commencez par renforcer les signaux internes de faim et de satiété chez vos enfants. C'est seulement de cette façon que vos enfants apprendront à gérer eux-mêmes la modération. (Vous voudriez qu'ils volent de leurs propres ailes, un jour, n'est-ce pas ?) Puis, enseignez-leur à naviguer dans le monde d'abondance où ils vivent. Commettront-ils des erreurs ? Bien sûr, mais ce n'est pas un problème si vous transformez ces erreurs en occasions d'apprentissage. Je vais vous montrer comment. Débutons donc maintenant.

Mange tout: une leçon bien ancrée

Le « club des assiettes vidées » compte beaucoup de membres. Dernièrement, des chercheurs de l'Université de Bristol, au Royaume-Uni, ont voulu savoir à quelle fréquence les gens finissent leur assiette. Ils ont donc fait un sondage auprès de plus de 700 adultes et ont découvert qu'il est plus probable que les gens soient plus susceptibles de finir leur assiette que de manger pour assouvir leur faim :

- 91 % ont dit qu'ils avaient mangé tout leur dernier repas ;
- 28 % ont vidé leur assiette, même s'ils n'avaient plus faim ;
- 86 % ont dit qu'ils avaient prévu manger la totalité de leur repas, avant même de s'attabler ;
- 7 % ont mangé moins que prévu.

Quand les adultes apprennent-ils à finir leur assiette ? Dans leur enfance.

RÉSOLVEZ LE DILEMME DE LA FAIM

La solution la plus recommandée pour résoudre le dilemme de la faim est la « répartition des responsabilités ». Conçue par la diététicienne Ellyn Satter, la répartition des responsabilités prévoit que les parents décident ce qui sera servi, quand ce le sera et où, et les enfants décident de la quantité et choisissent lesquels de ces aliments ils veulent manger.

Ce que j'aime de la répartition des responsabilités, c'est que c'est un excellent modèle de contrôle partagé. Les parents fournissent des tas d'aliments sains, à des heures de repas et de collations régulières (j'espère que vous y reconnaîtrez une combinaison des zones d'alimentation et des principes de la variété et des proportions). Puis, ils laissent leurs enfants décider de la quantité de nourriture qu'ils veulent manger. Pas de stress, pas de disputes, pas de pression. Cela semble bien, n'est-ce pas ? Surtout que vous ne voulez probablement pas vous contenter de nourrir vos enfants, vous voulez aussi que les repas familiaux soient agréables.

Ce que je n'aime pas de la répartition des responsabilités est que c'est trop passif. Cette méthode ne donne pas d'enseignement aux enfants ; elle les laisse plutôt comprendre *par eux-mêmes.* Non seulement de nombreux enfants ont besoin de soutien pour pouvoir interpréter correctement leurs signaux de faim et de satiété, mais il est pratiquement impossible, pour la plupart des parents que je connais, de s'asseoir en silence et de regarder leurs enfants laisser de côté le brocoli, *une fois de plus.* Et il y a les parents qui essaient de forcer la consommation de légumes ou qui se servent du dessert comme moyen de chantage. Ils font ce qu'il faut pour empêcher les enfants d'apprendre à se contrôler.

Heureusement, vous pouvez enseigner à vos enfants le principe de la modération, sans conséquences involontaires, pourvu que vous intégriez votre enseignement à une structure solide. Rappelez-vous : structure solide égale moins de pression. Commençons par améliorer la capacité de vos enfants à écouter leurs signaux internes.

AIDEZ LES ENFANTS À DÉTERMINER QUAND ILS ONT FAIM ET QUAND ILS SONT REPUS

Notre corps nous envoie des messages pour nous dire quand il a faim et quand il est rassasié. Mais de nombreux enfants ne savent pas comment interpréter ces signaux. Des chercheurs du Colorado ont trouvé une excellente façon d'enseigner à un groupe d'enfants de 3 et 4 ans à contrôler leur alimentation, et vous pouvez l'essayer à la maison. C'est facile et amusant.

D'abord, parlez à vos enfants du concept de la faim, de la satiété et expliquez-leur ce que signifie trop manger et comment on se sent dans ces conditions. Vous pourriez recourir à une analogie comme faire le plein d'essence d'une voiture. Discutez du processus de l'alimentation : la manière dont interviennent notre bouche pour mâcher, notre œsophage pour avaler et notre estomac pour digérer. Puis, fabriquez de petits « estomacs » en remplissant quelques chaussettes de quantités différentes de sel. Prenez des poupées et attachez ces estomacs à leur ventre. Posez à votre enfant des questions comme : « Quelle poupée a faim ? » « Quelle poupée a assez mangé ? » « Quelle poupée a trop mangé ? » Demandez ensuite à vos enfants de placer leurs mains sur leur estomac et de vous dire s'ils ont faim, un peu, s'ils ont assez mangé ou s'ils n'ont plus faim du tout. Revenez ensuite aux poupées. Demandez à vos enfants de choisir la poupée dont l'estomac correspond au leur.

Faites cet exercice à différents moments de la journée, afin que vos enfants expérimentent différents stades de la faim. Faites-le pendant deux mois, aussi souvent que le permet votre horaire. Les chercheurs ont réalisé cet exercice avec les enfants une fois par semaine pendant quatre semaines, et 70 % de ceux-ci ont amélioré leur aptitude à se contrôler, peu importe s'ils mangeaient trop, ou pas assez, au début de l'expérience.

Si la préparation des poupées semble un effort trop grand (je ne suis pas très bricoleuse moi-même), vous pouvez utiliser des illustrations comme celles qui figurent ci-après pour parler avec vos enfants des moments où ils ont faim et des moments où ils sont repus.

Cet exercice est particulièrement utile si vous êtes le parent d'un enfant qui mange trop. Lorsque ma cliente Erin a présenté à sa fille, Kara, l'échelle ci-dessous, elle a constaté que Kara se voyait presque toujours au stade 1, même si elle venait de souper. Cela a étonné Erin ; elle ignorait que Kara croyait que sa faim était aussi intense. « Si tu étais un 1, a dit Erin à Kara, tu te sentirais probablement malade. Tu n'aurais pas assez d'énergie pour jouer ou pour aller à l'école. Est-ce comme cela que tu te sens ? » Kara a répondu non, et Erin a tenu à la rassurer : « Papa et moi, nous ne te laisserons jamais avoir aussi faim parce que nous nous assurerons toujours que ton corps a assez de nourriture pour être en santé. » Cela a fait changer la perspective de Kara sur sa propre faim. Au fil du temps, Kara a commencé à se rendre compte que, lorsqu'elle avait faim, elle se situait à 2 ou 3 et qu'après avoir mangé elle se situait presque toujours à 5. Un jour, j'ai reçu un courriel d'Erin. Elle était excitée de m'annoncer que Kara ne cherchait plus toujours de la nourriture. En fait, un soir, Kara s'est passée de dessert ; elle avait dit se sentir au stade 6 !

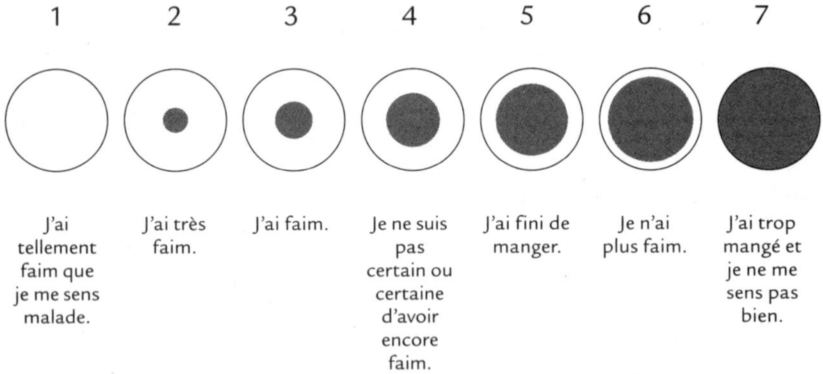

Adapté de *Take the Fight Out of Food*, de Donna Fish.

PRIVILÉGIEZ LA VÉRITÉ

Voici une autre idée radicale que vous aurez peut-être de la difficulté à accepter : vous devez laisser vos enfants manger, même si vous *savez* qu'ils n'ont pas faim. Vous devez également laisser vos enfants arrêter de manger, même si vous soupçonnez qu'ils n'ont pas assez mangé. Autrement, les enfants apprennent à mentir.

En fait, les enfants ne mentent pas vraiment. Ils se servent simplement des outils qu'on leur a fournis. Dans la plupart des familles, si les enfants veulent manger quelque chose, ils doivent dire qu'ils ont faim, même lorsqu'ils n'ont pas faim. « Ce gâteau a l'air bon ; j'ai faim. » Cela signifie aussi que, s'ils ne veulent pas manger quelque chose, ils doivent dire qu'ils n'ont plus faim, même s'ils ont encore faim. « Ces petits pois sont laids ; je n'ai pas faim. » (Cela s'apparente à la phrase « Je n'aime pas ça » que disent les enfants pour pouvoir arrêter de manger.)

Voici une anecdote qui illustre ce problème. Un jour, alors que ma fille avait environ 4 ans, j'ai dû la traîner pendant une matinée anormalement longue consacrée aux courses. Comme nous nous rendions dans une partie de la ville où nous allons rarement, située près du bar laitier préféré de ma fille, je lui ai dit que nous irions manger de la crème glacée après les courses. Après nous être précipitées toute la matinée, nous nous sommes dirigées vers le bar laitier. Il était près de midi, alors j'ai demandé à ma fille si elle avait faim. Je croyais la question plutôt anodine, mais ma fille m'a fixée en silence, et j'ai su que quelque chose n'allait pas.

J'ai attendu un instant, puis je lui ai posé de nouveau la question. Toujours rien. Après quelques minutes, j'ai compris. « Tu ne peux pas me dire si tu as faim, lui ai-je dit. Tu crains que, si tu me dis que tu as faim, je vais te faire dîner. Puis, tu n'auras plus faim pour ta crème glacée. Et si tu dis que tu n'as pas faim, tu crains que je ne te laisse pas manger de crème glacée parce que, d'habitude, nous ne mangeons pas quand nous n'avons pas faim. Est-ce que c'est ça ? » Ma fille a hoché la tête. Ses yeux se sont remplis de larmes. Elle était dans une impasse ; elle voulait vraiment cette crème glacée.

« Et si tu me disais la vérité ? Je te promets que tu pourras avoir de la crème glacée, quelle que soit ta réponse », lui ai-je proposé. Cela a rassuré ma fille suffisamment pour qu'elle admette, avec hésitation, qu'elle avait vraiment faim. Je lui ai donc offert de nous arrêter à un restaurant pour partager une petite salade. Après cela, nous irions manger une crème glacée.

Insister pour que les enfants mangent au moins un aliment santé avant de passer aux gâteries est une stratégie parentale courante. Mais je n'*utilisais* pas la crème glacée pour faire manger une salade à ma fille. J'essayais de lui enseigner quelque chose à propos de la faim. Qu'aurais-je fait si ma fille avait dit qu'elle n'avait pas faim ? Si nous avions eu le temps, j'aurais retardé le repas d'une heure, afin que ma fille ait plus d'appétit. Puis, nous aurions pris un léger repas avant de manger de la crème glacée. Sinon, j'aurais emmené ma fille manger sa crème glacée, comme promis. Je lui aurais simplement parlé d'abord de la faim : « Rappelle-toi, lui aurais-je dit, tu n'as pas vraiment faim. Normalement, il vaudrait mieux attendre que tu aies faim, mais nous n'avons pas le temps, aujourd'hui. Alors, nous n'allons manger qu'une petite crème glacée. Tu ne dois pas trop manger ni avoir mal au ventre. »

Manger est une affaire compliquée. Pour que les enfants soient sincères avec vous au sujet des raisons pour lesquelles ils veulent manger, ils ont besoin du vocabulaire pour parler des différentes raisons pour lesquelles les gens mangent. Trouvez un moment tranquille, alors que vos enfants ne sont pas à proximité de la nourriture, et parlez-leur de ces différentes raisons. Puis, donnez quelques conseils à vos enfants pour composer avec chacune de ces situations. Par exemple, en plus de la faim de l'estomac, les gens mangent souvent pour les raisons suivantes :

- **Faim gustative.** Cela arrive lorsqu'un aliment a l'air bon. Dans ces circonstances, il vaut souvent mieux en manger une petite portion, juste pour y goûter. Ou bien garder cet aliment pour un moment où l'on aura vraiment faim.
- **Faim pratique.** Il arrive qu'on doive manger pour des raisons pratiques, comme lorsqu'on n'aura pas le temps de manger à l'heure du repas. Dans ce cas, vous aurez peut-être à avaler quelques bouchées, même si vous n'avez pas faim.
- **Faim émotionnelle.** Il y a des fois où l'on veut manger pour apaiser un sentiment de malaise. Enseignez à vos enfants qu'il vaut mieux demander un câlin, pleurer ou faire de l'exercice – ce qui semblera le plus approprié pour votre enfant, dans les circonstances.

Lorsque Melissa a eu cette conversation avec son fils de 7 ans, Jared, il a réagi en disant qu'il croyait qu'il ressentait tout le temps la faim gustative et qu'il était grandement soulagé de savoir qu'il était normal ! Mais Melissa n'était pas aussi soulagée. En fait, elle était plutôt troublée. Elle m'a téléphoné pour discuter de ce qu'elle devait faire, et je lui ai recommandé de persévérer. « Continuez à aider Jared à évaluer ce qu'il mange, lui ai-je dit, et demandez-lui de réfléchir à ce qu'il ressent après avoir mangé, surtout s'il n'avait pas très faim. » Je lui ai suggéré de se livrer à un exercice de remue-méninges avec Jared afin de l'aider à composer avec sa faim gustative, en prenant soin de ne pas le faire se sentir coupable (parce que cela l'aurait sûrement incité à dire qu'il ressentait la faim de l'estomac). Augmenter la conscientisation de Jared allait, avec le temps, lui enseigner à gérer son alimentation.

En apprenant à parler plus aisément de la faim, vos enfants cesseront de vouloir déjouer le système (en disant qu'ils ont faim pour avoir accès à de la nourriture ou en disant qu'ils n'ont pas faim pour éviter de manger). Bien sûr, la seule façon dont cela peut fonctionner est d'éviter de dire à vos enfants de ne pas manger s'ils expriment la « mauvaise » catégorie de faim. C'est particulièrement important si votre enfant mange avec excès et qu'il craint que la nourriture ne disparaisse. Mais même les mangeurs moyens, c'est-à-dire les enfants qui ne s'inquiètent habituellement pas de leur accès à la nourriture, pourraient en venir à dire qu'ils meurent de faim si c'est le seul moyen dont ils disposent pour que vous les laissiez manger une part de gâteau. Au fil du temps, les enfants qui apprennent à mentir à leurs parents en viennent à se mentir à eux-mêmes. Et c'est là que réside le vrai danger, parce que mentir n'est qu'une autre façon, pour les enfants, de se déconnecter de ce que leur corps leur dit sur la faim et la satiété.

LAISSEZ LES ZONES D'ALIMENTATION FAIRE LE TRAVAIL

Il peut arriver que, même après avoir discuté avec vos enfants de la faim et de la satiété jusqu'à en perdre le souffle, vous ayez toujours de la difficulté à passer au travers d'un repas en toute quiétude. Cole, le fils de 3 ans d'Ivy, mangeait sans entrain au souper. Lorsqu'à la fin du repas elle lui demandait : « Écoutes-tu ton estomac ? », il répondait toujours oui et sortait de table. Elle essayait de le convaincre de revenir pour passer du temps privilégié avec elle, tout en l'encourageant à penser à son estomac et à manger un peu plus. Cole adorait cette attention, mais il mangeait rarement plus. Puis, 30 minutes plus tard, alors qu'il se préparait à aller se coucher, Cole se mettait à pleurer. Réglé comme une horloge, Cole avait faim. Ivy cédait habituellement aux supplications de son fils pour avoir de la nourriture.

Autrement, disait-elle, la crise pouvait durer des heures. Que pouvait-elle faire d'autre ?

C'est un problème courant, et la solution est étonnamment simple : renforcer les zones d'alimentation et laisser la structure effectuer le travail pour vous. Ivy aurait pu utiliser les zones d'alimentation de différentes façons pour résoudre le problème :

- Désigner le souper comme étant la dernière zone d'alimentation de la journée. Ivy pourrait établir clairement qu'il n'y aurait pas de collation avant le coucher. Le premier soir, elle pourrait expliquer la règle. Si Cole décidait de ne pas manger assez au souper et qu'il ait faim par la suite, elle pourrait dire : « C'est cela que je voulais dire. Si tu ne manges pas assez au souper, tu auras faim. Je vais te donner une collation ce soir, mais maintenant, tu sais ce qui arrive lorsque tu ne manges pas ton souper. » Le lendemain soir, elle pourrait parler de nouveau à Cole avant le repas : « Rappelle-toi ce qui est arrivé, hier. Si tu as faim encore ce soir, tu n'auras pas de collation. » Puis, elle devrait rester sur ses positions. Si Cole avait faim, il n'y aurait pas de collation, même s'il faisait une crise. Ivy pourrait le rassurer en lui disant que sa faim ne serait que temporaire et qu'il aurait quelque chose à manger le lendemain matin.
- Créer une zone d'alimentation du souper, suivie d'une zone collation juste avant le coucher. En fixant une collation à l'heure du coucher, Ivy mettrait fin à leur lutte de pouvoir. Elle serait moins tentée d'insister auprès de Cole pour qu'il mange au souper. Et Cole n'aurait pas à piquer une crise pour avoir quelque chose à manger avant d'aller au lit ; il saurait que la collation s'en vient. Il vaudrait mieux que la collation de Cole soit ennuyeuse (quelque chose qu'il ne déteste pas, mais qu'il n'adore pas, comme

du lait ou du fromage cottage). Une friandise serait propre à l'inciter à moins manger au repas.

En utilisant les zones d'alimentation, Ivy éliminerait les facteurs qui jouaient contre elle : la pression, l'attention et la lutte de pouvoir, ce qui créerait une meilleure dynamique. Cole devait savoir qu'il ne pouvait pas avoir d'influence sur les moments où il avait accès ou non à la nourriture, même s'il faisait une crise. Et Ivy avait besoin de savoir que Cole avait bien des occasions de manger, *s'il le voulait.* Ivy devait également continuer à parler à Cole du lien entre avoir faim et manger. Il finirait par bien saisir le tout.

Vous devez aussi fixer des zones d'alimentation fermes lorsque votre enfant a tendance à trop manger. Une fillette, Caroline, avait toujours de la difficulté à s'arrêter de manger. Peu importe la quantité de nourriture qui se trouvait dans son assiette, elle en voulait toujours davantage. Sa mère, Kay, trouvait cela extrêmement frustrant. « Je veux qu'elle se satisfasse de portions plus petites, m'a dit Kay. Je connais la quantité de nourriture que doit consommer un enfant de 7 ans, et je sais que ce n'est pas *autant.* » Mais plus Kay tentait de contrôler l'alimentation de Caroline (en lui parlant de la taille des portions, en limitant le nombre de portions qu'elle pouvait manger, en lui suggérant des collations santé), plus Caroline semblait manger. La situation était stressante.

J'ai dit à Kay de laisser la question de la quantité dans les mains de Caroline, mais elle craignait (cela se comprend) que, si elle le faisait, Caroline ne s'arrêterait jamais de manger. Puis, nous avons parlé des zones d'alimentation, et Kay s'est sentie un peu mieux. Après tout, je ne proposais pas un « buffet à volonté ». « Dites à Caroline, lui ai-je conseillé, que vous lui laissez entre les mains la question de la quantité de nourriture qu'elle peut absorber. Puis, dites-lui qu'elle peut manger autant qu'elle le veut, mais qu'elle n'aura que trois repas et deux collations par jour. Et permettez-lui de collaborer : montrez-lui l'horaire des zones d'alimentation et demandez-lui si elle a des suggestions. » J'ai souligné que la participation de Caroline s'étendrait à l'établissement des horaires et à la préparation de la nourriture. Bien sûr, j'ai aussi encouragé Kay à continuer à parler à Caroline du lien entre la faim et la satiété.

Une semaine plus tard, Kay avait d'excellentes nouvelles à m'annoncer : Caroline n'avait pas demandé à se resservir une seule fois depuis que la nouvelle formule avait été mise en place. Kay était étonnée, parce que le changement s'était opéré très rapidement. Ce dont Kay ne s'était pas rendu compte, c'est qu'en contrôlant l'accès de Caroline à la nourriture elle lui avait fait craindre que la nourriture ne soit rare. Par conséquent, Caroline se gavait, toutes les fois qu'elle le pouvait. Établir des zones d'alimentation bien précises a eu l'effet contraire. En sachant exactement combien de fois par jour elle pourrait manger, Caroline était sûre d'avoir accès à suffisamment de nourriture, et de savoir qu'elle pouvait manger autant qu'elle le voulait lui a fait bien plaisir.

LA STRUCTURE DIMINUE LA PRESSION

Les zones d'alimentation procurent le cadre de base pour inculquer la modération, mais il existe d'autres changements structuraux qui vous aideront à enseigner à vos enfants la quantité de nourriture qu'ils doivent absorber.

Servez des portions extrêmement petites

Servez moins de nourriture que ce que vous espérez que vos enfants mangent. Rappelez-vous la notion de norme de consommation : nous mangeons la quantité de nourriture que nous avons l'habitude de manger. Dans notre culture, il vaut mieux habituer les enfants à manger moins que trop. Même si votre enfant est un petit mangeur, lui servir des portions réduites peut le mener à manger mieux. Une mère que je connais a renversé l'habitude de sa fille de refuser de la nourriture en lui donnant le genre de repas suivants :

- Trois raisins jaunes, deux craquelins ronds, deux petits pois et trois bouchées de pépites de poulet ;
- Trois petits morceaux de muffin, trois bouchées de pêche et trois bouchées de hot-dog.

Ces repas peuvent sembler ridiculement petits, mais c'est pour cette raison qu'ils ont fonctionné. Les grandes portions perturbent les enfants qui ont peu d'appétit, alors que les petites portions sont libératrices. Et rappelez-vous : les enfants qui ont encore faim peuvent toujours se resservir. Imaginez votre joie lorsque vous entendrez pour la première fois : « Est-ce que je peux en avoir encore ? »

En fait, ces petits repas ne sont pas très loin de la quantité minimale de nourriture que doivent ingérer les bambins. Dans son livre intitulé *Touchpoints*, le pédiatre T. Berry Brazelton dit que le minimum absolu, dans l'alimentation d'un enfant de 2 ou 3 ans, est le suivant : 475 ml (16 oz) de lait, ou l'équivalent en fromage, en yogourt ou en crème glacée ; 56 700 mg (2 oz) de protéines contenant du fer (viande ou œufs) ou de céréales enrichies de fer ; 30 ml (1 oz) de jus d'orange ou d'un fruit frais ; et une multivitamine (pour compenser les légumes qui n'ont pas été mangés).

L'une des façons de favoriser les petites portions consiste à laisser vos enfants se servir eux-mêmes. Non seulement c'est amusant (les jeunes enfants semblent adorer cela), mais cela les aide à sentir qu'ils sont maîtres de la situation. Et il se produira autre chose : il est probable que vos enfants adaptent la taille de leurs portions à la quantité de nourriture qu'ils mangeront. Lorsque les enfants se servent eux-mêmes, ils ont tendance à manger environ 25 % de moins de nourriture. Que votre enfant ait tendance à manger trop, ou pas assez, il s'agit d'une bonne nouvelle, car cela signifie que les enfants font correspondre la taille de leurs portions à leur appétit et non aux « règles externes » sur la quantité de nourriture qu'ils doivent consommer.

Parfois, comme lorsque vous préparez le lunch pour l'école, vous ne pouvez pas faire de petites portions. Et vous ne pouvez pas laisser vos enfants se servir eux-mêmes. Alors, que pouvez-vous faire ? Consultez vos enfants ! Demandez-leur la quantité de nourriture qu'*ils* veulent apporter à l'école. Puis, vérifiez auprès d'eux, après l'école, si la quantité était appropriée. Faites les ajustements nécessaires et continuez à vérifier auprès de vos enfants. Pour vous assurer d'éviter la pression, dites clairement à vos enfants qu'ils ne sont *jamais* obligés de manger tout ce qui est dans leur boîte à lunch. Et si vous craignez que vos enfants n'aient opté pour des portions trop petites, ajoutez à leur lunch un fruit supplémentaire. Dites-leur : « J'ajoute cette pomme, juste au cas ; tu n'es pas obligée de la manger. » Si le fruit revient entier, vous saurez que la petite portion était suffisante.

Déterminez si votre enfant a vraiment besoin d'une collation

Les enfants qui ont plus de collations mangent plus. Mais ont-ils besoin de ce supplément de nourriture ? Il semblerait que non. En 2004, une équipe de chercheurs a étudié les habitudes de consommation d'un groupe d'enfants de 4 à 6 ans, et ils ont découvert que les enfants consomment environ 40 % plus de nourriture et 30 % plus de calories au cours d'une journée lorsqu'ils ont trois collations, par comparaison avec les jours où ils ne prennent pas de collation du tout. Si les enfants avaient besoin de l'énergie que fournissent les collations, alors ils augmenteraient naturellement la quantité de nourriture qu'ils ingèrent les jours où ils n'ont pas de collation. Ils auraient plus faim. Mais ce n'est pas le cas. Les enfants mangent moins et consomment moins de calories les jours où ils n'ont pas de collation.

Je sais que le message selon lequel les enfants n'ont pas *besoin* de collations va à l'encontre de tout ce que vous avez déjà entendu, mais des tas de preuves viennent réfuter cette idée. Et, malgré la croyance persistante selon laquelle prendre une collation est une saine habitude, les preuves tendent à établir que ce n'est pas le cas : les enfants d'aujourd'hui consomment généralement 168 calories de plus dans leurs collations qu'ils ne le faisaient en 1977. (Cela signifie-t-il qu'à l'heure de la collation les enfants ont faim pour 168 calories de plus qu'autrefois ?) La plupart des calories que contiennent les collations proviennent de desserts et de boissons sucrées, mais les collations salées et les bonbons constituent la catégorie de collations enregistrant la plus forte croissance. Lorsqu'on combine cela au fait que les enfants d'autres pays, comme la France, n'ont pas les mêmes habitudes que les enfants américains en matière de collations, on peut s'interroger sur la pratique de la collation.

À mon avis, cela signifie que la collation fait partie d'une philosophie. C'est une approche de l'alimentation. Ce n'est pas une nécessité. Alors, sentez-vous libre de sauter la collation si c'est ce que vous voulez faire. Si vous décidez de laisser vos enfants prendre régulièrement une collation, assurez-vous que ce n'est pas sur demande. Non seulement il est plus facile de servir des collations santé lorsque vous les avez planifiées, mais apprendre à attendre avant de manger est une composante clé de l'apprentissage de la modération.

L'avantage de la faim

Êtes-vous à l'aise face à la faim de votre enfant? Pas l'inanition, mais la faim modérée ressentie entre les repas ou les collations. Beaucoup d'entre nous sont des «fuyards de la faim», craignant *toutes* les faims. Mais la faim comporte un avantage:

- Les bambins ont besoin d'établir le lien entre les sensations de leur estomac, soit le problème (la faim) et la solution (manger). S'ils ne ressentent jamais la faim, ils n'établiront jamais ce lien.
- Du moment que les enfants commencent à manger lorsqu'ils ont *moins* faim, ils ne s'arrêteront pas avant d'avoir *trop* mangé. C'est le changement dans les états physiques, du début à la fin du processus, qui aide à envoyer les signaux de satiété.
- Les enfants qu'on laisse avoir faim ont plus de facilité à établir la distinction entre la faim physique et la faim émotionnelle, parce qu'ils connaissent les sensations associées à la faim physique.
- Les enfants qui apprennent qu'ils peuvent survivre à la faim à court terme apprennent qu'ils n'ont pas à la craindre. La peur de la faim est ce qui mène bien des gens à trop manger.

Ne comptez pas trop sur le souper

Plutôt que de vous disputer avec vos enfants pour qu'ils mangent davantage (ou différemment) au souper, réduisez l'importance de ce repas pour leur santé. Songez à inscrire les aliments importants (comme le poulet et les légumes) au menu du midi ou de la collation en après-midi. Employez-vous à rendre le souper agréable. Les repas perturbés et désagréables rendent les enfants encore plus difficiles, au point de vue de l'alimentation, et cela a tendance à inciter les parents à exercer encore plus de pression sur leurs enfants pour qu'ils mangent.

Permettez la consommation en cours de route

Vous avez probablement déjà entendu dire que les enfants devaient toujours manger à la table, mais l'art d'être parent englobe la capacité à gérer des objectifs multiples. Bien sûr, vous voulez enseigner les bonnes manières à table à vos enfants, mais vous voulez aussi qu'ils mangent. Si votre enfant a de la difficulté à manger à table, songez à servir un ou deux repas par jour à table, et préparez tout le reste pour emporter. Déposez de très petites bouchées (trop petites pour causer un étouffement) sur un plateau, à proximité du lieu où vos enfants jouent (ou dans un sac de plastique qu'ils peuvent emporter), et vérifiez combien ils en mangent. Des sandwichs, des fruits, des légumes, des craquelins et du fromage sont tous d'excellents aliments à emporter. À mesure que vos enfants grandissent, vous pouvez leur servir de plus en plus de mets à la table.

Aidez vos enfants à manger

Les jeunes enfants sont très fatigués, à la fin de la journée. Ils peuvent même être trop fatigués pour manger. Il faut beaucoup de coordination mentale et physique pour placer la nourriture sur la fourchette, puis placer la fourchette dans sa bouche ! Songez à aider vos enfants en leur mettant quelques cuillerées dans la bouche ou en piquant quelques morceaux avec leur fourchette pour qu'ils n'aient pas à faire tout le travail difficile ! Prêtez attention à vos motivations, aussi. Si vous tentez uniquement de faire manger davantage votre enfant, il s'en apercevra et résistera. Si votre motivation est d'aider ou d'être amusant, votre enfant le remarquera aussi. Vous pourriez vouloir aider vos enfants, même s'ils n'en ont pas besoin ; pour les jeunes enfants, cela fait partie du plaisir de manger ensemble. Il s'agit de leur version de la conversation à l'heure du repas.

Pratiquez les pauses

Vous avez la quasi-certitude que votre enfant a assez mangé, et pourtant il continue. Que pouvez-vous faire ? Vous pouvez miser sur le pouvoir de la pause. Faire une pause. Pendant le repas. Cela donne l'occasion de décider. Si on en veut davantage. C'est simple. Un réflexe. Automatique.

Tout ce qui vient freiner l'élan, lorsque nous mangeons, peut réduire la quantité que nous ingurgitons. Faire une pause est particulièrement utile pour ceux qui mangent trop de façon chronique, mais tous les enfants peuvent tirer parti de cette manière de manger. Commencez par expliquer qu'il faut un certain temps avant de sentir qu'on a assez mangé et que de faire une pause permet à notre corps d'envoyer au cerveau le message suivant : « Hé, j'ai assez mangé. Il est temps d'arrêter ! » Incitez vos enfants à jouer (ou à faire n'importe quoi d'autre, loin de la table), pendant 15 à 20 minutes. Enfin, faites une vérification auprès de vos enfants, une fois le délai écoulé. Il est fort probable qu'ils auront oublié la nourriture. Et dans le cas contraire ? Invitez-les à manger davantage, même si vous croyez qu'ils ont assez mangé.

Rapetissez les bouchées

Les gens ont tendance à manger le même nombre d'aliments, quelle qu'en soit la taille. Des enfants de cinquième et de sixième année qui se sont vu offrir des biscuits à l'heure du thé, en après-midi, à l'école, en ont mangé moins de grammes les jours où les biscuits étaient plus petits. Autrement dit, si vous avez l'habitude de manger trois biscuits, vous mangerez trois biscuits. Si ces biscuits sont petits, vous ingérerez donc moins de nourriture que s'ils sont plus gros.

Reformulez la question « As-tu faim ? »

Lorsque des parents veulent savoir si leur enfant a faim ou s'il a assez mangé, ils ne posent parfois qu'une partie de la question : « As-tu faim ? » Ou bien : « As-tu assez mangé ? » Ces questions dirigées suggèrent la réponse que vous désirez entendre.

Posez plutôt la question suivante : « As-tu faim ou as-tu assez mangé ? » Il s'agit d'une question neutre, équilibrée, qui laisse les enfants libres de répondre comme ils veulent. Cela les aide à vérifier leur état physique, plutôt que de simplement les amener à dire ce que vous voulez entendre.

Une par une

Laissés à eux-mêmes, la plupart des enfants mangeront leurs aliments dans un ordre décroissant : ils commenceront par les aliments qu'ils aiment le plus (les pâtes) et finiront par ceux qu'ils aiment le moins (les petits pois). Mais lorsqu'ils arrivent aux petits pois, ils n'ont plus très faim et ils sont contents d'arrêter de manger. Ou bien, ils demanderont une deuxième portion de l'aliment qu'ils préfèrent. Alors, comment faire manger les légumes à vos enfants sans réduire à rien ce que vous leur avez enseigné sur la modération ?

Commencez par établir la quantité de fruits et légumes que vos enfants ont déjà mangée. (Comme vous avez déjà instauré le principe des proportions, j'imagine que ce devrait être une bonne quantité.) Passez maintenant à la leçon suivante : comme ils ne savent jamais quand ils n'auront plus faim, ils doivent manger un peu de tout, pendant tout le temps qu'ils mangent.

Voici la technique que j'appelle « une par une ». Vous vous rappelez lorsque votre mère vous disait de manger une bouchée de tout ce qu'il y avait dans votre assiette avant de manger une deuxième bouchée de quoi que ce soit ? Eh bien, il s'agit de cette technique : une bouchée de ceci, une bouchée de cela. (Il n'est pas nécessaire de compter les bouchées ; c'est le principe général que nous voulons appliquer.)

La technique « une par une » encourage les enfants à manger d'une manière neutre, sans pression. C'est le genre d'incitation que les enfants sont prêts à entendre. Il s'agit également d'une « stratégie d'égalité des chances », qui ne fait pas des légumes « les bons » et des desserts « les méchants ». Déposez une petite quantité de chaque aliment dans l'assiette de votre enfant (afin que le défi semble réalisable). Puis, pendant le repas, faites un gentil rappel auprès de votre enfant : « N'oublie pas : une par une. » Que faire s'il refuse ? N'argumentez pas. Refaites simplement votre demande le lendemain soir. La technique « une par une » finira par l'emporter.

Entre-temps, si votre enfant demande une deuxième portion de son aliment préféré sans avoir mangé une bouchée de l'aliment que vous voulez vraiment le voir consommer, ne désespérez pas. Servez une deuxième portion à votre enfant. Mais, auparavant, essayez cette tactique de report : « Je vais te resservir dans un moment, quand j'aurai mangé un peu plus de mon repas. En attendant, pourquoi ne manges-tu pas un peu de carottes ? » Bien des fois, sachant qu'ils auront droit à une deuxième portion de leur aliment préféré, les enfants mangeront avec entrain une bouchée ou deux de légumes. Sinon, n'oubliez pas que les leçons sur la modération sont plus importantes que la consommation de légumes.

Quel genre d'atmosphère de repas créez-vous à la maison ?

Recréez-vous involontairement l'atmosphère qui favorise l'obésité à l'échelle mondiale ? Procédez à la vérification du gobelet. Si votre enfant trimballe un gobelet de 355 ml (12 oz) que vous avez rempli de jus de pomme, ce gobelet devrait fournir plus de 150 calories et environ 33 g de sucre. Et cela enseigne à votre enfant à boire beaucoup. C'est un pas vers la nécessité de boire 946 ml (32 oz) de boissons gazeuses plus tard dans la vie !

Vous pouvez abaisser les normes de consommation de vos enfants sans prendre de mesures draconiennes. Brian Wansink, chercheur à l'Université Cornell, donne quelques trucs que vous pouvez utiliser pour orienter les habitudes de vos enfants vers la modération :

- Utiliser de petites assiettes et de petites tasses ;
- Plutôt que de manger directement de la boîte ou de l'emballage, utiliser de petits bols, et remballer le contenu des boîtes géantes dans des sacs plus petits ;
- Au restaurant, partager les frites et les hors-d'œuvre plutôt que le plat principal.

Ne concluez pas le marché du dessert

Neutralisez le pouvoir du dessert en laissant agir le principe des proportions : ne servez des sucreries à la fin du repas qu'à l'occasion. Puis, laissez chacun manger une portion appropriée de dessert, que vous croyiez qu'il l'ait méritée ou non.

SI TU ES GENTIL OU GENTILLE, TU POURRAS AVOIR UN BISCUIT !

Qui n'a pas eu recours à ce genre de petit chantage ? La nourriture, particulièrement les sucreries, a le pouvoir de produire des résultats miraculeux (ainsi, les enfants attendent patiemment la fin d'un appel téléphonique ou acceptent de faire la queue à la banque et même de faire les courses au supermarché qui prennent un temps *infini*). Avez-vous déjà dit : « Tu pourras avoir de la crème glacée si tu joues calmement pendant encore 15 minutes » ?

Résistez à cette envie. Lorsque vous tentez d'acheter vos enfants au moyen de gâteries, vous envoyez des messages confus sur le rôle que la nourriture devrait jouer dans leur vie. Nous consacrons tant d'énergie à promouvoir une saine alimentation… et nous récompensons nos enfants lorsqu'ils se comportent bien en leur donnant des brownies !

Lorsque les parents récompensent leurs enfants avec du dessert, ces enfants deviennent des adultes qui se récompensent avec du dessert. Mais ce n'est pas uniquement la consommation de dessert qui est en jeu. Les gens qui grandissent dans une famille où la nourriture est utilisée en guise de récompense pour les réussites et les bons comportements sont plus susceptibles d'être extrêmement préoccupés par leur poids, de connaître des fluctuations de poids et d'autres problèmes liés aux régimes amaigrissants à répétition. Une étude de l'Université Yale réalisée en 2003 a trouvé un taux plus élevé de boulimie parmi les adultes qui se rappellent que leurs parents utilisaient la nourriture pour contrôler leur comportement. Houla !

Il en va de même pour le recours à des sucreries ou à des aliments réconfortants pour apaiser la détresse d'un enfant. Lorsque votre enfant se montre de mauvaise humeur, lui donnez-vous automatiquement quelque chose à manger ou à boire ? Donnez-vous à votre enfant quelque chose à manger ou à boire s'il s'ennuie ou s'il est perturbé, même si vous savez qu'il n'a pas faim ? Cette pratique a un prix. La plupart des enfants perdent l'appétit lorsqu'ils sont perturbés, mais si vous utilisez régulièrement la nourriture pour résoudre les problèmes de vos enfants, ne vous étonnez pas s'ils apprennent à gérer leurs émotions en s'attaquant à un pâté au poulet.

GÉREZ LES FRIANDISES ET LES GÂTERIES

Selon l'approche pédagogique, il vaut généralement mieux laisser les enfants décider de la quantité de nourriture qu'ils ingéreront, sauf en ce qui concerne les friandises et les gâteries. Dans ce rayon, les enfants ont besoin de conseils éclairés. Même Ellyn Satter, la diététicienne qui a conçu la répartition des responsabilités (les parents décident de *ce* qui sera servi et les enfants décident de la *quantité*), croit que les enfants ont besoin d'un peu d'aide pour apprendre ce qu'est une portion appropriée en ce qui concerne les aliments comme les desserts, et je suis d'accord avec elle.

Ellyn Satter recommande que les parents imposent à leurs enfants la limite d'une portion de dessert. De plus, elle recommande de servir le dessert en même temps que le plat principal afin de neutraliser le pouvoir d'attraction des desserts sur les enfants. (Pour en apprendre davantage sur la position d'Ellyn Satter en matière de desserts, consultez « Using 'Forbidden' Food », sur son site Web, à <ellynsatter.com>.) Cette stratégie me plaît, et je la porte un peu plus loin. Établissez quelques lignes directrices sur la fréquence à laquelle vos enfants peuvent manger des « gâteries » (une fois par jour ? trois fois par semaine ?), puis laissez vos enfants décider du *moment* où ils le feront. Même s'ils décident de manger des bonbons au saut du lit.

Vous me croyez peut-être cinglée, mais laissez-moi m'expliquer. D'abord, les bonbons ne sont pas plus mauvais pour vos enfants le matin qu'ils ne le sont dans l'après-midi. En fait, beaucoup de bonbons contiennent moins de sucre que certains aliments que les parents servent régulièrement le matin. Deux chocolats « Hershey's Kisses » contiennent environ 5 g de sucre. En comparaison, un bol de Frosted Flakes en contient 11, un yogourt aux bleuets YoBaby, 12, et deux crêpes aux bleuets Eggo, 7, sans compter le sirop.

Mais ce n'est pas la véritable raison pour laquelle je prône cette méthode. L'avantage de laisser les enfants manger des bonbons le matin (si c'est ce qu'ils veulent faire) est que cela permet de leur donner ce qu'ils veulent le plus : le contrôle. Une fois que votre enfant sait à quelle fréquence il peut manger des bonbons et à quelle quantité il a droit et qu'il peut décider quand en manger, les supplications et les lamentations prennent fin. Sinon, vous faites face à un problème de comportement et non à un problème lié à l'alimentation.

Je vous recommande fortement de prévoir un tiroir à bonbons (ou à friandises) dans votre maison. Cela permet à vos enfants de prendre leurs responsabilités quant à leur consommation de friandises et de baisser le pouvoir des friandises d'un cran ou deux. Le tiroir à bonbons constitue aussi une excellente façon de gérer les formats familiaux (ou les cadeaux des grands-parents, ou les bonbons reçus à l'Halloween, etc.). Avez-vous déjà remarqué que vos enfants veulent manger tout le sac, sur-le-champ, quelle qu'en soit la taille ? Lorsque vous répartissez le contenu, l'ensemble de bonbons n'a plus l'air de constituer un tout, et vos enfants ne pensent plus qu'ils doivent tout manger d'un coup. Alors, le format familial perd de son pouvoir, et les règles de la maison prennent le dessus.

Je peux comprendre que l'idée d'un tiroir à friandises puisse vous faire paniquer (« mon enfant mangera tout ce qu'il peut se mettre dans la bouche dès qu'il en aura l'occasion ! »), mais rappelez-vous que vous avez fixé des limites. Même si, au début, vos enfants se laissent un peu emporter à l'idée du tiroir à friandises, ils se calmeront une fois que leur accès à des sucreries deviendra normal et qu'ils auront appris à se maîtriser.

Selon l'approche pédagogique, il est moins important que les parents surveillent étroitement la quantité de bonbons mangés et plus important que les enfants apprennent à se maîtriser. Dans une étude classique, on a offert une guimauve à un groupe d'enfants de 4 ans. On leur a dit qu'ils pouvaient manger la guimauve tout de suite. Cependant, s'ils attendaient 10 minutes avant de la manger, ils recevraient 2 guimauves. La plupart des enfants ont décidé de manger une seule guimauve. Mais le tiers des enfants ont attendu. Des années plus tard, les enfants qui avaient attendu pour manger leur guimauve ont enregistré 210 points de plus à leur test SAT (évaluation des aptitudes) en mathématiques et en aptitudes verbales que les enfants qui l'avaient mangée sur-le-champ ! Rien que ces résultats suffisent pour que nous aidions les enfants à maîtriser leurs impulsions. Mais la maîtrise des impulsions peut aussi aider les enfants à acquérir une gamme de compétences émotionnelles et sociales comme la confiance en soi, l'autonomie, l'affirmation de soi et la capacité de faire face à l'adversité et au stress.

Ce n'est pas le tiroir de friandises lui-même qui enseigne la maîtrise de soi, alors si l'idée d'en avoir un ne vous plaît vraiment pas, oubliez ça. Vous pouvez enseigner la maîtrise de soi simplement en faisant participer vos enfants au processus de décision sur le moment où ils peuvent manger des friandises. Une fois que vous avez fixé la limite quotidienne ou hebdomadaire, parlez des moments à venir où il y aura de la malbouffe : « Nous allons à une fête où il y aura des petits gâteaux et des bonbons. Tu peux avoir un beigne maintenant, mais tu ne pourras pas manger de sucreries plus tard. Qu'est-ce que tu préfères ? »

Une femme que je connais avait une dispute avec ses enfants presque tous les jeudis. Chez elle, le jeudi était le jour où l'on mangeait des beignes pour déjeuner. Lorsque la femme allait chercher ses enfants après l'école, ils lui demandaient souvent d'autres gâteries. Si elle refusait, les enfants se plaignaient jusqu'à ce qu'elle cède. Après que la mère eut expliqué à ses enfants qu'ils pouvaient choisir entre les beignes et les biscuits, ils se sont montrés satisfaits de la décision qu'ils avaient prise.

Même les jeunes enfants peuvent participer au choix de leurs friandises. Bien sûr, ils sont plus portés à choisir le « maintenant » que le « plus tard », mais ce n'est pas une raison de ne pas les faire participer au processus décisionnel. En fait, vous les aiderez à acquérir la maîtrise de soi. Les jeunes enfants sont plus susceptibles d'oublier, dans l'après-midi, qu'ils ont déjà mangé leur friandise dans l'avant-midi. Alors, ne vous attendez pas à ce que vos enfants se rappellent leurs choix. Donnez à vos enfants un genre de signal visuel (comme un tableau ou un aimant de réfrigérateur) pour leur rappeler le nombre de bonbons auquel ils ont droit et le nombre de bonbons qu'ils ont déjà consommés.

Enfin, si vous voulez diminuer l'attrait qu'exercent les friandises sur vos enfants, essayez cette suggestion d'Ellyn Satter : à l'occasion, offrez à vos enfants l'accès illimité aux gâteries. Ce « bar ouvert » n'est pourtant pas illimité ; il est limité à la quantité de bonbons qu'un enfant peut consommer en une seule collation, prise à table. Lorsqu'un jeune enfant est contraint de s'asseoir à la table, son attention fait défaut avant son appétit. L'espace dans son estomac est limité, mais la durée de son attention l'est encore plus. C'est un système brillant, qui s'autolimite ! Si les enfants se voient accorder occasionnellement ce genre de liberté, manger des friandises les préoccupe moins le reste du temps.

LES CÉLÉBRATIONS

Il existe des tas d'occasions où votre enfant sera exposé à une multitude d'options en matière d'alimentation. L'Action de grâce et l'Halloween, les activités sociales de la paroisse, les visites aux grands-parents. Les parents qui ont le souci de la nutrition essaient de faire manger des aliments sains à leurs enfants avant que ceux-ci ne passent aux aliments amusants ou aux aliments gâteries. Ainsi, les parents se sentent mieux, mais cela enseigne aux enfants à trop manger.

Soyons francs. Au souper de l'Action de grâce, personne ne refuse une part de tarte, même les enfants qui sont rassasiés d'aliments sains. (À moins qu'ils n'aiment vraiment pas la tarte, auquel cas ils opteront pour les autres desserts.) Vous vous retrouvez avec des enfants qui ne font pas que fêter : ils se gavent. Alors, que pouvez-vous faire ? Considérez les fêtes comme de grands buffets.

Les buffets sont des environnements d'alimentation qui présentent des défis et où bien des gens se laissent aller aux excès. Il y a tellement de choix ! Vous vous rappelez Brian Wansink, ce chercheur de l'Université Cornell dont les idées en vue d'abaisser les normes de consommation ont été présentées plus haut dans ce chapitre ? Il y a quelques années, lui et un collègue ont étudié l'attitude des gens devant un buffet. Ils ont découvert que certaines personnes parcourent un buffet des yeux avant de se servir, ; alors que d'autres se mettent à remplir leur assiette immédiatement et ne s'arrêtent qu'au bout de la table. Les « observateurs » ont tendance à être plus minces que les « empileurs ». Les chercheurs n'ont jamais demandé aux consommateurs pourquoi ils privilégiaient une méthode plutôt que l'autre, mais je crois qu'on pourrait dire que les observateurs parcouraient le buffet des yeux pour s'assurer de déposer leurs mets préférés dans leur assiette avant que celle-ci ne soit trop remplie.

Utilisez les événements gastronomiques pour enseigner à vos enfants à observer plutôt qu'à empiler la nourriture. Dites-leur que, dans les réceptions, nous nous préoccupons un peu moins des proportions. À ces occasions, il est acceptable de profiter des mets spéciaux, si l'on n'en mange pas trop. Les petits estomacs se remplissent vite, alors, quand vos enfants commencent à engloutir des bretzels et de la pizza dans des fêtes, aidez-les à se maîtriser en leur rappelant toute la nourriture qui suivra. Par ailleurs, si vos enfants préfèrent se diriger directement vers les gâteaux, laissez-les faire. Ce n'est pas comme si la pizza était un aliment santé, et même si ça l'était, dire aux enfants que les aliments santé sont un obstacle au plaisir n'est pas une leçon à donner.

Vous pouvez même enseigner une stratégie d'observation pour l'Halloween. Laissez vos enfants étudier leur butin et manger ce qu'ils aiment, mais rappelez-leur de faire attention à leur estomac. (Je dis souvent que la seule règle est: « Ne vomis pas. ») Puis, déposez le reste dans le tiroir à friandises. C'est la seule façon de régler le problème de l'Halloween. Si vous leur enlevez leurs bonbons ou que vous en restreignez sévèrement l'accès, vos enfants n'apprendront rien sur la manière de gérer les débordements alimentaires liés à cette fête, et vous devrez livrer cette lutte axée sur les bonbons, année après année.

Comme les fêtes et les réceptions constituent une partie incontournable de l'enfance, autant en profiter pour inculquer à vos enfants l'habitude de la modération. Après tout, ne seriez-vous pas plus heureux, et peut-être même un peu plus en santé, si vous aviez appris, dans votre enfance, les bonnes habitudes alimentaires à mettre en pratique dans les réceptions ? Alors, permettez à vos enfants d'acquérir de saines habitudes alimentaires en leur enseignant le comportement à adopter dans les fêtes. Puis, relaxez et amusez-vous !

CHAPITRE 9
Dépannage

En éduquant mon enfant et après avoir parlé à des centaines d'autres parents, j'ai appris que, lorsqu'on croit avoir mis en place une nouvelle structure d'alimentation, il survient quelque chose qui la remet en question. Enseigner à votre fille à goûter à de nouveaux aliments vous emballe, mais, si vous lui offrez un tout petit morceau d'olive, elle hurle comme un loup. Vous expliquez à votre fils que certaines limites seront établies quant à la consommation de sucreries et de friandises, et il suit le programme pendant un certain temps, mais il se met un jour à se lamenter pour avoir des bonbons dès son réveil. Vos enfants tombent malades. Vous vous épuisez. Vous préparez de bons plats qui ont déjà eu la faveur des membres de votre famille, mais plus personne n'en mange.

Croyez-moi, l'approche pédagogique donne de bons résultats. Mais pas tout d'un coup, et cela ne vient pas nécessairement naturellement à ceux d'entre nous qui ont été coincés dans le souci de la nutrition pendant des années. C'est pourquoi j'ai présenté l'approche pédagogique : chaque étape est fondée sur la précédente. Vous pouvez apprendre les différents principes et les intégrer au style de vie de votre famille aussi lentement que vous le voulez, et d'une manière qui vous convienne. Ces étapes ne vous paraîtront peut-être pas normales, de prime abord. Passer du souci de la nutrition à l'approche pédagogique peut parfois être difficile. Le souci de la nutrition est une habitude tellement ancrée que vous reviendrez parfois à vos anciennes méthodes. Vos enfants et votre conjoint pourraient aussi avoir la nostalgie de l'ancien système. Les habitudes sont tellement difficiles à changer ! Alors, préparez-vous à des hauts et à des bas, et à quelques chocs. Cela arrive à tout le monde.

Il est utile de se rappeler qu'enseigner aux enfants à bien manger est un processus et non quelque chose qu'on fait une fois pour toutes. Peut-être considérez-vous cela comme une mauvaise nouvelle ! La bonne nouvelle est que les choses deviennent de plus en plus faciles à mesure que vous et vos enfants vous familiarisez avec la nouvelle structure, que vous faites l'acquisition de compétences parentales et que vos enfants acquièrent des aptitudes en matière d'alimentation. Mais, pour dominer le processus, vous devrez constamment modifier le système, réviser votre message et parler à vos enfants. Cela vous aiderait aussi de considérer chaque problème comme une occasion d'enseignement et non comme quelque chose qui a anéanti les bonnes choses qui étaient (finalement) en place ou comme une preuve du fait que rien de ce que vous pouvez faire ne changera vraiment les habitudes alimentaires de vos enfants. Enseigner aux enfants à bien manger est comme défaire lentement un oignon : on a l'impression de tourner en rond, mais, à chaque couche, on se rapproche du cœur et, en ce qui nous concerne ici, de l'objectif.

Tandis que vous travaillez à l'atteinte de cet objectif, prenez du temps pour reconnaître vos accomplissements. Bien sûr, vous voulez que vos enfants acquièrent des habitudes alimentaires qui tiennent compte des proportions, de la variété et de la modération. Mais il n'est pas nécessaire que ces habitudes soient déjà ancrées chez vos enfants pour commencer à célébrer. En fait, il vaut mieux reconnaître et célébrer chaque petite étape. Cela vous encouragera, vous et vos enfants, à poursuivre.

Par ailleurs, les habitudes alimentaires de vos enfants ne constituent pas le seul domaine où chercher des signes de progrès. Vous pouvez trouver des preuves d'amélioration en considérant *toutes* les leçons que vos enfants ont apprises. Rappelez-vous qu'il faut parfois beaucoup de temps avant que ces leçons se traduisent en habitudes alimentaires. Une petite fille que je connais, qui avait tendance à trop manger, a un tas de leçons à apprendre avant de véritablement savoir bien s'alimenter. Elle doit apprendre à gérer ce qui lui semble un appétit insatiable, un poids en pleine expansion et des problèmes de santé, un sentiment de honte et de remords, et une culture familiale qui lui envoie des messages conflictuels. Elle doit aussi être à l'écoute de ses signaux internes de faim et de satiété, apprendre à différencier *ces* sensations de ses émotions et à évoluer dans un monde rempli d'aliments tentants. Et, comme si ce n'était pas suffisant, pour que tout cela se produise, ses parents doivent apprendre un nouveau style de parentage. Cette famille devrait-elle attendre le résultat final pour se réjouir du travail accompli ? Absolument pas ! Et vous non plus ! Célébrez chacune des étapes. Vous et vos enfants l'avez bien mérité.

Lorsque le parcours devient cahoteux, n'abandonnez pas la partie. Rassemblez vos forces. Prenez du recul. Réexaminez la structure que vous avez mise en place. Jetez un regard neuf sur les leçons que vos enfants doivent apprendre et demandez-vous si vous leur enseignez les choses que vous vouliez vraiment leur enseigner. Le reste de ce chapitre pose un diagnostic sur certains problèmes courants qu'éprouvent les parents et présente des solutions. Il suffit souvent d'un simple ajustement pour remettre la situation sur la bonne voie.

DIAGNOSTIC : VOUS DEMANDEZ À VOTRE ENFANT DE FAIRE UN TROP GRAND PAS

L'une des principales raisons pour lesquelles les parents n'obtiennent pas les résultats escomptés est qu'ils lancent à leurs enfants des défis trop grands à relever. Si vous faites des pieds et des mains, et obtenez peu de résultats, demandez-vous si vous pouvez subdiviser la tâche que vous tentez d'enseigner à votre enfant en plus petites tâches. Disons que vous voulez que votre enfant commence à manger plus de légumes (et qu'il le fasse sans que vous ayez constamment à le pousser dans le dos). Avant qu'il puisse le faire, il devra apprendre le principe des proportions et commencer à accepter un plus large éventail de saveurs et de textures. Et pour y parvenir, il devra apprendre à goûter à de nouveaux aliments. Et avant d'apprendre *cela,* il devra être convaincu qu'il ne sera jamais forcé à manger quoi que ce soit qu'il ne veut pas manger. Rappelez-vous : les petits pas sont toujours plus faciles à maîtriser que les pas de géant, et la maîtrise engendre la confiance, qui mène à plus de succès.

DIAGNOSTIC : VOTRE STRUCTURE MANQUE DE CONSTANCE

L'une des autres raisons pour lesquelles les parents éprouvent des difficultés est qu'ils manquent de constance dans l'instauration de leur nouvelle structure d'alimentation. Par exemple, ils vont commencer à appliquer la règle de la rotation, puis, après une première flambée d'enthousiasme, ils se mettent à ralentir la cadence. Pourquoi cela arrive-t-il ? Parce que changer est difficile. La plupart des systèmes (les systèmes familiaux compris) cherchent à maintenir un état de stabilité (homéostasie). Le modèle familier d'interaction que les familles adoptent crée un sens de l'ordre et de la normalité, tant pour les parents que pour les enfants. Et, tout comme un mobile suspendu au-dessus d'un berceau qui se redresse automatiquement lorsqu'on tire sur un de ses côtés, les membres d'une famille tentent de « redresser » le système lorsque quelqu'un apporte un changement. C'est ainsi qu'on peut expliquer les manœuvres d'opposition qu'ont pu effectuer vos enfants lorsque vous avez tenté de mettre en pratique l'une des techniques proposées dans ce livre ; vos enfants essaient de rétablir ce qui est l'ordre, à leurs yeux. Le désir d'homéostasie explique aussi pourquoi les parents mettent souvent en œuvre des stratégies d'une manière manquant de constance ; ils veulent rétablir ce qui, *à leurs yeux*, est l'ordre (les vieux problèmes avaient peut-être un côté dérangeant, mais au moins ils étaient familiers).

Le problème, avec une mise en œuvre du changement inconstante, outre le fait que, chaque fois que vous faites quelque chose de l'*ancienne* manière, vous ne le faites pas de la *nouvelle* manière, est que l'inconstance n'enseigne pas les bonnes leçons à votre enfant. (On en revient toujours aux leçons !) Chaque fois que vous interagissez avec vos enfants à propos de la nourriture, vous ne leur enseignez pas seulement quoi manger, quand, pourquoi et quelle quantité, mais vous leur enseignez aussi à établir un rapport avec vous.

Lorsque les parents manquent de constance, les enfants apprennent ce qui suit :

- Il n'est pas nécessaire de prendre les règles au sérieux ;
- On ne peut pas se fier aux parents relativement à ce qu'ils ont dit qu'ils feraient ;
- Se rebeller est une stratégie efficace qui permet parfois (et même habituellement) d'obtenir ce qu'on veut.

L'inconstance intensifie donc les problèmes que les parents tentent de résoudre. Et chaque occasion raffermit *ces* leçons, ce qui ancre encore davantage les problèmes liés à l'alimentation.

La solution à l'inconstance est évidente : faire preuve de plus de constance. C'est parfois assez facile à faire. Dans bien des cas, tout ce qu'il faut, c'est mieux préparer le terrain. Peut-être que, pour appliquer le principe des proportions avec plus de constance, vous devriez disposer d'une réserve plus importante de collations santé. Et peut-être devriez-vous garder ces collations dans la voiture. (Après tout, les fruits n'ont pas besoin d'être réfrigérés.) Ou peut-être devriez-vous vous exercer à réagir aux refus de votre enfant, de façon à ne pas retourner automatiquement à vos anciennes habitudes. Lorsque Kristen, ma cliente, s'est trouvée à céder aux demandes de son fils Zach qui voulait avoir des collations, pratique qui, elle le savait, minait ses efforts pour instaurer des zones d'alimentation, nous avons élaboré une réserve d'énoncés auxquels elle pouvait recourir pour rester sur la bonne voie.

Kristen pouvait se dire à elle-même l'une des phrases suivantes : « Zach ne peut pas avoir aussi faim, même s'il n'a pas soupé » ; « Il aura une collation avant de se coucher, dans une vingtaine de minutes ; ce n'est pas très long » ; « En aidant Zach à apprendre qu'il peut vivre avec une faim temporaire, je lui transmets une leçon précieuse sur la nourriture et l'alimentation » ; « Renforcer cette limite est une bonne compétence parentale qui fait autorité » ; « Plus je fais preuve de constance, plus rapidement Zach acceptera la nouvelle structure ».

À Zach, elle pouvait dire : « Je sais que tu n'es pas content d'attendre jusqu'à l'heure de la collation parce que tu as faim, mais avoir faim est ce qui arrive quand on ne soupe pas », ou : « Tu auras une collation dans 20 minutes, mais pas tant que tu feras une crise », ou encore : « Je sais que tu es très fâché parce que je te fais attendre avant d'avoir une collation. Mais ce n'est pas acceptable de crier ou de lancer des objets quand tu es fâché. Tu peux parler et me dire comment tu te sens. »

Si les réactions de votre enfant vous prennent au dépourvu, faites une répétition de ce que vous allez dire et faire pour renforcer les règles. Et voici un tuyau : les réactions que vous trouverez les plus difficiles sont celles qui se heurteront à vos propres problèmes. C'est pourquoi la situation est aussi problématique. Relisez le chapitre 3 pour essayer de cerner vos points de déclenchement émotionnel. Cela vous aidera aussi à trouver des solutions pour consolider votre structure d'alimentation.

Parfois, les parents ont de la difficulté à faire preuve de constance parce qu'ils tentent de changer trop de choses à la fois. C'est pourquoi je conseille souvent de diminuer ses ambitions. Mais pas vos espoirs et vos rêves à long terme (gardez-les précieusement intacts). Je suggère plutôt de considérer l'inconstance comme un signe du fait que vous avez tenté d'instaurer trop de changements en très peu de temps. Et afin de comprendre pourquoi, retournons à ce mobile suspendu au-dessus d'un lit d'enfant.

Imaginez ce mobile : quatre branches au bout desquelles pendent de mignons petits singes. Tous les singes sont de tailles différentes et sont suspendus à des fils de longueurs différentes. Et pourtant, le mobile est parfaitement équilibré. Supposons que vous avez décidé de remplacer l'un des singes par un autre animal, soit un mouton. Pour ce faire, vous devrez calibrer (et peut-être recalibrer) la taille et le poids du mouton, ainsi que la longueur du fil, pour empêcher le mobile de pencher sur un côté. Cela ne demandera peut-être pas beaucoup de temps et d'efforts. Mais, même si c'était le cas, étant donné que vous travailleriez à remplacer un seul singe, vous pourriez concentrer toute votre attention sur ce que vous faites. Vous pourriez prévoir que le mouton déséquilibrera le mobile et apporter les ajustements nécessaires. De plus, comme vous ne travailleriez qu'à une branche du mobile, il est très improbable que, même si le mobile était déséquilibré, il s'écrase au sol.

Or qu'arriverait-il si vous tentiez de remplacer deux singes ou même trois ? Ou si vous travailliez à un mobile à plusieurs niveaux ? Votre capacité à prévoir, puis à redresser l'effet de chacun des éléments du mobile serait entravée par l'ampleur de la tâche. Et les possibilités que vous puissiez équilibrer le mobile avant qu'il ne s'emmêle ou même qu'il ne se brise s'amenuiseraient à chaque modification que vous apportez. Vous pourriez manipuler le mobile pendant un bout de temps, mais vous abandonneriez sans doute rapidement. « Les mobiles, penseriez-vous, ne sont pas aussi formidables qu'on le dit ! »

Le « mobile » que ma cliente Yasmin tentait d'équilibrer depuis quelques années est très compliqué. Le fils de Yasmin, Shawn, est un enfant qui sait ce qu'il veut et qui semble prendre plaisir à affronter Yasmin, sur tous les plans. Shawn ne veut jamais manger la nourriture qui lui est servie, il ne veut pas se présenter à table et il demande constamment des biscuits comme collation. Parfois, il goûte à de nouveaux aliments, mais, la plupart du temps, il serre les dents et refuse d'ouvrir la bouche. De plus, Shawn est de ces enfants menus qui ne semblent pas se soucier de manger. Cela lui procure un net avantage par rapport à Yasmin, qui se préoccupe beaucoup de la quantité de nourriture que Shawn ingère.

Tous les trois ou quatre mois, Yasmin me téléphone pour me dire qu'elle est prête à faire ce qu'il faut pour améliorer les habitudes alimentaires de Shawn ; une fois de plus. Même si nous axons toujours nos conversations sur un comportement que Shawn doit acquérir, Yasmin veut que *tout* change. Elle est trop impatiente pour aborder les choses lentement. Alors, Yasmin tente d'instaurer les zones d'alimentation *et* la règle de la rotation ; elle renforce les bons comportements à table et cesse de céder aux demandes de biscuits de Shawn (elle lui sert plutôt des fruits, en guise de collation). Pendant un certain temps, Yasmin réussit à garder le système en équilibre : elle corrige les comportements de Shawn et l'encourage sur tous les plans, et l'attitude de Shawn commence à changer lentement. Mais Yasmin fait alors une exception à la règle de la rotation (elle est fatiguée et Shawn veut encore de la pizza), et puis une autre. Elle commence à ne plus tenir compte des zones d'alimentation (Shawn veut des biscuits, et elle veut la paix). Et avant que Yasmin réalise ce qui se passe, Shawn retrouve son esprit de contradiction et le système déraille de nouveau.

Je ne blâme pas Yasmin. Je la félicite d'être résolue à régler ces problèmes, surtout qu'elle semble croire qu'elle perd toujours la partie. Mais je ne suis pas étonnée, non plus, de ses difficultés. Elle a entrepris trop de changements à la fois. Si cela semble correspondre à votre situation, faites simplement un pas en arrière. Réévaluez la situation et ne sélectionnez qu'un problème à régler. Cela vous permettra de concentrer le peu de temps et d'énergie que vous avez. Cela aidera aussi vos enfants. Ils ne sentiront pas que leur univers est chambardé. Et, tout comme un mobile suspendu au plafond qui n'oscillera pas de tous côtés si on le pousse délicatement, vos enfants réagiront plus doucement à des changements qu'ils jugent modérés.

Améliorer les compétences parentales peut améliorer la santé des enfants

Les gens qui pratiquent le parentage faisant autorité sont plus susceptibles d'avoir des enfants qui mangent sainement ; ça, vous le savez. Mais, jusqu'à maintenant, la plupart des chercheurs ont tenu pour acquis que cette relation existait parce que les parents faisant autorité sont plus enclins à fixer des limites relativement à la *nourriture* et à réagir avec chaleur et compassion aux désirs exprimés par leurs enfants à propos de la nourriture. Cependant, une étude publiée dans la revue *Pediatrics* indique que les enfants mangent mieux lorsque leurs parents améliorent leurs compétences parentales *en général*. Dans cette étude, les jeunes dont les parents ont participé à une série d'ateliers d'acquisition de compétences alors qu'eux-mêmes avaient 4 ans présentaient un indice de masse corporelle (IMC) plus faible et ont amélioré leur comportement en matière de santé (meilleures habitudes alimentaires, davantage d'activité physique, moins de sédentarité devant un écran) à l'approche de l'adolescence. Ces ateliers d'acquisition de compétences ne portaient même pas sur la nutrition, l'activité ou le poids ; ils étaient conçus pour atténuer les problèmes de comportement. Or ce que les chercheurs ont découvert, c'est qu'enseigner aux parents à être attentifs aux besoins de leurs enfants et à y répondre, à fixer des limites, à imposer une discipline et à encourager les comportements positifs est une stratégie qui rapporte de bien des façons. Y compris dans l'alimentation.

DIAGNOSTIC : VOUS NE PARLEZ PAS À VOS ENFANTS

Parlez-vous à vos enfants ? Bien des parents négligent cette étape. Ou, s'ils parlent à leurs enfants, ils consacrent la plus grande partie de la conversation à la nourriture. « C'est bon pour toi, des pommes. » « Ces croustilles contiennent trop de calories. » Mais, pour réussir, vous devez parler à vos enfants de la nouvelle structure d'alimentation. Vous devez aussi expliquer les raisons de ces changements. Puis, vous devez encourager vos enfants à faire des commentaires afin de connaître leurs réactions par rapport à ces changements ; ils sentiront ainsi qu'ils font partie de l'équipe. Bien sûr, vous devez également établir clairement les comportements qui sont acceptables et ceux qui entraîneront des conséquences.

Vous croyez que vos enfants sont trop jeunes pour ce genre de conversations? Ce n'est pas le cas. D'après les spécialistes, la plupart des enfants commencent à saisir le concept des conséquences de leurs actes entre les âges de 18 mois et de 2 ans. Mais, d'après moi, même si vos enfants ne comprennent pas tout à fait le lien entre leurs actes et les conséquences qu'ils entraînent, vous pouvez tout de même leur parler de ce lien. C'est ainsi qu'ils apprendront.

Tout ce que vous avez à présenter à vos enfants pour qu'ils comprennent ce qu'est bien manger peut être offert en format «pépites pour enfants». Par exemple, Mary m'a écrit parce qu'elle faisait face à un problème que bien des parents connaissent: son fils de 2 ans, Bob, fréquente une garderie où l'on sert du macaroni au fromage, des saucisses sur bâtonnet et même des Pop-Tarts. Chaque jour, lorsque Bob rentre à la maison, il dit qu'il est affamé. Et, chaque jour, il pleurniche pour avoir des biscuits, des craquelins et des bonbons. «Qu'est-il arrivé à mon enfant? a commencé à se demander Mary. Celui qui adorait les fruits et les légumes?» Maintenant, chaque fois que Mary offre une pomme à Bob après l'école, il pique une crise et refuse de la manger.

Comment peut-elle inverser la situation? Réponse: commencer à parler à Bob.

Certaines leçons ne peuvent pas être apprises à partir de la structure uniquement. Elles nécessitent une explication. Imaginez que vous entrez dans la classe de votre enfant tandis que l'enseignant est en train de remettre un livre à chaque élève. Vous voyez ensuite l'enseignant s'asseoir, ouvrir son livre et commencer à lire en silence. Les enfants comprendraient rapidement ce qu'ils doivent faire: ouvrir leur livre et commencer à lire. Jusque-là, l'enseignant a agi de façon appropriée; les enfants disposent de toute l'information nécessaire pour comprendre ce qu'ils doivent faire. Imaginez maintenant que les enfants ne savent pas lire. Pensez-vous toujours que l'enseignant a agi de façon appropriée ? Probablement pas. Certaines leçons doivent être accompagnées d'instructions.

Pour apprendre à manger (et à se comporter) différemment lorsqu'il rentre de la garderie, Bob a besoin de plus qu'une pomme. Il a besoin d'apprendre le principe des proportions. Il doit aussi apprendre les conséquences de ses décisions. La conversation que Mary pourrait avoir avec lui pourrait ressembler à ceci :

> *MARY : La nourriture que tu manges à la garderie a bon goût, n'est-ce pas ?*
> *BOB : Ouais, j'adore ça.*
> *MARY : J'adore ce genre de nourriture, moi aussi. Mais tu sais quoi ? Ce n'est pas la meilleure nourriture pour la santé.*
> *BOB : Ah non ?*
> *MARY : Non. Tu te rappelles que je dis toujours qu'il faut manger des choses comme des fruits et des légumes plus souvent que des hot-dogs, des nouilles et des biscuits ?*
> *BOB : Ouais.*
> *MARY : Eh bien, comme tu manges tous ces aliments amusants et ces aliments gâteries pendant la journée, il faudra faire extrêmement attention de manger des aliments de croissance à la maison. C'est pourquoi je vais toujours t'offrir des choses comme des pommes et des poires pour ta collation lorsque tu rentres à la maison. Tu n'es pas obligé de manger ta collation, mais tu n'auras pas autre chose à manger avant le souper. D'accord ?*
> *BOB : D'accord. Mais je n'aime pas les poires. Elles sont molles.*

MARY : Je ne savais pas que tu n'aimes pas les poires. Merci de me le dire. Ça doit être nouveau, parce que tu aimais les poires, la semaine dernière. Faisons une liste des fruits que tu aimes maintenant et je vais les inclure dans notre règle de la rotation. D'accord ?

BOB : D'accord.

MARY : Mais n'oublie pas : je vais continuer à servir des poires, de temps à autre. Je les aime et tu pourrais vouloir recommencer à en manger n'importe quand.

Si vous craignez que d'avoir ce genre de conversation avec un jeune enfant lui fasse ressentir un malaise par rapport à sa garderie, comme si vous blâmiez les responsables ou les accusiez de servir de la malbouffe, vous pouvez ajouter quelque chose comme : « Toutes les familles mangent différemment, et les éducateurs doivent s'assurer qu'ils servent quelque chose que tout le monde aimera. » Ou bien : « Tes éducateurs savent que les enfants aiment manger des aliments amusants ou des aliments gâteries avec leurs amis. Mais on ne peut pas manger ce genre d'aliments tout le temps. »

La clé du parentage faisant autorité est d'associer une structure solide et une discipline ferme à la chaleur et à la compassion. C'est pourquoi il est essentiel de parler à vos enfants. C'est là que la chaleur et la compassion entrent en jeu. Pendant ces conversations, non seulement vous expliquez votre pensée à vos enfants, mais vos enfants peuvent *vous* expliquer *leur* pensée. C'est pendant ces conversations que vous pouvez incorporer certains des objectifs de vos enfants dans le plan et fixer le moment de faire les choix appropriés.

Votre stratégie a-t-elle des ratés ?

Parfois les techniques, même les mieux conçues, finissent par transmettre une leçon à l'opposé de celle que vous vouliez donner. C'est qu'il n'existe pas de stratégie universelle en ce qui concerne les enfants. Vous devez toujours observer le système d'alimentation avec les yeux de *vos* enfants. Par exemple, j'ai dit qu'une bonne façon d'augmenter la quantité de légumes que vos enfants mangent est de servir les légumes en premier, lorsque d'autres aliments ne leur font pas concurrence sur la table. Mais ma cliente Samantha a essayé cette technique, et elle n'a pas fonctionné. Nous avons examiné la situation du point de vue de sa fille et nous avons constaté qu'en répartissant les repas en différents services (pour que les légumes ne soient pas en concurrence avec d'autres aliments), Samantha n'enseignait pas à sa fille, Alice, à manger ses légumes. Elle lui apprenait plutôt que les bonnes choses arrivent toujours en dernier ! Si elle attendait assez longtemps, Alice pouvait manger les aliments qu'elle aime *vraiment*. Pour obtenir les résultats désirés, Samantha devait changer de tactique. Dans cette situation, j'ai recommandé à Samantha de servir de petites portions de tout en même temps, puis d'enseigner à Alice la technique que j'appelle « une par une » (expliquée à la page 254). Grâce à cette approche, Alice a assimilé l'enseignement approprié, et elle a commencé à augmenter sa consommation de légumes.

DIAGNOSTIC : VOUS AVEZ PERDU LA CONFIANCE DE VOS ENFANTS

Il peut être pénible pour les parents de reconnaître qu'ils ont perdu la confiance de leurs enfants. Mais c'est souvent le nœud du problème qu'ils éprouvent. Lorsque les enfants sont amenés par la ruse à manger des aliments qu'ils ne veulent pas, lorsqu'ils se font dire de manger quelques bouchées et découvrent qu'ils doivent en manger encore plus, ou lorsqu'on les fait se sentir coupables d'avoir mangé moins (ou plus, ou différemment) que ce que leurs parents croient approprié, ils apprennent à se méfier, tant de la nourriture que de leurs parents. Si vous (et vos enfants) ressentez une tension à l'égard de l'alimentation, il est fort probable que vous avez à regagner la confiance de vos enfants. Plus il existe de tension dans votre foyer, plus elle remonte à loin, et plus vous devez discuter. Le silence en dit beaucoup.

Je connais d'expérience les conséquences d'une confiance détériorée (même juste un peu) et je sais combien il est important de la rétablir. Lorsque ma fille avait environ 4 ans, je lui ai fait avaler une bouchée de champignon. Je ne sais pas pourquoi. Tout ce que je peux dire, c'est qu'elle mangeait des champignons depuis longtemps. (Une fois, elle a mangé tout un paquet de champignons que je faisais sauter pour les incorporer à une quiche. Ce soir-là, nous avons mangé une quiche au brocoli !) Mais, ce jour-là, ma fille a dit qu'elle n'aimait pas les champignons. Au lieu d'accepter cette nouvelle préférence alimentaire (en lui laissant faire la grève, par exemple), j'ai dit quelque chose comme : « Quoi ? Tu aimes les champignons. Tu manges toujours des champignons. J'ai préparé ce plat comme tu l'aimes. *Maintenant, mange-le.* » Elle m'a regardée d'un air pitoyable (que j'avais pris, à l'époque, pour un air de défi) et elle a commencé à avaler. Sauf qu'elle n'a pas avalé. Elle a eu un haut-le-cœur. Bien sûr, j'y ai vu un geste de défi et j'ai répété : « Avale. » Elle a eu un autre haut-le-cœur.

Je ne peux pas dire que ce fut le meilleur moment de ma carrière de parent. Mais c'est l'un des moments marquants de mon apprentissage. Pendant des jours après l'incident des champignons, ma fille a mangé avec méfiance. Elle se montrait prudente face aux nouveaux aliments et, aux repas, elle me regardait d'un air effrayé. Elle ne croyait plus qu'*elle* avait le contrôle de ce qu'elle mangeait ou que la table était un endroit sûr.

Puis, nous avons parlé. Je lui ai présenté mes excuses pour ce que j'avais fait et je lui ai promis de ne plus jamais la forcer à manger quoi que ce soit. Et j'ai tenu parole ! Pendant cette conversation, nous avons aussi parlé de ses sentiments, de la nourriture, de la crainte qu'elle éprouvait à mon égard et de ses haut-le-cœur. Petit à petit, au cours des jours qui ont suivi, ma fillette heureuse et exploratrice en matière d'alimentation est revenue à la table. (Même si, malheureusement, elle ne mangeait plus de champignons.)

Le manque de confiance est un problème plus important que ce que croient bien des parents. Pensez à tout le courage qu'il faut aux enfants pour modifier leurs habitudes alimentaires. C'est pourquoi je recommande toujours aux parents de faire précéder les modifications des habitudes alimentaires d'une franche conversation comme celle que j'ai eue avec ma fille, une conversation qui n'aborde pas seulement le passé et les objectifs, mais qui crée aussi des liens familiaux.

INCULQUER DES HABITUDES À DE NOMBREUX ENFANTS VOUS ACCABLE-T-IL ?

Parfois, les gens se rongent les sangs en pensant à la façon d'instaurer la structure du grand ménage dans une famille comptant de nombreux enfants. Ils se demandent comment mettre en pratique la règle de la rotation *et* offrir des choix sans devenir un cuisinier personnel à temps plein. La réponse ? En prenant quelques décisions de gestion avec lesquelles toute la famille devra vivre (« c'est ce que nous allons manger, ce soir »), en offrant des choix lorsque c'est possible (« préférerais-tu des céréales ou des œufs pour déjeuner ? Ça me fera plaisir de préparer l'un ou l'autre ») et en faisant la rotation des aliments sélectionnés de façon que chaque personne obtienne ce qu'elle désire, à l'occasion (« j'ai préparé le repas préféré de Tommy, aujourd'hui ; demain, ce sera ton tour »). Une femme que je connais donne à chaque membre de sa famille (parents compris) un « billet de restaurant », qui permet à la personne de choisir le restaurant où la famille se rendra, les soirs où les parents auront décidé que tous mangeront à l'extérieur. Les billets sont remis aux parents une fois qu'ils ont été utilisés et, lorsque chaque membre de la famille a utilisé le sien, ils sont redistribués.

Les parents craignent souvent que les préférences alimentaires ou les refus se propagent comme des virus aux autres enfants. Vous pouvez empêcher cette contagion en déterminant les leçons que les enfants ont à apprendre. En voici quelques-unes :

- **Parfois, ton frère peut manger son aliment préféré, et pas toi.** (Il s'agit d'une variante de la règle « tu ne peux pas manger ton plat préféré tous les soirs » que tous les enfants doivent apprendre.)
- ***Juste* ne veut pas dire que tout le monde mange la même chose en même temps, surtout en ce qui concerne les sucreries et les friandises. *Juste* signifie que les gens obtiennent des gâteries lorsque le moment est approprié pour eux.** Autrement dit, plutôt que d'enseigner que *chacun* aura des biscuits si *quelqu'un* obtient des biscuits, enseignez à vos enfants que si l'un a déjà mangé des biscuits (à l'école, par exemple), mais pas un autre, ce dernier peut avoir un biscuit pour dessert, mais pas celui qui en a déjà eu.
- **Tu n'as pas à aimer ce que je sers, mais tu dois être poli.** Les parents ont tendance à laisser leurs enfants difficiles

dire ce qu'ils pensent de la nourriture. Cela peut être une erreur, surtout si les autres enfants emboîtent le pas au plaignard. C'est bien (en fait, c'est excellent) d'encourager les enfants à exprimer leur opinion sur ce que vous servez, surtout si vous les incitez à employer les **deux cents (ou à peu près) bons mots** du chapitre 6, mais les emportements, les crises ou autres comportements perturbateurs ne sont pas acceptables. Vous pouvez expliquer ce principe assez facilement: «Je suis certain que tu ne voulais pas me blesser, mais j'ai travaillé fort pour préparer ce plat. Si tu ne veux pas en manger, c'est ton choix, mais sois poli. Et rappelle-toi que les autres personnes à table aiment leur nourriture. Ne les rends pas mal à l'aise de manger.»

Mon enfant aime mieux se donner en spectacle que de manger

Tout le monde aime le bouffon de la classe. Les bouffons rendent les choses amusantes. Ils divertissent. Ils nous rendent heureux. À moins que vous ne tentiez d'accomplir quelque chose. Comme d'enseigner ou de servir un repas. Si vous avez un bouffon entre les mains, mettez en œuvre ce plan en 10 points pour l'alimentation d'un amuseur. (Notez que ce plan fait appel à un mélange de zones d'alimentation, de stratégies d'instauration du principe des proportions et de nouvelles techniques conçues précisément pour cette situation).

1. Parlez à votre enfant de l'importance de manger aux repas et reconnaissez que manger, au lieu de divertir, peut être difficile et ennuyeux. Faites un remue-méninges *avec* votre

enfant pour trouver des solutions, y compris certaines des suggestions qui suivent.

2. Donnez 10 minutes d'attention à votre enfant, avant ou après le repas, tous les soirs, afin qu'il puisse profiter d'un auditoire.
3. Limitez les collations avant le souper pour que votre enfant ait faim lorsqu'il arrive à table. Ou bien offrez-lui une collation santé avant le repas (fruits, légumes, salade, etc.), de sorte que vous saurez qu'il a mangé sainement, même s'il ne parvient pas à rester tranquille à table à l'heure du repas.
4. Enseignez à votre enfant à partager la scène en donnant à chacun le temps de parler pendant les repas. Songez à utiliser un bâton d'orateur afin d'instaurer la démocratie à la table, au moyen d'un signal visuel donnant le droit de parole.
5. Orientez la conversation en présentant un sujet de discussion : la politique, les affaires mondiales, la géographie ou les avantages et les inconvénients de quelque chose qui vous vient à l'esprit.
6. Exigez que tous restent assis pendant la durée du repas (même si le fait de se lever donnerait du relief au récit).
7. Décidez, avec votre enfant, de combien de temps il devrait disposer pour terminer son repas *après* que la dernière personne a fini le sien. Un délai de 5 à 10 minutes semble approprié. Utilisez un chronomètre si cela peut aider.
8. Rappelez gentiment à votre enfant, au cours du repas, le temps qu'il lui reste pour manger.
9. Éliminez les collations après le souper.
10. N'oubliez pas d'apprécier le spectacle à chaque soir !

- **La différence déstabilise**. Il ne s'agit pas d'une leçon axée sur la nourriture, mais sur la vie. Nous avons tous une apparence différente. Nous avons des idées différentes. Nous portons des vêtements différents, aimons différents sports et, oui, aimons manger des aliments différents. Parlez des préférences alimentaires qui ne créeront pas de malaise : « J'aime la crème glacée au chocolat. Tu aimes la crème glacée à la vanille. » Valoriser la différence, c'est valoriser les enfants.
- **Les préférences peuvent changer**. Savoir que les préférences des enfants passent par différents stades n'est pas quelque chose de réservé aux parents ; les enfants aussi peuvent profiter de cette connaissance. Plus vous énoncerez cette vérité de façon naturelle, moins un enfant sera porté à refuser des aliments comme ses frères et sœurs. « John n'a tout simplement pas encore goûté au riz un nombre de fois suffisant » est une excellente manière de présenter les préférences alimentaires de quelqu'un à de jeunes enfants. « Je n'aimais pas le riz quand j'étais jeune. Maintenant, j'adore ça. C'est pour cela qu'il est important de continuer à y goûter. »

L'APPROCHE PÉDAGOGIQUE : UNE SOLUTION À TOUS LES PROBLÈMES

Ce que j'aime le plus de l'approche pédagogique est qu'elle permet aux parents de transformer *tout* défi en matière d'alimentation en une étape menant à l'adoption de saines habitudes alimentaires. Contrairement au souci de la nutrition, qui donne aux parents des recommandations statiques et universelles concernant la nourriture (avec des menus à mémoriser et des portions à mesurer), l'approche pédagogique est une stratégie dynamique qui peut être utilisée avec différents enfants, à différents moments et dans différentes situations. Peu importe que vos enfants vous arrivent avec un petit ennui ou un gros problème. L'approche pédagogique vous aidera à déterminer la solution qui convient. Autrement dit, vous disposez maintenant d'un plan réaliste pour vivre dans le monde réel.

De nombreux parents pâlissent à l'idée d'avoir présentes à l'esprit les leçons qui sont à la base de *toute* interaction en matière d'alimentation. Je le comprends ; cela peut sembler une tâche écrasante, qui exige trop d'attention. Mais ces mêmes parents trouvent que l'approche pédagogique, comme l'exercice, devient de plus en plus facile à mesure qu'ils la pratiquent. Pas seulement parce que ce « muscle » se raffermit, mais parce qu'avec de l'entraînement un plus grand nombre de leurs interactions en matière d'alimentation enseignent les *bonnes* leçons et il y a donc de moins en moins de problèmes à régler à ce chapitre.

Les stratégies présentées dans ce livre sont peut-être simples, mais elles ne sont pas nécessairement faciles à appliquer. Elles exigent du travail et un engagement de votre part, sans parler du travail de vos enfants qui devront faire l'acquisition de nouvelles compétences. Cependant, les avantages sont nombreux. Les enfants qui réussissent à gérer leur propre comportement sur le plan de l'alimentation bénéficient d'un net avantage pour composer avec le monde gastronomique. Sans oublier que vous n'aurez plus à essayer de faire manger vos enfants davantage ou mieux. Ils le feront avec vous. C'est pourquoi je vous dis d'oublier le brocoli ; c'est plutôt une question d'habitudes. En créant un contexte dans lequel vos enfants sentiront qu'ils ont du pouvoir et des connaissances (et non un contexte où ils sont contrôlés et subissent des pressions), vous les préparez à toute une vie d'alimentation saine et heureuse. Ce qui a toujours été votre objectif !

Notes

Tous les renseignements sur les produits ont été obtenus des sites Web des fabricants et étaient exacts au moment de la rédaction.

CHAPITRE 1

Chaque jour : M. K. Fox, E. Condon, R. R. Briefel, K. Reidy et D. M. Deming, « Food Consumption Patterns of Young Preschoolers : Are They Starting Off on the Right Path ? », *Journal of the American Dietetic Association,* vol. 110, nº 12, suppl. 3, 2010, p. S52-S59

Mais presque tous les enfants d'âge préscolaire ; En moyenne, les enfants mangent : C. Piernas et B. M. Popkin, « Trends in Snacking Among U.S. Children », *Health Affairs,* vol. 29, nº 3, 2010, p. 398-404.

Lorsque les enfants mangent des légumes ; Par comparaison avec les enfants d'âge préscolaire : B. A. Lorson, H. R. Melgar-Quinonez et C. A. Taylor, « Correlates of Fruit and Vegetable Intakes in US Children », *Journal of the American Dietetic Association,* vol. 109, nº 3, 2009, p. 474-478.

Près de 40 % : J. Reedy et S. M. Krebs-Smith, « Dietary Sources of Energy, Solid Fats, and Added Sugars among Children and Adolescents in the United States », *Journal of the American Dietetic Association*, vol. 110, nº 10, 2010, p. 1477-1484.

Certains chercheurs sont préoccupés : T. Parker-Pope, « U.S. Children : Generation Snack », *Well* (blogue), *New York Times*, 2mars2010.well.blogs.nytimes.com/2010/03/02/u-s-children-generation-snack.

D'après les Centers for Disease Control and Prevention : Centers for Disease Control and Prevention, « Data and Statistics », dans *Overweight and Obesity*, dernière mise à jour le 11 janvier 2013, cdc.gov/obesity/data/childhood.html.

Environ 25 % des enfants de 5 à 17 ans qui ont un excès de poids : Centers for Disease Control and Prevention, « Tips for Parents : Ideas to Help Children Maintain a Healthy Weight » dans *Healthy Weight – It's Not a Diet, It's a Lifestyle !*, dernière mise à jour le 31 octobre 2011, cdc.gov/healthyweight/children.

De nos jours, les enfants présentent un risque de 30 % : Centers for Disease Control and Prevention, U.S. Department of Health & Human Services, « Nutrition and the Health of Young People », 2008, cdc.gov/HealthyYouth/nutrition/pdf/facts.pdf.

Les scientifiques prédisent que les enfants d'aujourd'hui : S. J. Olshansky, D. J. Passaro, R. C. Hershow *et al.*, « A Potential Decline in Life Expectancy in the United States in the 21st Century », *New England Journal of Medicine*, vol. 352, nº 11, 2005, p. 1138-1145.

De plus, le souci de la nutrition inculque : R. Raghunathan, R. Walker Naylor et W. D. Hoyer, « The Unhealthy = Tasty Intuition and Its Effects on Taste Inferences, Enjoyment, and Choice of Food Products » *Journal of Marketing*, vol. 70, 2006, p. 170-184.

Les aliments sains n'ont pas bon goût : C. O. C. Werle, O. Trendel et G. Ardito, « Unhealthy Food Is Not Tastier for Everybody: The 'Healthy = Tasty' French Intuition», *Food Quality and Preference,* vol. 28, 2013, p. 116-121.

Récemment, une équipe composée de chercheurs français: L. Saulais, M. Doyon, B. Ruffieux et H. Kaiser, «Consumer Knowledge About Dietary Fats: Another French Paradox?», *British Food Journal,* vol. 114, nº 1, 2012, p. 108-120.

Le livre: L. Ernsperger et T. Stegen-Hanson, *Just Take a Bite: Easy, Effective Answers to Food Aversions and Eating Challenges!,* Arlington (Tex.), Future Horizons, 2004.

Et pourtant, l'USDA déclare, dans son document: U.S. Department of Agriculture, *MyPyramid Food Guidance System Education Framework,* 2005, choosemyplate.gov/food-groups/downloads/MyPyramid_education_framework.pdf.

CHAPITRE 2

Suffisamment de calcium: Office of Dietary Supplements, National Institutes of Health, « Dietary Supplement Fact Sheet: Calcium», révisé le 14 mars 2013, ods.od.nih.gov/factsheets/Calcium-HealthProfessional.

D'après certaines recherches, le sucre: K. S. Burger et E. Stice, « Frequent Ice Cream Consumption Is Associated with Reduced Striatal Response to Receipt of an Ice Cream-Based Milkshake», *American Journal of Clinical Nutrition,* vol. 95, nº 4, 2012, p. 810-817.

Saviez-vous que le seul fait de boire: D. S. Ludwig, K. E. Peterson et S. L. Gortmaker, «Relation between Consumption of Sugar-Sweetened Drinks and Childhood Obesity: A Prospective, Observational Analysis», *Lancet,* vol. 357, 2001, p. 505-508.

Problème du fromage à la crème: Center for Nutrition Policy and Promotion, U.S. Department of Agriculture, «Got Your Dairy Today?: 10 Tips to Help You Eat and Drink More Fat-Free or Low-Fat Dairy Foods», DG TipSheet n° 5, juin 2011, choosemyplate.gov/food-groups/downloads/TenTips/DGTipsheet5GotYourDairyToday.pdf.

Les enfants consomment maintenant plus de; En moyenne, les enfants consomment: C. Piernas et B. M. Popkin, «Trends in Snacking among U.S. Children», *Health Affairs*, vol. 29, n° 3, 2010, p. 398-404.

Les fabricants ont découvert: D. A. Kessler, *The End of Overeating: Taking Control of the Insatiable American Appetite*, New York, Rodale, 2009.

Il est facile de voir pourquoi une équipe: J. K. Orrell-Valente, L. G. Hill, W. A. Brechwald *et al.*, «'Just Three More Bites': An Observational Analysis of Parents' Socialization of Children's Eating at Mealtime», *Appetite*, vol. 48, n° 1, 2007, p. 37-45.

Dans une étude effectuée au Texas auprès d'élèves du niveau collégial: W. R. Batsell Jr., A. S. Brown, M. E. Ansfield et G. Y. Paschall, «'You Will Eat All of That!': A Retrospective Analysis of Forced Consumption Episodes», *Appetite*, vol. 38, 2002, p. 211-219.

Au lieu de s'interroger: E. A. Hodges, S. O. Hughes, J. Hopkinson et J. O. Fisher, «Maternal Decisions About the Initiation and Termination of Infant Feeding», *Appetite*, vol. 50, 2008, p. 333-339.

Plus du tiers: Centers for Disease Control and Prevention, «Childhood Obesity Facts», dans *Adolescent and School Health*, dernière mise à jour le 10 juillet 2013, cdc.gov/healthyyouth/obesity/facts.htm.

Dans son livre: M. Nestle, *What to Eat*, New York, North Point Press, 2006.

CHAPITRE 3

Les chercheurs qui se penchent sur le développement du cerveau : D. J. Siegel et T. P. Bryson, *The Whole-Brain Child : 12 Revolutionary Strategies to Nurture Your Child's Developing Mind,* New York, Bantam Books, 2011.

À la défense de Jennifer : J. E. Flood-Obbagy et B. J. Rolls, « The Effect of Fruit in Different Forms on Energy Intake and Satiety at a Meal », *Appetite,* vol. 52, 2009, p. 416-422.

Vous enseignez peut-être à vos enfants : C. A. Stifter, S. Anzman-Frasca, L. L. Birch et K. Voegtline, « Parent Use of Food to Soothe Infant/Toddler Distress and Child Weight Status. An Exploratory Study », *Appetite,* vol. 57, 2011, p. 693-699.

Ils en viennent à confondre : J. Blissett, E. Haycraft et C. Farrow, « Inducing Preschool Children's Emotional Eating : Relations with Parental Feeding Practices », *American Journal of Clinical Nutrition,* vol. 92, 2010, p. 359-365.

CHAPITRE 4

Les parents insistants ou contrôlants : J. Blissett, « Relationships between Parenting Style, Feeding Style and Feeding Practices and Fruit and Vegetable Consumption in Early Childhood », *Appetite,* vol. 57, 2011, p. 826-831.

Une équipe de chercheurs de l'Université de la Pennsylvanie : J. L. Carper, J. O. Fisher et L. L. Birch, « Young Girls' Emerging Dietary Restraint and Disinhibition Are Related to Parental Control in Child Feeding », *Appetite,* vol. 35, 2000, p. 121-129.

CHAPITRE 5

En fait, lorsque les chercheurs; Lorsque les chercheurs ont examiné: J. Reedy et S. M. Krebs-Smith, «Dietary Sources of Energy, Solid Fats, and Added Sugars among Children and Adolescents in the United States», *Journal of the American Dietetic Association*, vol. 110, nº 10, 2010, p. 1477-1484.

Vous ne serez pas étonné: U.S. Department of Agriculture, U.S. Department of Health and Human Services, *Dietary Guidelines for Americans, 2010*, 7e éd., Washington (D.C.), U.S. Government Printing Office, 2010.

Saviez-vous: J. C. Buzby, H. F. Wells et G. Vocke, «Possible Implications for U.S. Agriculture from Adoption of Select Dietary Guidelines», U.S. Department of Agriculture, Economic Research Report nº 31, novembre 2006, ers.usda.gov/media/860109/err31_002.pdf.

Avez-vous entendu parler: NuVal, «Scores», nuval.com/scores; J. Smith (directeur du marketing chez NuVal), échange par courriel avec l'auteure, janvier 2013.

Étant donné que les autorités en matière de santé publique: H. Fountain, «Asked to Get Slim, Cheese Resists», *New York Times*, 7 août 2012, p. D1.

Étant donné que le fromage est devenu: Harvard School of Public Health, «Top Food Sources of Saturated Fat in the U.S», dans *The Nutrition Source*, hsph.harvard.edu/nutritionsource/top-food-sources-of-saturated-fat-in-the-us.

L'USDA recommande: U.S. Department of Agriculture, «Salt», dans *Daily Food Plan for Preschoolers*, choosemyplate.gov/preschoolers/daily-food-plans/about-salt.html.

Un ancien commissaire à la Food and Drug Administration: D. A. Kessler, *The End of Overeating: Taking Control of the Insatiable American Appetite*, New York, Rodale, 2009.

On estime que : C. Elliott, « Assessing 'Fun Foods' : Nutritional Content and Analysis of Supermarket Foods Targeted at Children », *Obesity Reviews*, n° 9, 2008, p. 368-377.

Il ne faut pas beaucoup de temps : T. B. Cornwell et A. R. McAlister, « Alternative Thinking About Starting Points in Obesity. Development of Child Taste Preferences », *Appetite*, vol. 56, 2011, p. 428-439.

Humm : M. K. Fox, E. Condon, R. R. Briefel *et al.*, « Food Consumption Patterns of Young Preschoolers : Are They Starting Off on the Right Path ? », *Journal of the American Dietetic Association*, vol. 110, n° 12, suppl. 3, 2010, p. S52-S59.

Deux chercheurs : T. B. Cornwell et A. R. McAlister, « Contingent Choice : Exploring the Relationship between Sweetened Beverages and Vegetable Consumption », *Appetite*, vol. 62, n° 1, 2013, p. 203-208.

Même si l'American Academy of Pediatrics : J. M. Wojcicki et M. B. Heyman, « Reducing Childhood Obesity by Eliminating 100 % Fruit Juice », *American Journal of Public Health*, vol. 102, n° 9, 2012, p. 1630-1633.

Le jus contient à peu près : David Sell, « Dr. Andrew Weil Tells Family Docs : Urge Bans on Soda and Pharmaceutical Advertising », *Philly.Com*, 18 octobre 2012, philly.com/philly/blogs/phillypharma/Dr-Andrew-Weil-tells-family-docs-Urge-bans-on-soda-and-pharmaceutical-advertising.html.

Dans l'étude comportant de la soupe aux légumes : M. K. Spill, L. L. Birch, L. S. Roe et B. J. Rolls, « Serving Large Portions of Vegetable Soup at the Start of Meal Affected Children's Energy and Vegetable Intake », *Appetite*, vol. 57, 2011, p. 213-219.

Dans l'étude comportant des carottes : M. K. Spill, L. L. Birch, L. S. Roe et B. J. Rolls, « Eating Vegetables First : The Use of Portion Size to Increase Vegetable Intake in Preschool Children », *American Journal of Clinical Nutrition*, vol. 91, 2010, p. 1237-1243.

Le secret d'une plus grande consommation de fruits au déjeuner: J. L. Harris, M. B. Schwartz, A. Ustjanauskas *et al.*, «Effects of Serving High-Sugar Cereals on Children's Breakfast-Eating Behavior», *Pediatrics*, vol. 127, nº 1, 2011, p. 71-76.

CHAPITRE 6

Les enfants de 2 ou 3 ans qui mangent: S. Nicklaus, «Development of Food Variety in Children», *Appetite*, vol. 52, 2009, p. 253-255.

D'après des études récentes menées en Suisse: K. van der Horst, «Overcoming Picky Eating. Eating Enjoyment as a Central Aspect of Children's Eating Behaviors», *Appetite*, vol. 58, 2012, p. 567-574.

Faites jouer l'attrait de la nouveauté: P. Pliner et K. Hobden, «Development of a Scale to Measure the Trait of Food Neophobia in Humans», *Appetite*, vol. 19, 1992, p. 105-120.

Les recherches révèlent que les enfants se font une idée: T. M. Dovey, P. A. Staples, E. L. Gibson et J. C. G. Halford, «Food Neophobia and 'Picky/Fussy' Eating in Children: A Review», *Appetite*, vol. 50, 2008, p. 181-193.

Une étude mentionne un enfant qui a décrit un chou-fleur: S. L. De Moura, «Determinants of Food Rejection amongst School Children», *Appetite*, vol. 49, 2007, p. 716-719.

Mais la recherche indique que plus un enfant croit: J. Wardle et G. Huon, «An Experimental Investigation of the Influence of Health Information on Children's Taste Preferences», *Health Education Research*, vol. 15, nº 1, 2000, p. 39-44.

Vous trouverez plus d'idées: L. Ernsperger et T. Stegen-Hanson, *Just Take a Bite: Easy, Effective Answers to Food Aversions and Eating Challenges!*, Arlington (Tex.), Future Horizons, 2004.

Dans une étude menée par l'Université de la Louisiane: A. Lakkakula, J. Geaghan, M. Zanovec *et al.*, « Repeated Taste Exposure Increases Liking for Vegetables by Low-Income Elementary School Children », *Appetite*, vol. 55, 2010, p. 226-231.

Dans une autre étude, des scientifiques anglais: J. Wardle, L. J. Cooke, E. L. Gibson *et al.*, « Increasing Children's Acceptance of Vegetables; A Randomized Trial of Parent-Led Exposure », *Appetite*, vol. 40, 2003, p. 155-162.

Par exemple, au cours d'une enquête récente menée en Angleterre: D. G. Liem, L. Zandstra et A. Thomas, « Prediction of Children's Flavour Preferences. Effect of Age and Stability in Reported Preferences », *Appetite*, vol. 55, 2010, p. 69-75.

Dans le cadre d'une étude récente menée au Mississippi: J. L. Thomson, B. J. McCabe-Sellers, E. Strickland *et al.*, « Development and Evaluation of WillTry. An Instrument for Measuring Children's Willingness to Try Fruits and Vegetables », *Appetite*, vol. 54, 2010, p. 465-472.

Vous avez peut-être déjà entendu: L. J. Cooke, L. C. Chambers, E. V. Añez et J. Wardle, « Facilitating or Undermining? The Effect of Reward on Food Acceptance. A Narrative Review », *Appetite*, vol. 57, 2011, p. 493-497.

Un groupe d'enfants de 2 à 4 ans: P. J. Horne, J. Greenhalgh, M. Erjavec *et al.*, « Increasing Pre-School Children's Consumption of Fruit and Vegetables. A Modelling and Rewards Intervention », *Appetite*, vol. 56, 2011, p. 375-385.

Si vous voulez essayer la méthode des récompenses: A. E. Kazdin, *The Kazdin Method for Parenting the Defiant Child*, New York, Houghton Mifflin, 2008.

Si l'anxiété pose problème: D. Nicholls, D. Christie, L. Randall et B. Lask, « Selective Eating: Symptom, Disorder or Normal Variant », *Clinical Child Psychology and Psychiatry*, vol. 6, n° 2, 2001, p. 257-270.

CHAPITRE 7

Une étude portant sur des mères françaises: A. Maier, C. Chabanet, B. Schaal *et al.*, «Food-Related Sensory Experience from Birth through Weaning: Contrasted Patterns in Two Nearby European Regions», *Appetite*, vol. 49, 2007, p. 429-440.

Dans les deux pays: A. M. Branum et S. L. Lukacs, «Food Allergy Among U.S. Children: Trends in Prevalence and Hospitalizations», NCHS Data Brief n° 10, Hyattsville (Md.), National Center for Health Statistics, 2008. cdc.gov/nchs/data/databriefs/db10.pdf.

Il s'avère que les parents: D. G. Liem, L. Zandstra et A. Thomas, «Prediction of Children's Flavour Preferences. Effect of Age and Stability in Reported Preferences», *Appetite*, vol. 55, 2010, p. 69-75.

Un groupe d'enfants de la troisième à la sixième année: J. Mata, B. Scheibehenne et P. M. Todd, «Predicting Children's Meal Preferences: How Much Do Parents Know?», *Appetite*, vol. 50, 2008, p. 367-375.

Pour vérifier s'il en allait de même pour les enfants: E. D. Capaldi et G. J. Privitera, «Decreasing Dislike for Sour and Bitter in Children and Adults», *Appetite*, vol. 50, 2008, p. 139-145.

Vous pouvez aussi utiliser d'autres saveurs: C. Fraker, M. Fishbein, S. Cox et L. Walbert, *Food Chaining: The Proven 6-Step Plan to Stop Picky Eating, Solve Feeding Problems, and Expand Your Child's Diet*, New York, Marlowe, 2007.

N'hésitez pas à varier les textures: I. Blossfield, A. Collins, M. Kiely et C. Delahunty, «Texture Preferences of 12-Month-Old Infants and the Role of Early Experiences», *Food Quality and Preference*, vol. 18, 2007, p. 396-404.

D'après la recherche, les parents n'offrent pas: A. J. Howard, K. M. Mallan, R. Byrne *et al.*, «Toddlers' Food Preferences:

The Impact of Novel Food Exposure, Maternal Preferences and Food Neophobia », *Appetite*, vol. 59, 2012, p. 818-825.

Une étude menée dans des centres préscolaires : S. J. Sweitzer, M. E. Briley et C. Robert-Gray. « Do Sack Lunches Provided by Parents Meet the Nutritional Needs of Young Children Who Attend Child Care ? », *Journal of the American Dietetic Association*, vol. 109, nº 1, 2009, p. 141-144.

Et une autre étude réalisée : C. A. Johnston, J. P. Moreno, A. El-Mubasher et D. Woehler, « School Lunches and Lunches Brought from Home : A Comparative Analysis », *Childhood Obesity*, vol. 8, nº 4, 2012, p. 364-368.

CHAPITRE 8

Peut-être est-ce pour cela que les parents : E. Laurier et S. Wiggins, « Finishing the Family Meal. The Interactional Organisation of Satiety », *Appetite*, vol. 56, 2011, p. 53-64.

Lorsque les parents exercent une pression sur les enfants : J. L. Carper, J. O. Fisher et L. L. Birch, « Young Girls' Emerging Dietary Restraint and Disinhibition Are Related to Parental Control in Child Feeding », *Appetite*, vol. 35, 2000, p. 121-129.

Si vous doublez la quantité ; Lorsque les enfants se servent eux-mêmes : J. O. Fisher, B. J. Rolls et L. L. Birch, « Children's Bite Size and Intake of an Entree Are Greater With Large Portions Than With Age-Appropriate or Self-Selected Portions », *American Journal of Clinical Nutrition*, vol. 77, 2003, p. 1164-1170.

C'est notre « norme de consommation » ; dans certaines recettes ; Vous pouvez abaisser les normes de consommation de vos enfants : B. Wansink et K. Van Ittersum, « Portion Size Me : Down-sizing Our Consumption Norms », *Journal* *of the American Dietetic Association*, vol. 107, nº 7, 2007, p. 1103-1106.

La recette de biscuits aux pépites de chocolat: L. R. Young, *The Portion Teller Plan: The No-Diet Reality Guide to Eating, Cheating, and Losing Weight Permanently*, New York, Three Rivers Press, 2005.

Mais cela ne fait qu'empirer la situation: A. T. Galloway, L. M. Fiorito, L. A. Francis et L. L. Birch, «'Finish Your Soup': Counterproductive Effects of Pressuring Children to Eat on Intake and Affect», *Appetite*, vol. 46, nº 3, 2006, p. 318-323.

Le «club des assiettes vidées»: S. H. Fay, D. Ferriday, E. C. Hinton *et al.*, «What Determines Real-World Meal Size? Evidence for Pre-Meal Planning», *Appetite*, vol. 56, 2011, p. 284-289.

La solution la plus recommandée: E. Satter, *How to Get Your Kid to Eat… But Not Too Much*, Boulder (Colo.), Bull, 1987.

Des chercheurs du Colorado: S. L. Johnson, «Improving Preschoolers' Self-Regulation of Energy Intake», *Pediatrics*, vol. 106, nº 6, 2000, p. 1429-1435.

Adapté de: D. Fish, *Take the Fight Out of Food: How to Prevent and Solve Your Child's Eating Problems*, New York, Atria Books, 2005.

Par exemple, en plus de la faim de l'estomac: E. Tribole et E. Resch, *Intuitive Eating: A Revolutionary Program That Works*, 2e éd., New York, St. Martin's Press, 2003.

Dans son livre intitulé *Touchpoints*: T. B. Brazelton, *Touchpoints: Your Child's Emotional and Behavioral Development*, Reading (Mass.), Perseus, 1992.

En 2004, une équipe de chercheurs: G. Mrdjenovic et D. A. Levitsky, «Children Eat What They Are Served: The Imprecise Regulation of Energy Intake», *Appetite*, vol. 44, nº 3, 2005, p. 273-282.

Je sais que le message : B. Koletzko et A. M. Toschke, « Meal Patterns and Frequencies : Do They Affect Body Weight in Children and Adolescents ? », *Critical Reviews in Food Science and Nutrition*, vol. 50, 2010, p. 100-105 ; P. K. Newby, « Are Dietary Intakes and Eating Behaviors Related to Childhood Obesity ? A Comprehensive Review of the Evidence », *Journal of Law, Medicine & Ethics*, vol. 35, n° 1, 2007, p. 35-60.

Lorsqu'on combine cela au fait : K. Le Billon, *French Kids Eat Everything : How Our Family Moved to France, Cured Picky Eating, Banned Snacking, and Discovered 10 Simple Rules for Raising Happy, Healthy Eaters*, New York, William Morrow, 2012.

Les repas perturbés et désagréables : K. van der Horst, « Overcoming Picky Eating. Eating Enjoyment as a Central Aspect of Children's Eating Behaviors », *Appetite*, vol. 58, 2012, p. 567-574.

Des enfants de cinquième et de sixième année qui se sont vu offrir des biscuits : D. Marchiori, L. Waroquier et O. Klein, « 'Split Them !' Smaller Item Sizes of Cookies Lead to a Decrease in Energy Intake in Children », *Journal of Nutrition Education and Behavior*, vol. 44, n° 3, 2012, p. 251-255.

C'est le genre d'incitation : J. K. Orrell-Valente, L. G. Hill, W. A. Brechwald *et al.*, « 'Just Three More Bites' : An Observational Analysis of Parents' Socialization of Children's Eating at Mealtime », *Appetite*, vol. 48, n° 1, 2007, p. 37-45.

Une étude de l'Université Yale réalisée en 2003 : R. M. Puhl et M. B. Schwartz, « If You Are Good You Can Have a Cookie : How Memories of Childhood Food Rules Link to Adult Eating Behaviors », *Eating Behaviors*, vol. 4, 2003, p. 283-293.

Dans une étude classique : P. Zimbardo et J. Boyd, *The Time Paradox : The New Psychology of Time That Will Change Your Life*, New York, Free Press, 2008.

Ils ont découvert que certaines personnes parcourent un buffet des yeux: B. Wansink et C. R. Payne, «Eating Behavior and Obesity at Chinese Buffets», *Obesity*, vol. 16, nº 8, 2008, p. 1957-1960.

CHAPITRE 9

Cependant, une étude: L. M. Brotman, S. Dawson-McClure, K.-Y. Huang *et al.*, «Early Childhood Family Interventions and Long-Term Obesity Prevention among High-Risk Minority Youth», *Pediatrics*, vol. 129, nº 3, 2012, p. e621-e628.

D'après les spécialistes, la plupart des enfants: D. Wallis, «Punched and Poked by Their Pride and Joy», *Well* (blogue). *New York Times*, 20 mai 2013. well.blogs.nytimes.com/2013/05/20/punched-and-poked-by-their-pride-and-joy.

Remerciements

J'ai rêvé de ce livre pendant très longtemps, et il n'aurait jamais vu le jour sans l'aide de plusieurs personnes extraordinaires. Je veux d'abord remercier les membres de ma famille qui, au fil des ans, m'ont ouvert leur porte et leur cœur. Je remercie aussi les personnes que j'ai interrogées, mes clients et mes amis : chaque leçon qui figure dans ce livre est fondée sur ce que j'ai appris de vous.

Je suis redevable à mon agente, Betsy Amster, qui a vu le potentiel dans mon ébauche de proposition et qui s'est rapidement portée à ma défense. Je lui suis reconnaissante de sa lecture soigneuse de mon manuscrit, de son soutien indéfectible et de son instinct sûr, qui m'a toujours orientée vers la bonne direction.

Tanya Farrell, ma première relationniste et maintenant mon amie, qui a commencé à diffuser mon message bien avant qu'il n'y ait un livre, et elle n'a jamais cessé. Tanya a fait de sa famille un laboratoire sur l'alimentation. Elle se demandait : « Que ferait Dina ? » lorsque des questions surgissaient. Quant à Fauzia Burke, elle a fait la promotion de mes écrits avec enthousiasme et m'a mise en relation avec le *Huffington Post* et avec *Psychology Today*.

Mon ami et voisin Robin Duerden a été mon mentor en matière de technologie. C'est à lui que je dois entièrement ma présence en ligne. Sans Robin, il n'y aurait pas de <itsnotabout-nutrition.com>, pas de page Facebook, pas de webinaires. Il n'y aurait peut-être même pas eu de courriels. Il m'a donné de la rétroaction, il a été un stratège et un technicien d'urgence. (Merci aussi à Vickie, qui m'a « prêté » Robin aussi souvent avec autant de patience.)

Mille mercis à mes amis et collègues, de près et de loin, en personne et en ligne, qui m'ont offert un soutien incommensurable, leur enthousiasme et leur bonne nourriture.

Et enfin, à mon incroyable famille, qui a subi des conversations interminables sur la nourriture, l'alimentation des enfants, les défis de l'écriture et les échéances, mais qui n'a jamais montré sa lassitude : les mots me manquent pour exprimer ma gratitude. Vous m'avez offert un appui sans faille, vous m'avez remonté le moral lorsque j'étais déprimée et, surtout, vous ne m'avez jamais laissée abandonner la partie. Je suis chanceuse d'avoir votre amour et de vous aimer.

À propos de l'auteur

Dina Rose, Ph. D., est sociologue, éducatrice auprès de parents et spécialiste de l'alimentation. Après avoir étudié à l'Université Duke, Mme Rose a travaillé comme criminologue avant de décider de chercher des façons pratiques, fondées sur la recherche, d'aider les enfants à bien manger. Elle vit à Hoboken, dans le New Jersey, avec son mari et sa fille. Vous pouvez consulter le site Web de Mme Rose à <itsnotaboutnutrition.com>.

Table des matières

Suivez-nous sur le Web

Consultez nos sites Internet et inscrivez-vous à l'infolettre pour rester informé en tout temps de nos publications et de nos concours en ligne. Et croisez aussi vos auteurs préférés et notre équipe sur nos blogues!

EDITIONS-HOMME.COM
EDITIONS-JOUR.COM
EDITIONS-PETITHOMME.COM
EDITIONS-LAGRIFFE.COM

Achevé d'imprimer au Canada
sur papier Enviro 100% recyclé